महादेवी के काव्य में बिम्ब - विधान

लेखिका
डा. पी. माणिक्याम्बा 'मणि'
प्रोफेसर एवं पूर्वअध्यक्ष
हिन्दी विभाग
उस्मानिया विश्वविद्यालय
हैदराबाद -500007

All Rights Reserved.

No part of this publication may be reproduced, stored, in or introduced into a retrieval system, or transmitted, in any form by any means may it be electronically, mechanical, optical, chemical, manual, photocopying, or recording without prior written permission of the Author.

महादेवी के काव्य में बिम्ब - विधान

by

डा. पी. माणिक्याम्बा 'मणि'

Copyright: Prof. P. Manikyamba 'Mani'
Third Edition:
Published by
Kasturi Vijayam, Mar,2024
ISBN: 978-81-966116-5-1

Print On Demand

Ph:0091-9515054998
Email: Kasturivijayam@gmail.com

Books available
@
Ph:0091-9515054998
Email: Kasturivijayam@gmail.com
Amazon (Worldwide), Flipkart

महादेवी के काव्य में बिम्ब-विधान

प्रयाग महिला विद्यापीठ

(महिला विश्वविद्यालय)

डा० महादेवी वर्मा
एम० ए० साहित्य वाचस्पति
उप-कुलपति

१०६/१५३, हीवेट रोड,
इलाहाबाद

तिथि २५.१०. १९८५

श्रीमती [illegible] का शोधप्रबन्ध मैंने देखा। यह मेरे काव्य के विचारविधान पर मनोवैज्ञानिक अध्ययन अथवा मनोवेगों का विश्लेषण है। काव्य में विचारविधान अनिवार्य होने पर भी यह कठिन विषय है क्योंकि कुछ विचार परम्परागत हैं और कुछ कवि की आन्तरिक अनुभूतियों से सम्बन्ध रखते हैं।

मुझे प्रसन्नता है कि शोधकर्त्री ने अपने प्रथम शोधप्रबन्ध में ही अपनी मनोवैज्ञानिकता सर्वांगीण दृष्टि का परिचय दिया है।

मेरी शुभकामनायें शोधकर्त्री के प्रति अर्पित हैं।

महादेवी

श्री राम

श्री विष्णुकान्त शास्त्री
आचार्य, हिन्दी विभाग
कलकत्ता विश्वविद्यालय

२५०, चित्तरंजन एवेन्यू
कलकत्ता-७०० ००६
फोन : ५५-१३४८

दिनांक 2.2.98

प्रिय माणिकचन्द जी,

सस्नेह शुभाशीर्वाद।

आपकी पुस्तक 'महादेवी के काव्य में बिम्ब-विधान' मुझे अच्छी लगी। आपने बहुत सूझबूझ और परिश्रम के साथ महादेवी के काव्य की इस विशेषता को समझा, समझाया है। आपको बधाइयाँ।

प्रभुकृपा से आप सपरिवार सानन्द हैं।

शुभेच्छु,

विष्णुकान्त शास्त्री

दो शब्द

प्रस्तुत शोध प्रबन्ध में श्रीमती महादेवी वर्मा के काव्य में प्रयुक्त बिंबों के स्वरूप पर विचार किया गया है। शोध प्रबंध की लेखिका श्रीमती माणिक्याम्बा अत्यंत परिश्रमी एवं मेधावी छात्रा है। तेलुगु मातृ –भाषा होने पर भी उन्हें हिन्दी एम.ए. परीक्षा में सर्वाधिक अंक प्राप्त हुए ; उस्मानिया विश्वविद्यालय ने उन्हें एम.ए. (हिन्दी) छात्रों के प्राप्त होने वाले दो स्वर्ण पदक देकर सम्मानित किया और अनुसंधान के लिए उन्हें विश्वविद्यालय अनुदान आयोग की छात्र – वृत्ति प्राप्त हुई। अनुसंधान में रुचि एवं परिश्रम के फलस्वरूप श्रीमती माणिक्याम्बा अपना यह शोध प्रबंध निर्धारित समय के भीतर प्रस्तुत कर सकीं।

श्रीमती महादेवी वर्मा राहस्यवादी कवयित्री हैं। आध्यात्मिक प्रेम-संयोग एवं वियोग ऊनकी कविता के प्रमुख प्रतिपाद्य हैं। उन्होंने अपनी सूक्ष्म आध्यात्मिक भावनाओं की अभिव्यक्ति के लिए बिंबों का सहारा लिया है। बिंबों का अध्यायन काव्य के साथ कवि के व्यक्तित्व को भी स्पष्ट करता है।

प्रस्तुत शोध-प्रबंध में श्रीमती महादेवी वर्मा की बिम्ब - योजना के सभी पक्षों पर विस्तार पूर्वक गंभीरता से विचार किया गया है। शोध – प्रबंध श्रीमती महादेवी वर्मा के काव्य एवं व्यक्तित्व को ठीक ढंग से समझने में सहायक होगा, ऐसा मेरा विश्वास है।

डॉ . (श्रीमती) माणिक्याम्बा के सुखी जीवन एवं सारस्वतिक उपलब्धि के लिए हमारी शुभ कामनाएँ हैं।

दिनांक 18-7-1985

डॉ. राजकिशोर पाण्डेय
पूर्व प्रोफेसर एवं पूर्वअध्यक्ष
हिन्दी विभाग
उस्मानिया विश्वविद्यालय, हैदराबाद

शुभाशंसा

मानव मन की संवेदनाओं के समर्थ व्यंजक रूप में, बिम्ब विधान का महत्वपूर्ण स्थान है। आचार्य रामचन्द्र शुक्ल ने काव्य में मात्र अर्थग्रहण को महत्व न देकर, बिम्ब-ग्रहण को अपेक्षित माना है। शब्द और अर्थ से परे कवि हृदय के तात्पर्य को समझने के लिए बिम्ब - ग्रहण का सामर्थ्य आवश्यक है। शाब्दिक अभिव्यक्ति को प्रभावशाली बनाने के इस साधन के स्वरूप की जिज्ञासा स्वाभाविक है।

आजकल बिम्ब, शैली आदि को मापदंड बनाकर, कविकर्म का मूल्यांकन किया जा रहा है। वैसे प्राचीन भारतीय काव्य शास्त्र में कल्पना, रीति आदि को विशिष्ट महत्व दिया गया था। आज इन मानदंडों के आधार पर, एकांगी दृष्टि से समालोचना करने की प्रवृत्ति बढ़ रही है। केवल बिम्ब योजना के आधार पर, कवियों की कृतियों की समीक्षा करने वाले ग्रंथों में, श्रीमती डॉ.माणिक्याम्बा के 'महादेवी के काव्य में बिम्ब विधान' का विशिष्ट स्थान है।

श्रीमती डॉ.माणिक्याम्बा ने अपने प्रस्तुत ग्रंथ में काव्य बिम्ब के स्वरूप एवं महत्व की सांगोपांग चर्चा करने के पश्चात्, दो अध्यायों में सुश्री महादेवी वर्मा के काव्य के ऐन्द्रिय बिंबों का विश्लेषण किया है। तदनंतर तीन अध्यायों में क्रमशः प्रकृति संबंधी, भाव संबंधी तथा दर्शन संबंधी बिंबों की विवेचना की है। अंत में श्रीमती महादेवी वर्मा व्यक्तित्व एवं कृतित्व का आत्मीय प्रामाणिक अध्ययन किया है। पुस्तक के अंत में डॉ.माणिक्याम्बा ने अपने शोध – कार्य की उपलब्धियों को 'उपसंहार' के रूप में प्रस्तुत किया है। इस प्रकार प्रस्तुत ग्रंथ में महादेवी के काव्य में प्राप्त सभी प्रकार के बिंबों का सम्यक् रूप से विवेचन किया गया है।

डॉ. माणिक्याम्बा की लेखन-शैली प्रांजल एवं निर्दोष है। यह कहते हुए मुझे बड़ी प्रसन्नता है कि उनकी अभिव्यक्ति, समीक्षा – विधान एवं व्याख्या करने की पद्धति सराहनीय है।

आशा है, श्रीमती माणिक्याम्बा मां भारती की सेवा में लगी रहेंगी और रचना क्षेत्र में अपना स्थान बनाएंगी।

18-7-1985   डॉ. भीमसेन 'निर्मल'
गांधीनगर, हैदराबाद 500380   आचार्य, हिन्दी विभाग
                                                      उस्मानिया विश्वविद्यालय

आशंसा

श्रेष्ठ काव्य के सम्यक आस्वाद ग्रहण की प्रक्रिया में सहृदय के पक्ष में यह अपेक्षित होता है कि काव्य की अर्थ – संवेदना के विविध स्तरों में प्रवेश किया जाए, साथ ही काव्य की शब्द – संवेदना के विविध आयामों को निरखा-परखा जाए।

रस, रीति, अलंकार, ध्वनि, वक्रोक्ति, औचित्य आदि परंपरित भारतीय दृष्टियां, समाज शास्त्रीय, मानोवैज्ञानिक, सांस्कृतिक आदि अपेक्षाकृत आधुनिक दृष्टियां, या फिर, प्रतीक – विधान, बिम्ब – विधान और शैली–विज्ञानपरक, अधुनातन दृष्टियां काव्य की मूल संवेदना तक पहुंचने के विभिन्न कोणों का ही संकेत देती है। साधय्–रूप काव्य संवेदना की सापेक्षता में इन सब का महत्व साधन रूप ही है। इन दृष्टियों के समर्थकों अथवा पोषकों द्वारा इन्हें काव्य संवेदना के पृथकश: परिपूर्ण मापक के रूप में उपस्थित करने का अतिरिक्त उत्साह प्राय: देखा जाता है।

महान् कवयित्री श्रीमती महादेवी वर्मा के काव्य का बिम्ब – विधान की दृष्टि से निरीक्षण – परीक्षण करने के क्रम में प्रस्तुत ग्रंथ की विदुषी लेखिका श्रीमती माणिक्याम्बा की दृष्टि में यह सत्य निभ्रांत रहा है कि श्रीमती महादेवी के काव्य में बिंब- सौन्दर्य कितना ही उत्कृष्ट क्यों न हो, वह अनेक काव्य – संवेदना का केंद्र – स्थानीय न होकर परिधि– स्थानीय ही है। इसी संतुलित विचार के साथ श्रीमती माणिक्याम्बा ने बिम्ब – विधान विश्लेषण के सहारे श्रीमती महादेवी वर्मा के काव्य के अर्थस्तरों की रम्य गहनता में उतरने का गंभीर प्रयास किया है।

विश्व की कवयित्रियों में अग्र पंक्ति की सहज अधिकारिणी श्रीमती महादेवी वर्मा के काव्य का अध्ययन अनेक विचारकों – मनीषियों द्वारा अनेक दृष्टियों से हुआ है। बिम्ब योजना की दृष्टि से उस काव्य का सूक्ष्म सौंदर्योद्घाटन करके श्रीमती माणिक्याम्बा ने उस अध्ययन की पूर्ति में योग दिया है।

मुझे विश्वास है कि काव्य विवेक-सम्पन्न जिज्ञासुओं द्वारा इस ग्रंथ का उन्मुक्त स्वागत होगा।

हैदराबाद
दिनांक 18-7-1985

डॉ. विष्णु स्वरूप
रीडर, हिन्दी-विभाग
उस्मानिया विश्वविद्यालय

दो शब्द

काव्यालोचना के प्रतिमान समय – समय पर बदलते आये हैं। भारतीय साहित्य शास्त्र के अलंकार, रीति, वक्रोक्ति, रस, ध्वनि, औचित्य संप्रदाय काव्य को मूल्यांकित करने के प्रयत्नों के फलस्वरूप प्रतिष्टित हुए हैं।

आजकल शैली के आधार पर काव्य का मूल्यांकन होने लगा है। पाश्चात्य देशों में प्रचलित प्रतीकवाद, बिम्बवाद आदि इसी के परिणाम हैं। बीसवीं शती के प्रारंभ काल में वहाँ बिम्बवाद का उदय हुआ और बिम्ब को काव्य के प्रतिमान के रूप में प्रतिष्ठा प्राप्त हुई। बिंब के आधार पर कवियों काव्य प्रवृत्तियों का अध्ययन होने लगा और अनेक ग्रंथ प्रकाश में आये।

पाश्चात्य बिंब-सिद्धांत का भारतीय मन पर भी प्रभाव पड़ा और गत कुछ वर्षों से कवियों का बिंब के माध्यम से अध्ययन हो रहा है। जहां जायसी, तुलसी जैसे प्राचीन कवियों का बिम्ब के आधार पर अध्ययन हुआ है वहां पूरे छायावादी कृतित्व का अध्ययन किया जा रहा है और इस धारा के कवियों को अलग – अलग रखकर बहुत कुछ लिखा गया है।

डॉ. माणिक्याम्बा का प्रस्तुत शोध – प्रबंध 'महादेवी के काव्य में बिम्ब विधान' इस परंपरा की एक कड़ी है।

छायावादी चतुष्टय में भाव-प्रवणता की दृष्टि से महादेवी का स्थान अन्यतम है। संसार की स्वार्थपरता तथा वैयक्तिक प्रणय के घाटे से आतंकित दुखी हृदय में पुरानी स्मृतियां संजोये यह दु:खिनी नारी अनंत प्रतीक्षा लिए एकांत साधना में तल्लीन है। अधरों पर 'सांध्यगीत' धरे तथा हथेली में 'दीपशिखा' लिए अनंत प्रियतम का पथ-आलोकित करती एकांतिक प्रेम साधिका महादेवी का व्यक्तित्व ही कुछ निराला है।

बिंबों के माध्यम से काव्य का मूल्यांकन करने पर महादेवी का स्थान अन्य छायावादी कवियों की अपेक्षा गौण ही लगता है उनके काव्य में ऐन्द्रिय संवेदना को अधिक प्रश्रय नहीं मिला है। उनमें वर्ण – गंध की अधिकता नहीं है; अपने भावों अनुभूतियों की व्यंजना के लिए वे उनका सहारा मात्र लेती हैं। फलत: उनके काव्य में रूप - रंग वैविधय् का अभाव है। पर दीपशिखा, सांध्यगीत, दर्पण, केसर , अगरू –

धूप, शीशफूल, अलक्तक, सुनहली – रागिनी , प्रफुल्ल गुलाब आदि सांस्कृतिक उपकरणों के द्वारा उन्होंने बिम्ब पर्याप्त समर्थ हैं। उनके यहां स्वतंत्र प्रकृति कहीं भी दर्शित नहीं होती, उनकी प्रकृति प्रतीकात्मक या मानवीय चेतना से युक्त है। आत्म विस्मृति की कवयित्री होने से उनकी प्रकृति में उच्छ्वास और आंसू हैं, पर उल्लास नहीं। अपना सीमित कल्पना – प्रसार के कारण भले ही उनके भाव - बिंबों में एकांगीण हो, पर विरहानुभूति से बोझिल तीव्र संवेद्य बिम्ब जो उनमें हैं , अन्यत्र नहीं। महादेवी ने प्रतीकात्मक दार्शनिक बिंबों में अपनी भावुकता दर्शायी है। महादेवी का शब्द भण्डार अवश्य ही सीमित है अत:

मानवीकरण एवं विशेषण – वियपर्यय के द्वारा वे मूर्ति – विधान करती हैं। सुरुचिपूर्ण एवं माधुर्यपूर्ण शब्द – चयन तथा उनका मितव्यय उनके बिंबों को आकर्षक बनाता है। उनके अधिकांश बिम्ब क्रियात्मक है। पर उनमें पंत या निराला में प्राप्त कसावट एवं ऐन्द्रियता नहीं है।

डॉ.माणिक्याम्बा ने अपने इस शोध प्रबंध में महादेवी के संपूर्ण काव्य का बिंब की दृष्टि से अध्ययन प्रस्तुत किया है। उनके काव्य में उपलब्ध ऐन्द्रिय, वस्तुगत , भावगत एवं दार्शनिक बिंबों का जिस निष्ठा एवं परिश्रम से उन्होंने अध्ययन किया है। यह अत्यंत प्रामाणिक है ही और महादेवी की भाव – राशि को हृदयंगम करने में पर्याप्त सहायक सिद्ध होगा। उनके इस शोध प्रबंध की सबसे बड़ी उपलब्धि यह है कि उन्होंने बिंब संबंधी अतिवादों को प्रश्रय न देकर उसे अलंकार , छंद तथा इतर तत्वों के समान काव्य का सहकारी मूल्य माना है, वह साधना है साध्य नहीं।

मुझे आशा ही नहीं, पूरा विश्वास है कि डॉ.माणिक्याम्बा के इस शोध – प्रबंध का सुधी पाठकों द्वारा स्वागत होगा।

हैदराबाद
दिनांक 18-7-1985

डॉ.एन. पी. कुट्टन पिल्लै
मंत्री दक्षिणाँचलीय साहित्य समिति
उस्मानिया विश्वविद्यालय

प्राक्कथन

महान कवयित्री श्रीमती महादेवी वर्मा हिन्दी साहित्य की ही नहीं , अपितु विश्व साहित्य की विभूति हैं। काव्यमय चित्र और चित्रमय काव्य रचना में इनकी प्रतिभा अन्यतम है। प्रारंभ से ही मेरा इस महान् कवयित्री की मर्मस्पर्शी कविताओं के प्रति विशेष अनुराग रहा है। यह मेरा सौभाग्य है कि "महादेवी के काव्य में बिंब – विधान" शीर्षक पर शोधकार्य का सुअवसर मिला। श्रीमती महादेवी के काव्य का अनुशीलन अनेक दृष्टिकोणों से होता रहा है। प्रस्तुत शोध – प्रबंध में मैंने बिंब विधान के आधार पर अध्ययन करने का प्रयास किया है। इस शोध प्रबंध के लिए सन् 1980 में मुझे उस्मानिया विश्वविद्यालय द्वारा पी. एच. डी. की उपाधि प्राप्त हुई।

सौभाग्य से मुझे मार्च 1985 में श्रीमती महादेवी जी से मिलने का अवसर मिला, जो मेरे लिए चिर प्रतीक्षित था।उनके सामीप्य के जो क्षण थे, मेरे जीवन की अमूल्य निधि हैं। उस महीयसी ने जो प्रेम और वात्सल्य दिखाया, वह मेरी अनुभूति का विषय है। सुदूर दक्षिण की इस अकिंचन जिज्ञासु के प्रति उन्होंने जो ममता दिखायी, उससे मैं पुलकित हूँ। अपने अमूल्य समय में से डेढ़ घंटे का समय उन्होंने मेरे परिवार को दिया जिससे मेरी प्रयाग - यात्रा सार्थक हुई और इसका श्रेय बंधुवर डॉ.रामजी पाण्डेय को ही जाता है। महादेवी जी का वर्चस्व, उनका स्नेह , उनकी आत्मीयता , विशेषकर दक्षिण की नारियों के प्रति व्यक्त उनकी विशेष ममता – मेरी प्रेरणा के स्रोत रहे। फलस्वरूप मेरा शोध – प्रबंध पुस्तक रूप में सहृदय पाठकों के समक्ष प्रस्तुत है। शोध – प्रबंध से पुस्तक आकार तक की प्रक्रिया में मेरे निदेशक आदरणीय प्रोफेसर राजकिशोर जी पाण्डेय का सहृदय मार्ग - दर्शन मिलता रहा है। उन्हीं के आशीर्वाद का यह सुफल है कि यह पुस्तक आज सहृदय साहित्य – मर्मज्ञों के सामने प्रस्तुत है। उन्होंने इस पुस्तक के लिए 'दो शब्द' लिखकर जो वात्सल्य दिखाया, उसके लिए मैं उनके प्रति हार्दिक कृतज्ञता व्यक्त करती हूँ। अनायास ही आज स्वर्गीय आचार्य श्रीराम शर्मा जी का स्मृति – चित्र मानस - पटल पर उभरने लगता है। वे समय समय पर अपने

सुझाव देकर मुझे प्रोत्साहित करते रहे। उनके प्रति मैं अपने श्रद्धा – सुमन अर्पित करती हूँ।

मुद्रित प्रति को आमूल पढ़कर अपनी 'शुभाशंसा' व्यक्त करने के लिए आदरणीय आचार्य भीमसेन 'निर्मल' जी को हार्दिक कृतज्ञता ज्ञापित करती हूँ। श्रद्धेय डॉ. विष्णु स्वरूप जी ने पुस्तक के आद्योपान्त गंभीर अनुशीलन के पश्चात् 'आशंसा' लिखकर जो आत्मीयता व्यक्त की उसके लिए मैं उनकी अत्यंत अनुगृहीत हूँ। बंधुवर डॉ. कुट्टन पिल्लै काव्य – बिंब के क्षेत्र में बहु चर्चित एवं अधिकारिक विद्वान माने जाते रहे हैं। उन्होंने 'दो शब्द' लिखकर और मुद्रण में अपने अमूल्य सुझाव देकर जो स्नेह प्रकट किया, उसके लिए मैं हृदय से आभारी हूँ। प्रो. रामकुमार जी खण्डेलवाल और प्रो. ज्ञान जी अस्थाना के प्रति श्रद्धा का निवेदन करती हूँ। जिनका सहयोग सदा मुझे मिलता रहा है।

मैंने इस शोध – प्रबंध को संक्षिप्त बनाने का प्रयास किया है। इसको प्रस्तुत करने में जिन ग्रंथों से सहायता मिली है, उन विद्वानों के प्रति कृतज्ञता व्यक्त करती हूँ। शोध – प्रबंध के प्रकाशन की अनुमति देने के लिए उस्मानीया विश्वविद्यालय की अत्यन्त आभारी हूँ। सुंदर छपाई के लिए श्री कामता प्रसाद जी 'इलाहाबादी' ने जिस लगन और परिश्रम से कार्य किया, उसके लिए किन शब्दों में कृतज्ञता व्यक्त करूँ?

स्वजनों के प्रति आभारी होना, स्नेह का अपमान करना ही है। अस्तु, यह मेरा पहला प्रयास है, गुण कम दोषों का आधिक्य सहज है। आशा है, गुणग्राही नीर – क्षीर विवेक का ही परिचय देंगे।

"महादेवी के काव्य में बिम्ब – विधान" शोध प्रबन्ध पुस्तकाकार में तीसरी बार प्रकाशित हो रहा है। इसका श्रेय मनस्विनी महादेवी की उदार भावनाओं का है। उन्होंने बड़ी सहृदयता के साथ आशीर्वचन दिया था। मेरी प्रगति का कारण भी महादेवी के साहित्य का ही संबल है। प्रथम संस्करण का 1985 में सौरभ प्रकाशन ,हैदराबाद ने किय़ा ।द्वितीय संस्करण का प्रकाशन 2008 में अन्नपूर्ण प्रकाशन ,कानपुर द्वारा किय़ा गय़ा था । तृतीय संस्करण कस्तूरिविजय़म के द्वारा 2024 में सम्पन्न हो रहा है । मूल पुस्तक को उसीरूप में प्रकाशित कर रही हूँ। इसमें कोई परिवर्तन नहीं किया गय़ा। 45 साल पहले एक शोधार्थी का बाल प्रयास उसी रूप में सुरक्षित है जिसको अनेक महानुभावों का दुलार मिला। शोध के क्षेत्र में महादेवी के बिंबों का यह पहला अध्ययन रहा।

श्री सुधीर रेड्डी जी एवं कस्तूरिविजयम प्रकाशन की आभारी हूँ, जिन्होंने इस तृतीय संस्करण का बीड़ा उठाया। अन्यथा शोधग्रंथों के प्रकाशन का साहस कौन करे।

मेरा सौभाग्य है कि मैंने महादेवी का दर्शन किया। महादेवी के सान्निध्य में जो वात्सल्य पाया उस चिर अनुभूति से आज भी पुलकित हूँ।

महादेवी के ११५ जन्म वर्ष के पावन अवसर पर उनकी वत्सल स्मृति में –

-माणिक्याम्बा 'मणि'

विषयानुक्रम (बोल्ड)

प्रथम अध्याय : काव्य-बिम्ब का स्वरूप एवं महत्व   1

काव्य और बिम्ब; बिम्ब - अर्थ एवं परिभाषा; बिम्ब के तत्व; बिम्ब के गुण; बिम्ब की उपयोगिता और कार्य; बिम्बवाद; बिम्ब निर्माण की प्रक्रिया; काव्यालोचन का मानदण्ड -बिम्ब; काव्य - बिम्ब और चित्र; काव्य-बिम्ब और प्रतीक; काव्य – बिम्ब और कल्पना ; काव्य – बिम्ब और अलंकार ; काव्य - बिम्ब और भाषा ; काव्य – बिम्ब और उसके प्रकार।

द्वितीय अध्याय : ऐन्द्रियबिम्ब – चाक्षुष – बिम्ब   36

बिम्ब की ऐन्द्रिय-संवेद्यता; महादेवी और ऐन्द्रिय-संवेदना; उनके चाक्षुष बिंबों की विशेषता; स्थिर –बिम्ब; रूप – आकार संबंधी बिम्ब; मानवीय – बिम्ब; वस्तु –बिम्ब; वर्णाश्रित; वर्ण –मिश्रित – बिम्ब; वर्ण परिवर्तन पर आधारित बिम्ब; गत्यात्मक बिम्ब; निष्कर्ष।

तृतीय अध्याय : अन्य ऐन्द्रियबिम्ब   68

श्रव्य बिम्ब; मानस – संभूत; प्रकृति –संभूत; वस्तु – संभूत; स्पृश्य – बिम्ब, घ्रातव्य बिम्ब; आस्वाद्य बिम्ब; संश्लिष्ट बिम्ब; चाक्षुष + श्रव्य; चाक्षुष + स्पृश्य; चाक्षुष + घ्रातव्य; घ्रातव्य + स्पृश्य; श्रव्य + स्पृश्य; चाक्षुष + स्पृश्य + घ्रातव्य; चाक्षुष + श्रव्य + आस्वाद्य बिम्ब ; निष्कर्ष।

चतुर्थ अध्याय : प्रकृति - बिम्ब   110

प्रकृति तथा महादेवी का काव्य; आलम्बन रूप प्रकृति बिम्ब; प्रकृति के विराट् बिंबों का आयोजन; प्रकृति के मानवीकृत रूप –व्यापार – बिम्ब; वसंत –रजनी; रात्री; विभावरी; उषा सुंदरी; संध्या आदि के बिम्ब; प्रकृति के साथ तादात्म्य की भावना; अलौकिक प्रणयानुभूति को अभिव्यक्त करने वाले प्रकृति - बिम्ब; निष्कर्ष।

पंचम अध्याय : भाव – बिम्ब   127

भाव काव्य का मूल स्रोत; भाव की परिभाषा; छायावादी काव्य में अनुभूति और महादेवी; उनकी प्रणयानुभूति; प्रेम भावना पर आधारित बिम्ब; स्त्रियोचित भावना पर आधारित बिम्ब; शुद्ध भाव- बिम्ब ,स्वप्न और स्मृति विवेचन ; महादेवी की स्वप्न संबंधी धारणा ; स्वप्न- बिम्ब ; स्मृति बिम्ब ; स्मृति –स्वप्न - बिम्ब ; निष्कर्ष।

षष्ठ अध्याय : दार्शनिक – बिम्ब   154

अद्वैत – दर्शन; बौद्ध दर्शन: दोनों का महादेवी के काव्य पर प्रभाव ; ब्रह्म – जीवात्मा – जगत् –जीवन और मृत्यु ; रहस्य भावना पर आधारित बिम्ब ; निष्कर्ष।

सप्तम अध्याय : महादेवी का व्यक्तित्व एवं कृतित्व   179

महादेवी का व्यक्तित्व; सौन्दर्य – भावना ; काव्य - विकास ; नीहार, रश्मि , नीरजा , सान्ध्यगीत ; दीपशिखा ; सप्तपर्णा ; गद्य – साहित्य – अतीत के चलचित्र और स्मृति की रेखाएँ ; शृंखला की कड़ियाँ ; पथ के साथी ; साहित्यकार की आस्था तथा अन्य निबन्ध ; सम्भाषण , महादेवी का प्रदेय।

उपसंहार   204

प्राचीन हिन्दी साहित्य में बिम्ब विधान ; आधुनिक काल में बिम्ब – विधान ; छायावादी काव्य में बिम्ब- विधान ; ऐन्द्रिय – बिम्ब ; भाव – बिम्ब ; दार्शनिक – बिम्ब ; प्रकृति – बिम्ब ; छायावादी के काव्य में बिम्ब – योजना और महादेवी।

परिशिष्ट : संदर्भ एवं सहायक ग्रंथ सूची   231

प्रथम अध्याय
काव्य – बिम्ब का स्वरूप एवं महत्व

काव्य और बिम्ब :

    मानव मानस सदा भावोर्मियों से तरंगायित रहता है। प्रत्येक मनुष्य भावनाओं की अनुभूति तो करता है किन्तु व्यक्त नहीं कर सकता। सृजन शक्ति – संपन्न व्यक्ति की क्षमता कलाओं के विविध रूपों में व्यक्त होती है। सभी कलाओं में भी काव्य को ऊँचा स्थान प्राप्त है। काव्य से अनिर्वचनीय आनन्द की अनुभूति होती है। काव्यानन्द को ब्रह्मानन्द सहोदर भी कहा गया है। कवि अपनी अनुभूतियों को मनोहर अभिव्यंजना शक्ति से अभिव्यक्त कर पाठक को रस विभोर कर देता है। सृजन के क्षणों में अनुभूति के नाना रूप कवि की कल्पना पर आरूढ़ होकर शब्द और अर्थ के माध्यम से व्यक्त होने का उपक्रम करते हैं, इस कार्य व्यापार में अनेक मानस छबियां आकार धारण करने लगती हैं – आलोचना की शब्दावली में इन्हें काव्य -बिम्ब कहते हैं। कवि प्रकृति और मानव संबंधी अपनी अनुभूतियों को अत्यंत मनोहर, सुमधुर वाणी में रसमयी अभिव्यक्ति देकर पाठक को अवाच्यानंदानुभूति में निमज्जित करता है।

    प्राचीन काल से काव्य को परिभाषाओं की सीमा में बाँधने के प्रयत्न होते रहे हैं। पाश्चात्य तथा पौर्वात्य आलोचकों ने काव्य की अनेक प्रकार की परिभाषाएँ तैयार कीं। किन्तु उसकी कोई सर्वमान्य परिभाषा नहीं बन सकी। इसी तरह बिम्ब को भी परिभाषाओं की सीमा में बाँधने के प्रयत्न होते रहे हैं। किन्तु इसकी ऐसी परिभाषा नहीं बन सकी जो सर्व स्वीकृत हो।

    कवि अपने भावों को सुस्पष्ट व्यक्त करने के लिए, वर्ण्य - विषय के प्रभावपूर्ण संप्रेषण और सार्थक अभिव्यंजना के लिए काव्य में बिंबों का प्रयोग करता है। काव्य में बिम्ब ही एक ऐसा महत्वपूर्ण उपकरण है जो एक साथ विषय और विधान को समेट सकता है। काव्य की रसानुभूति और सहृदय–हृदयाह्लादित्व का भी महत्वपूर्ण उपकरण बिम्ब ही है। इसलिए काव्य में उसका स्थान असंदिग्ध है। कवि की सौन्दर्य विधायिनी

सृष्टि, भावों का प्रवाह, चिंतन, मानन आदि की साहित्यिक अभिव्यक्ति में बिम्ब का अपना महत्वपूर्ण स्थान है।

बिम्ब – अर्थ एवं परिभाषा

बिम्ब का सामान्य अर्थ होगा मनश्चित्र या मानसी प्रतिकृति। आज इसकजा प्रयोग व्यापक रूप से किया जाता है। मनोविज्ञान् में बिम्ब का अर्थ होगा मानसिक पुनर्निर्माण। साहित्यिक बिम्ब मानव और जगत की अनुभूति और संवेदना का प्रकाशन करता है। काव्य के इस महत्वपूर्ण अवयव, बिम्ब (Image) से संबद्ध विवेचन पाश्चात्य आलोचना की देन है। हिन्दी बिम्ब शब्द वस्तुत: अंग्रेजी के 'इमेज' (Image) का पर्यायवाची है। अत: बिम्ब संबंधी विवेचन को, 'इमेज' का ही विवेचन मानना उचित होगा। 'इमेज' से मानसिक प्रतिकृति, मानस – प्रत्यक्ष अथवा किसी वस्तु की सादृश्य – योजना आदि अर्थ अभिव्यक्त होते हैं। संस्कृत में प्रचलित अर्थ है – छाया, प्रतिछाया है, जो बिम्ब के समानार्थक हैं।

बिम्ब काव्य का मूलभूत तत्व है। वर्ड्सवर्थ के अनुसार समस्त काव्य मानव अथवा प्रकृति का बिम्ब है।[1] काव्य में चित्रमय भाषा की अनिवार्यता है जो पाठक को अनुभूति का प्रत्यक्षीकरण करती है। स्वाभाविक रूप से मनुष्य व्यापक नियमों तक पहुंचने से पूर्व काल्पनिक चित्रों का सृजन करता है , यथार्थ को स्पष्टत: प्रतिबिंब करने से पूर्व वह अपनी उलझी और अस्पष्ट चेतना से वस्तु को ग्रहण करता है। उसके गद्य बोलने के पहले सहज ही उससे कविता की सृष्टि होती है। वह पारिभाषिक शब्दों के प्रयोग के पहेल रूपकों (बिम्बों) का प्रयोग करता है और रूपकों का प्रयोग उसके लिए अत्यंत स्वाभाविक होता है।[2] इस प्रकार बिंबों का प्रयोग और ग्रहण मानव मन की सहज प्रवृत्ति है। काव्य में बिंबों का प्रयोग अनायास और सहज होता है।

कवि अपनी मार्मिक अनुभूतियों को भावनाओं और विचारों को सहृदय तक संप्रेषित करने के लिए बिंबों का सृजन करता है। कवि का बिम्ब – विधान न्यूनाधिक रूप में एक ऐन्द्रिय शब्द चित्र है। यह एक सीमा तक औपम्यमूलक होता है तथा सन्दर्भत: किसी न किसी मानवीय संवेग से आप्लुत रहता है, यह किसी काव्यात्मक आवेग से अथवा भावना से भी परिपूर्ण रहता है एवं उसे पाठक तक संप्रेषित करता है।[3] यहां औपम्य मूलक का तात्पर्य – सादृश्यविधायक साधन – रूपक, उपमा ,

मानवीकरण, विशेषणवियपर्यय, प्रतीक आदि सभी सादृश्य विधायक तत्व बिम्ब के अंतर्गत आ जाते हैं। उनमें रागात्मकता की स्थिति अपेक्षित है। सृजन के क्षणों में कवि की सहजानुभूतियां बिंबों के द्वारा आकार ग्रहण कर इंद्रिय गोचर होती है।

स्टेफेन जे ब्राउन के अनुसार बिम्ब किसी अन्य प्रकार के भावों या विचारों के लिए लाया गया ऐन्द्रिय गुणों से सम्पन्न वह वस्तु विधान है जो शब्दों या लोकोक्तियों में प्रकट होता है। बिम्ब मुख्य वस्तु का क्षणिक स्थानापन्न है जो सादृश्यता में भी प्रकट हो सकता है और उसके बिना भी।[4] इस प्रकार बिम्ब पदार्थ या वस्तु नहीं, उसकी प्रकृति है। वस्तु की मूल सृष्टि नहीं, पुन: सृष्टि है। बिम्ब वह मानस प्रतिमा है जिसमें शब्द, रूप, रस, स्पर्श, गंध, गति आदि ऐन्द्रिय गुण तो रहते ही हैं किन्तु उसका आधार कल्पना ही होती है। ये मानस प्रतिमाएँ कवि की अनुभूतियों और भावों को पाठक के हृदय तक संप्रेषित करती हैं। 'सौन्दर्य शास्त्र या कला विवेचन और विशेषकर काव्यालोचन की दृष्टि से बिम्ब एक प्रकार का रूप-विधान है जो प्राय: किसी ऐन्द्रिय प्रभाव या संवेदन की मानसिक प्रतिलिपि या प्रतिकृति हुआ करता है।[5] बिम्ब कवि की आंतरिक अनुभूतियों, मानस छवियों, भावनाओं आदि का ऐन्द्रिय संवेद्य रूप खड़ा करनेवाला वह तत्व जो किसी विशेष वस्तु के संदर्भ के परिप्रेक्ष्य में उद्भूत होता है। इसके लिए कवि को ऐसी कारयित्री प्रतिभा से सम्पन्न होना चाहिए जो उच्चकोटि की सादृश्य विधायिनी क्षमता युक्त हो।

डॉ.केदारनाथ सिंह के अनुसार कवि मानव मन के सहज, अकृत्रिम, गतिशील, जटिल संवेगों का भाषा के जीवंत माध्यम के द्वारा शाब्दिक पुनर्निर्माण करता है तो समीक्षा की आधुनिक पदावली में बिम्ब-विधान कहते हैं। बिम्ब की भाषा नित्य की बोलचाल की भाषा से भिन्न होती है। वह अमूर्त वस्तुओं, विचारों, तथा भावों को भाषा के द्वारा मूर्त करता है। बिम्ब की महत्वपूर्ण विशेषता उसकी मूर्तिविधायिनी शक्ति ही है। अनुभूति की कलात्मक अभिव्यक्ति ही काव्य है। इस कलात्मकता का आधार कल्पना है और कल्पनात्मक अभिव्यक्ति का तात्पर्य है— बिंबों द्वारा मूर्तिकरण।

आचार्य शुक्ल ने भी स्पष्ट शब्दों में यह विचार व्यक्त किया कि काव्य में अर्थ ग्रहण मात्र से काम नहीं चलता, बिम्ब ग्रहण अपेक्षित होता है। यह बिम्ब ग्रहण निर्दिष्ट, गोचर और मूर्त विषय का ही हो सकता है।[6] आगे वे कहते हैं – कवि का काम है

कल्पना में बिम्ब या मूर्त भावना उपस्थित करना न कि बुद्धि के सामने कोई विचार लाना।[7] इस प्रकार उन्होंने बिम्ब की महत्वपूर्ण विशेषता उसकी मूर्ति विधायिनी शक्ति ही माना है।

सी. डे. लीविस के अनुसार बिम्ब काव्य का शाश्वत और महान गुण है। उनका कहना है-बिम्ब ही कवि का मूल प्रतिपाद्य है। समय के परिवर्तन के साथ काव्य के उपकरण भी परिवर्तित होते हैं। छंद परंपरा, विषय – वस्तु, भावगत प्रवृत्तियाँ यहाँ तक कि काव्य का मूलभूत विषय प्रतिपादन तक परिवर्तित हो जाता है। परंतु बिम्ब सदैव विद्यमान रहता है। उसमें कभी परिवर्तन नहीं आता।[8] "बिम्ब विधान अभिव्यक्ति की एक प्रणाली है जिसमें अनुभूतियों का चित्रण मानस चित्रों में किया जाता है।" सौन्दर्य शास्त्र या कला विवेचन और विशेषकर काव्यालोचन की दृष्टि से बिम्ब एक प्रकार का रूप विधान है, जो प्राय: किसी ऐन्द्रिय प्रभाव या संवेदन की मानसिक प्रतिलिपि या प्रतिकृति हुआ करता है।[9] इस प्रकार आज के कवि और आलोचक दोनों ही बिम्ब को काव्य का अत्यंत महत्वपूर्ण तत्व मानते हैं। बिम्बवाद के प्रसिद्ध कवि और नेता एजरा पाउण्ड अपनी कविता और बिंबों के लिए अत्यंत प्रसिद्ध हैं। उनके अनुसार बिम्ब निर्माण कवि का उच्चतम कर्म है और यहाँ तक कहते हैं कि जीवन में अनेक ग्रंथों के निर्माण की अपेक्षा केवल एक सफल बिम्ब का निर्माण करना कहीं अधिक अच्छा है।[10]

उपर्युक्त विचारों के आधार पर काव्य – बिम्ब की परिभाषा इस प्रकार हो सकती है – काव्य बिम्ब एक ऐसा भाव गर्भित शब्दचित्र है जिसमें स्मृति में उपस्थित चित्र कल्पना की सहायता से ऐन्द्रिय गुणों से युक्त होकर सहृदय पाठक को तन्मय करता है।

काव्य बिम्ब के स्वरूप के कुछ तथ्य इस प्रकार हैं—

(1) बिम्ब सादृश्य योजना मात्र नहीं है।

(2) बिम्ब ऐन्द्रिय संवेदनाओं को जागृत करता है।

(3) बिम्ब भावों और विचारों की वह अभिव्यक्ति है जो पाठक या श्रोता के मन में वैसे ही भावों और विचारों का संचार करने की क्षमता रखता है।

(4) बिम्ब वस्तु का यथा तथ्य चित्रण न होकर स्मृति जन्य अनुभूतियों की काल्पनिक सृष्टि है।

महादेवी के काव्य में बिम्ब - विधान

(5) काव्य – बिम्ब बाह्य जगत् के प्रत्यक्षीकरण से कवि के मानस में अंकित भावनाओं और अनुभूतियों का शब्द चित्र है।

(6) बिम्ब काव्य के समस्त अंगों में विद्यमान रहता है।

बिम्ब के तत्व :

बिम्ब की विभिन्न परिभाशाओं के आधार पर उसके आधारभूत तत्व ये हैं जो बिम्ब को सफलता प्रदान करते हैं। ये हैं – (1) अनुभूति (Feeling) (2) भाव (Emotion) (3) आवेग (passion) (4) ऐन्द्रियता (sensuousness)

अनुभूति : बिम्ब वस्तु का चित्रण ही नहीं करता वरन् एक सम्पूर्ण अनुभूति के विशेष सन्दर्भ से उसका आकलन करता है और वह संदर्भ उसकी महत्वपूर्ण आवश्यकता है। तीव्र अनुभूति ही काव्य का आधार है। अनुभूति के बिना काव्य की कल्पना नहीं की जा सकती। कवि अपनी पूर्वानुभूतियों को ही, जो स्मृति द्वारा उत्तेजित होती हैं, कल्पना की सहायता से व्यक्त करते हैं, साधारणत: घटनाएँ या स्मृतियाँ स्वयं बिम्ब नहीं होती , वरन् अनुभूति की एक निश्चित गहराई उन्हें उस स्तर तक पहुँचा देती है। भावपूर्ण बिंबों में अनुभूतियों का वैभव स्पष्ट लक्षित होता है। संवेदनात्मक बिंबों में अनुभूति बाहर से समाहित होनेवाली वस्तु नहीं वरन् अनुभूति ही बिम्ब है। बिम्ब में अनुभूति की ही महत्ता है और बिम्ब तो उस अनुभूति को व्यक्त करने की एक विशेष प्रणाली है। कवि अपनी अनुभूतियों को बिम्ब के माध्यम से इसलिए अभिव्यक्त करता है कि अपने भावों, अनुभूतियों और विचारों को पाठक तक संप्रेषित कर उसमें रस संचार करा सकें। बिंबों की कल्पना और सृजन में कवियों की वैयक्तिक रुचि का महत्वपूर्ण स्थान है। सभी कलात्मक सृष्टियों के पीछे कोई न कोई तीव्र मानवीय अनुभूति होती है। अनुभूति सदा किसी वस्तु के प्रति और किसी वस्तु के लिए होती है। यह भी सत्य है कि अनुभूतियों में व्यक्ति अपनी रुचि -अरुचि , प्रेम और घृणा आदि भावों से संपृक्त होता है। कविता में बिंबों का जन्म प्राय: तीव्र अनुभूति के क्षणों में होता है और जो एक प्रकार से वैयक्तिक सीमाओं से आगे की स्थिति है। तात्पर्य यह है कि इन स्थितियों में पहुँचकर कवि अपनी अनुभूति को साधारणीकृत कर देता है। फिर भी कवि अपने अंतर्मन के रहस्य कक्षों में संजोयी अनुभूतियों को अभिव्यक्त करता है। जिसमें वैयक्तिक रुचि की झलक स्पष्ट परिलक्षित होती है। इसी से आलोचक लीविस ने कहा था कि बिंबों में वस्तु की यथार्थ प्रतिच्छाया मात्र नहीं होती, वरन् वह एक

दर्पण की भांति होता है जिसमें चेहरे की रूप रेखाओं से परे उनसे संबंधित किसी सत्य का उद्घाटन होता है।[11]

भाव : कोमल मधुर भावों की अभिव्यक्ति बिंबों के माध्यम से होती है। बिम्ब से भावों को पृथक नहीं किया जा सकता। बिम्ब की सार्थकता यही है कि भावों की सफल व्यंजना करें। काव्य में बिम्ब स्वाभाविक रूप से भावों के उद्दाम प्रवाह से प्रेरित होकर निर्मित होते हैं। बिम्ब-विधान कलाकार की भावावेशमय सृजन माना जाता है। बिम्बवाद के प्रमुख कवि और नेता एजरा पाउण्ड़ ने बिम्ब की व्याख्या में भाव अथवा विचार को प्रमुखता दी है। उनके विचार में बिम्ब एक निश्चित समय में भावात्मक और बौद्धिक विचारों को प्रकट करता है। डॉ.कुमार विमल के अनुसार बिम्ब विधान कलाकार का ऐसा संवेग-संकुल प्रयास है जिसमें वह विविध या विपरीत वस्तुओं, मनस्थितियों और धाराणाओं को जो सामान्यता विच्छिन्न और अर्थहीन लगती है अपनी कल्पना शक्ति से परस्पर मिलाकर एक नवीन संदर्भ अथवा अनुक्रम देता है।[12] कवि के हृदय में बिम्ब संवेगों की सघनता से सदा छुपा ही रहता है और क्षणिक आवेगमय अनुभूति में जब भाव भी समाहित रहता है तभी बिम्ब की निर्मित संभव है। काव्य में बिम्ब को हृदयावर्जक बनाने वाला प्रमुख तत्व उसकी भावमयता ही है। डॉ. नगेन्द्र के अनुसार 'काव्य बिम्ब' शब्दार्थ के माध्यम से कल्पना द्वारा निर्मित एक ऐसी मानस छवि है जिसके मूल में भाव की प्रेरणा रहती है।[13] अनेक आलोचकों के अनुसार काव्य -बिम्ब में भाव और विचार की स्थिति अनिवार्य स्वीकृत हो चुकी है। भावात्मक तल्लीनता बिंबोद्भूति का मूल होती है। भावमयता ही वह व्यावर्तक तत्व है जिसके कारण उसी विषय को लेकर कवि तो सुंदर बिम्ब प्रस्तुत करता है और दूसरा विषय का विवरण दे कर रह जाता है।

आवेग: आवेग ही वह तत्व है जो काव्य को इतिहास से अलग करता है। कविता का सृजन ही कवि के आवेगमय स्थिति से होती है। भाव चिंतन और मनन को महत्व देते हुए वर्ड्सवर्थ ने कविता में आवेग को भी महत्वपूर्ण माना है। कविता मानव मन की बलवती भावनाओं का सहज उच्छलन है और उसका उद्भव शांत अवस्था में भावों के चिंतन से होता है।[14] क्रौंच मिथुन में एक के बाणविद्ध हो जाना देखकर आदि कवि के मन में जो आवेगमय अनुभूतियाँ जागृत हुई वही आदि -काव्य के प्रथम छंद में अवतीर्ण हुए। इतना तो निश्चित है कि आवेग के अभाव में कविता की सृष्टि अकल्पनीय है। इतिहासकार तटस्त होकर काव्य सृजन नहीं कर सकता अपितु वह

अपने प्रतिपाद्य के साथ अपने को अभिन्न रूप से संलग्न पाता है। काव्य में वह अपने आपको प्रस्तुत करने में आवेगपूर्ण होता है और उसके बिम्ब भी आवेगपूर्ण होते हैं। भावनाओं के आवेग से आपूर्ण कविता में ही बिम्ब काव्य के लिए उपयोगी सिद्ध होते हैं। कवि के व्यक्तित्व के आवेग के संस्पर्श के बिना स्वतंत्र रूप से बिंबों का न कोई महत्व है और न ही सार्थकता। इसी कारण कालरिज ने कहा था कि बिम्ब जितना सुंदर क्यों न हो जब तक वह कवि की शक्तिशाली वासना या आवेग से संयुक्त नहीं हो जाता कवि की विशिष्टता (व्यक्तित्व) को प्रतिपादित नहीं कर सकता।[15]

ऐन्द्रियता : डॉ. नगेन्द्र के अनुसार बिम्ब एक प्रकार का चित्र है जो किसी एक पदार्थ के साथ विभिन्न इंद्रियों के सन्निकर्ष प्रमाता चित्त में उद्बुद्ध हो जाता है।[16] बिम्ब-विधान में ऐन्द्रिय सन्निकर्ष का महत्वपूर्ण स्थान है। कवि जिन अनुभूतियों से प्रेरणा प्राप्त करता है उनके पीछे उसकी ऐन्द्रिय संवेदना काम करती है। ऐन्द्रिय गुणों से युक्त बिम्ब ही पाठक की ऐन्द्रिय अनुभूति को जागृत कर आनंदानुभूति का कारण सिद्ध होता है। ऐन्द्रिय ज्ञान ही बिम्ब को अधिक प्राणवान बनाता है। तात्पर्य यह है कि काव्य-बिम्ब एक ऐसा शब्द-चित्र है जिसके पीछे इंद्रिय संवेदना स्पष्ट हो।[17] विभिन्न इंद्रियों के आधार पर बिम्ब भी कई प्रकार के हैं – दृश्यपरक, श्रवणपरक, घ्राणपरक आदि। जीवन में दृश्येन्द्रिय का स्थान महत्वपूर्ण है अत: काव्य में दृश्य संवेदना पर आधारित बिंबों की संख्या अधिक रहती है। अनुभव की इंद्रिय जनित चेतना जितनी ही स्पष्ट होगी उस इंद्रिय का बिम्ब भी उतना ही सशक्त होगा। बिम्ब इंद्रिय जनित संवेदनाओं की कलात्मक अभिव्यक्ति है। यह मूर्त या अमूर्त कुछ भी हो सकता है। काव्य बिंब में ऐन्द्रियता वह महत्वपूर्ण तत्व है जो बिम्ब को सादृश्य-योजना से पृथक करता है। अप्रस्तुत योजना में भी जहाँ कहीं ऐन्द्रियता का समावेश होता है वहाँ बिंबों की सृष्टि हो जाती है।

सी. डे. लीविस के अनुसार कवि का बिम्ब विधान न्यूनाधिक रूप में एक ऐन्द्रिय शब्द चित्र है। यह एक सीमा तक औपम्यमूलक होता है तथा संदर्भत: किसी न किसी मानवीय संवेग से आप्लुत रहता है, यह किसी काव्यात्मक आवेग से अथवा भाव से भी परिपूर्ण रहता है एवं उसे पाठक तक संप्रेषित करता है।[18] इस प्रकार बिम्ब के महत्वपूर्ण तत्व ऐन्द्रियता, भाव और आवेग इस परिभाषा में समाहित है।

बिम्ब के गुण :

(1) भावोत्तेजन की क्षमता

(2) भावाभिव्यंजन की सामर्थ्य

(3) परिचितता

(4) ताजगी

(5) उर्वरता

(6) औचित्य

भावोत्तेजन की क्षमता :

बिम्ब का यह महत्व गुण होता है कि उसमें भावनाओं को उद्दीप्त करने की क्षमता हो। बिम्ब से संस्कार रूप में हृदय में स्थित भावनाएँ एक झटके से जागृत होकर हृदय को झंकृत करती हैं। इसके लिए शब्द चयन, कवि की सहृदयता भावों की सही पकड़ आदि सहायक का काम करते हैं। कवि के भाव जागृत होकर हृदय को झंकृत करती है। कवि के बिम्ब स्वाभाविक रूप से भावों के उद्दाम प्रवाह से प्रेरित होकर निर्मित होते हैं। इसलिए बिम्ब का उद्भव, विकास और लय सब स्वाभाविक एवं सहज होता है। यही कारण है कि पाठक के हृदय में भी वैसे ही भाव उत्तेजित होते हैं और वह आनन्द मग्न होता है।

अनियारे दीरघ दृगनि , किती न तरुनि समान।
वह चितवन और कछू, जिहि बस होत सुजान ॥[19]

इस दोहे में आँखों के कटाक्ष के सौन्दर्य का भावपूर्ण चित्रण है। इसमें नयनों की विशालता और निरालापन का तो वर्णन है मगर उस भावपूर्ण चितवन को कवि ने व्यंजित किया है। इसका सम्पूर्ण भाव-सौन्दर्य इन दो शब्दों में 'औरै कछू' में आकर समा गया है। इससे ऐसा भाव व्यंजित होता है। और भावों को उत्तेजित करता है कि सहसा प्रमाता के चित्त में उस रमणी के मोहक चितवन की निराली छवि आँखों में समा जाती है। लीविस के अनुसार भावोत्तजन की क्षमता व्यक्ति सापेक्ष है। यह सत्य है , कि एक बिम्ब सभी पाठकों पर समान प्रभाव नहीं डाल सकता क्यों कि हर पाठक का मानसिक स्तर भिन्न होता है। इसलिए प्रभाव के स्तरों में अंतर स्वाभाविक है।

किन्तु बिम्ब प्रभावित किए बिना नहीं रहता। क्योंकि बिम्ब का प्रभाव व्यक्ति सापेक्ष होते हुए भी वस्तु निरपेक्ष नहीं है। भावोत्तेजन की शक्ति बिम्ब में अधिक रहती है।

भावाभिव्यंजन की सामर्थ्य :

बिम्ब में भावों को तीव्रता के साथ अभिव्यक्त करने की क्षमता रहती है। यही शक्ति कवि की अपनी संपत्ति होती है। इसी से इतिहासकार जहाँ घटनाओं का उद्धरण मात्र दे कर मौन रहा जाता है वहाँ कवि उन्हीं घटनाओं और भावों को तीव्र रूप में प्रस्तुत कर सहृदय के हृदय में रस संचार कराता है। “संवेगों की घनता उत्कृष्ट बिम्ब-विधान का अविच्छेद्य गुण है। अप्रस्तुत योजना में जहाँ संवेगों की घनता समाविष्ट होती है वहाँ बिंबों की स्वतः सृष्टि हो जाती है।[20] संवेगों और भावों की तीव्रता से युक्त बिंबों को सर्वोत्कृष्ट तथा समर्थ माना जा सकता है। भावों के तीव्र रूप में प्रस्तुत करने के लिए अभिव्यक्ति की संक्षिप्तता का बड़ा महत्वपूर्ण स्थान है। बिम्ब योजना, जितनी सुसंगठित संदर्भोचित होगी उसमें उतना ही भावों को तीव्रता के साथ प्रस्तुत करने की शक्ति होगी।

परिचितता :

परिचित बिम्ब पाठक को तुरंत प्रभावित करता है। यह बिम्ब का एक महत्वपूर्ण गुण है। अपरिचित बिम्ब पाठक के मन में कोई प्रभाव नहीं डाल सकता, वह कितना हीं नवीन क्यों न हो ! परिचित जीवन से लिए गए बिम्ब सहज संप्रेषणीयता के गुण से आपूरित रहते हैं। अतः भाव को समग्र रूप से उपस्थित करने की क्षमता उनमें विद्यमान रहती है। किन्तु परिचित का अर्थ रूढ नहीं। रूढ बिम्ब अति प्रयोग के कारण प्रभावहीन हो जाते हैं और उनमें भाव को झंकृत करने की तथा प्रेषणीय बनाने की सामर्थ्य नहीं रहती। कवि को चाहिए कि अपनी अनुभूतियों और विचारों को अपने समाज के परिचित बिंबों मे वाणी दे कर पाठकों के सामने प्रस्तुत करें। इससे उसके विचारों में अधिक शक्ति होगी और उसकी कला में प्रभावित करने की अधिक क्षमता होगी। जो नए कवि नए बिंबों को प्रस्तुत करने में इस तथ्य की उपेक्षा करते गये उनके बिम्ब अधिकतर असफल सिद्ध हुए। उनके अधिकांश बिम्ब वैयक्तिक थे और यही

कारण था कि उनमें प्रेषणीयता का गुण कम था। वे समाज के अपरिचित बिम्ब होने के कारण केवल कवि को ही प्रभावित कर सकते हैं , पाठक को नहीं।

अभिनवता और ताजगी :

अभिनवता बिम्ब के सौन्दर्य तथा उसकी क्षमता में वृद्धि करनेवाली तात्विक शक्ति तो है किन्तु रागात्मकता से संपृक्त रहकर ही बिम्ब की नवीनता सार्थक हो सकती है। "नवलता का काव्य में तभी महत्व हो सकता है जब वज प्रयत्नज न हो। भावानुरोध से अनायास ही बिम्ब का उद्भव, भाव की समुचित प्रेषणीयता के लिए आवश्यक है।"[21] अभिनव बिम्ब अपनी नव्यता के कारण सहज ही आकृष्ट करता है। किन्तु बिम्ब को सहज तथा भावानुरूप होना चाहिए। नया बिम्ब नयी वस्तु के साथ नयी शैली की भी अपेक्षा रखता है। ताजगी के लिए जाहाँ बिम्ब का नूतन होना आवश्यक है। उसका कवि के रागात्मक संबंध से परिपुष्ट होना भी जरूरी है। कवि अपनी वैयक्तिक क्षमता से अपनी अनुभूतियों को नवीन बिंबों के रूप में व्यक्त करता है जिन्हें पाठक अनायास ही हृदयंगम कर लेता है। ताजगी के लिए एकदम नये बिंबों की ही आवश्यकता नहीं है। प्रतिभाशाली कवि कुछ प्राचीन साहित्य के जीर्ण बिंबों को ही कुछ इस कौशल से नया बना देते हैं कि उसमें नया अर्थ-संचार होने लगता है। छायावादी कवियों ने अनेक प्राचीन जीर्ण बिंबों को नये अर्थों से भर कर अभिनव बना दिया है। "छायावादी कवियों ने इन जीर्ण-बिंबों को अधिकतर संस्कृत काव्य से ग्रहण किया है और उन्हें नयी व्यंजना तथा नयी संवेदनाओ के संदर्भ में रखकर नूतन अर्थ – छवियाँ प्रदान की हैं।"[22]

संस्कृत साहित्य में प्रायः 'लीलाकमल' का प्रयोग मिलता है। 'मेघदूत' की निम्न पंक्तियों में 'लीलाकमल' का प्रयोग इस प्रकार है –

हस्ते लीलाकमलमलके बाल कुन्दानिविद्धं
नीता लोध्र प्रसव रजसा पाण्डुता मानने श्रीः
चूड़ापाशे नाव कुरवकं चारू कर्णे शिरीषं
सीमन्ते च त्वदुपगमजं यत्र नीपं वधूनाम्।

इस 'लीलाकमल' को अर्पण – तत्पर जीवन का अप्रस्तुत
बनाकर जो मार्मिक बिम्ब प्रस्तुत किया वह अनुपम है।
जो तुम्हारा हो सके 'लीलाकमल' यह आज,

खिल उठे निरुपम तुम्हारी देख स्मित का प्रात।
जीवन विरह का जलजात। [23]

उर्वरता :

नक्षत्र के झिलमिलाते प्रकाश परिवेश के ही समान एक उर्वर – बिम्ब उद्दिष्ट भाव को तो व्यक्त करता ही है अपने पीछे एक दीर्घ भाव परंपरा भी निर्मित करता है। यह बिम्ब का आवश्यक और अनुपेक्षणीय गुण है। क्योंकि इसी के कारण बिम्ब केवल भावों की अभिव्यक्ति करके ही नहीं रह जाता बल्कि हुत्तन्त्री को झंकृत कर जाता है और भाव विभोर कर देता है। भावों की एक अटूट परंपरा का निर्माण कर भावों को उद्दीप्त करता है। इसकी विशेषता यह है कि उद्दीप्त भावना को देर तक प्रमाता की चेतना में अनुरणित भी करता है। हम भावबोध को मूल ध्वनि और उर्वरता को अनुध्वनि कह सकते हैं।[24] भावोत्तजक बिम्ब सदा अपने साथ भावों की परंपरा ही नहीं लाता वरन् संक्षिप्त, सुगठित और व्यंजक होकर प्रभावित भी करता है।

औचित्य :

यह एक ऐसा गुण है जो जीवन के प्रत्येक क्षेत्र में अपना महत्व रखता है। औचित्य की सीमा पार करने के बाद सुंदर से सुंदर बिम्ब अपना महत्व खो देता है। बिम्ब के सभी गुण अपने उचित अनुपात में रहकर ही बिम्ब के सौन्दर्य की श्रीवृद्धि कर सकते हैं। बिम्ब के प्रयोग में भी औचित्य संदर्भ-निर्भर रहता है। नवीनता और तीव्रता तो इसी पर आधारित है। केवल एक गुण की अति हो जाने पर बिम्ब का पूरा सौन्दर्य नष्ट हो जाता है। भावानुरूपता भी बिम्ब की सफलता का कारण है। जहाँ भावानुरूप प्रयोग बिम्ब को सौन्दर्य मण्डित और सफल बनाता है, वहाँ अननुरूपता उसकी शक्ति को क्षीण कर देती है।

बिम्ब की उपयोगिता और कार्य :

काव्य में बिम्ब पर्याप्त उपयोगी सिद्ध होता है। बिम्ब काव्य में बहुत से ऐसे कार्य करते हैं जो उसकी उपयोगिता को सिद्ध करते हैं। इन कार्यों के निम्नलिखित रूप हो सकते हैं।

प्रो. पी. माणिक्याम्बा 'मणि'

1. संवेदनात्मकता
2. अलंकरण
3. प्रभावोत्पादकता
4. प्राणवत्ता
5. क्रमबद्धता
6. बाह्य वस्तु जगत से भावनात्मक संबंध
7. अमूर्त भावों एवं विचारों को मूर्तता प्रदान करना
8. मर्मस्पर्शी भावों की अभिव्यक्ति करना।

संवेदनात्मकता बिम्ब का महत्वपूर्ण कार्य है। ऐन्द्रिय-संवेदना बिम्ब का प्राण – तत्व है। बिम्ब का प्रयोग ही भाव को संवेद्य बनाने केलिए होता है। काव्य –बिम्ब ऐन्द्रिय वर्णन द्वारा संवेदना को जागृत करने में समर्थ होता है। बिम्ब केवल शब्दों से नहीं बनता, संवेदना ही वह तत्व है, जो बिम्ब का आधार है। ऐन्द्रिय संवेदना से युक्त सादृश्य-योजना भी बिम्ब की कोटि में आ जाता है। बिम्ब पाठक में ऐन्द्रिय – संवेदना जागृत कर ही चरितार्थ होता है।

बिंबों से काव्य का अलंकरण होता है। किन्तु अलंकरण बाह्य न होकर वस्तु संपृक्त होकर सौन्दर्य से मण्डित हो जाता है। अलंकारों में सादृश्य मूलक अलंकार अपनी बिम्ब निर्माण क्षमता के लिए प्रसिद्ध है। उसमें भी रुपक अलंकार में सदैव सफल बिंबों का आकलन किया जाता है। प्राचीन काव्य में बिम्ब को अलंकार रूप में देखने की सामान्य धारणा थी। इस प्रकार काव्य में बिम्ब रूप सज्जा के साथ भावों की अभिव्यंजना करते हैं।

प्रभविष्णुता ऐसा तत्व है, जो कम या अधिक मात्रा में हर बिम्ब में विद्यमान रहता है। इसके अभाव में बिम्ब की कोई सार्थकता नहीं रहती। प्रभाव ही से पाठक बिम्ब की ओर आकृष्ट होता है।

काव्य-बिम्ब का संवेगात्मक होना आवश्यक है। संवेग के बिना काव्य उस मूर्ति के समान है जिसकी प्राण – प्रतिष्ठा नहीं हुई हो। काव्य में प्राणवत्ता लाना बिम्ब का महत्वपूर्ण कार्य है। 'बिम्ब में कवि सिर्फ रूप -रंग ही नहीं देता वरन् अपने काव्य का प्राण उसकी जीवनी– शक्ति भी प्रस्तुत करता है।'[25] बिम्ब में कवि अपनी अनुभूति को ऐसा ढालता है कि उसमें जीवनी – शक्ति का संचार होने लगता है। काव्य में भावों

महादेवी के काव्य में बिम्ब - विधान

के बिंबात्मक वर्णन के कारण बिम्ब में अनुभूति एवं भावों के साथ-साथ कवि की चेतना, काव्य का प्राणवत्ता बनकर प्रकट होती है।

वस्तुतः हमारी मानस – प्रक्रिया में ही भावों को क्रमबद्धता प्रदान करना सबसे महत्वपूर्ण कार्य है। हमारी अनुभूति और उसकी अभिव्यक्ति के बीच संवेदनाओं में क्रमबद्धता लायी जाती है। क्रमबद्ध रूप में ही कवि अपनी अनुभूतियों को प्रकट करते हैं। नहीं तो काव्य का प्रत्येक शब्द निरर्थक होगा। बिखरी- बिखरी अनुभूतियों से हम कुछ भी ग्रहण नहीं कर सकते। इस कारण अनुभूतियों में क्रमबद्धता लाना आवश्यक है। बिम्ब भावों को क्रमबद्ध करने में सहायक होता है। बिम्ब का सृजन ही अनुभूतियों, स्मृतियों आदि को क्रमबद्ध रूप में प्रस्तुत करने के लिए होता है। कवि बिंबों में अपने विशृंखलित अचेतन स्मृतियों से एक क्रमबद्ध, सुनिश्चित बिंबों की सृष्टि करता है।

बाह्य वस्तु जगत् से भावात्मक संबंध बिम्ब का महत्वपूर्ण कार्य है। बिम्ब कवि के भाव-जगत से बाह्य वस्तु जगत् का संबंध कराता है। वह वस्तु का केवल आकार ही प्रस्तुत नहीं करता उसके साथ कवि के रागात्मक संबंध भी व्यक्त करता है। कवि साधारण मनुष्य से अधिक भावुक और संवेदनशील होता है। जो कवि अपने काव्य में प्रकृति सौन्दर्य का चित्रण करता है वह स्वभावतः प्रकृति प्रेमी ही होता है। प्रकृति प्रेमी पंत अपनी बाल्यावस्था में प्रकृति के इतने तन्मय निरीक्षक थे कि घंटों एकांत में बैठकर प्रकृति का अवलोकन करते थे। इसलिए कवि के बिम्ब उसके भावात्मक स्थिति को भी प्रकट करते हैं।

अमूर्त भावों का मूर्तीकरण बिम्ब का ऐसा कार्य है जो उसको अन्य काव्योपकरणों से पृथक और महत्वपूर्ण बनाता है। सादृश्य योजना में जहाँ संमूर्तन का गुण समाविष्ट हो जाता है वहाँ बिम्ब का रूप प्रकट होता है। भावनाओं का मूर्तीकरण बिम्ब की बड़ी विशेषता है। सूक्ष्म भावों को मूर्त रूप देकर संप्रेषणीय बनाना बिम्ब का ही काम है। प्रसाद ने 'कामायनी' में चिंता, लज्जा, श्रद्धा, काम जैसी सूक्ष्म भावनाओं को मूर्तीकरण द्वारा सहृदय – संवेद्य बनाकर सौन्दर्य से मण्डित किया।

मर्मस्पर्शी भावों की अभिव्यक्ति के लिए ही कवि बिंबों का सृजन करता है। भावों को हृदयावर्जक रूप में प्रस्तुत करना काव्य की विशिष्टता। विचारों , भावों और घटनाओं को मार्मिकता से व्यक्त करना कवि की विशेषता है, जो बिंबों के कारण आती है। जिन घटनाओं को इतिहासकार उदाहरण देकर रह जाता है उन्हीं को कवि मार्मिक

ढंग से अभिव्यक्त कर पाठकों के हृदयों को झंकृत करता है। काव्य को आस्वाद्य बनाने में भावों की मार्मिकता का महत्वपूर्ण योग रहता है। काव्य का 'कान्ता सम्मिततयोपदेशयुजे' का कारण भी भावों की मार्मिक अभिव्यक्ति ही है।

दुःख, प्रेम, सौन्दर्य, विद्रोह आदि तीव्रतम भावों को चित्रित कर भाव-व्यंजन करने में भी बिम्ब का बड़ा हाथ होता है। यह बिम्ब का एक ऐसा कार्य है जो काव्य में उसे विशेष उपयोगी बनाता है। बिम्ब कवि की भावनाओं को तीव्रता के साथ व्यक्त करता और साथ ही अपने भावों को भी सीमांत तक पहुँचने में भी सफल होता है। समिष्टि रूप से काव्य में बिम्ब के अनेक कार्य और उसकी उपयोगिता भी है। यह विभाजन उसकी बहुमुखी उपयोगिता को तो पूर्ण रूप से मूल्यांकन नहीं करता किन्तु उसकी उपयोगिता के मुख्य रूपों के अध्ययन में सहायक हो सकता है।

बिम्बवाद :

प्राचीनकाल से ही काव्य में बिंबों का प्रयोग होता रहा। अंग्रेजी साहित्य में बिम्ब (Image) शब्द का प्रयोग नया नहीं था। किन्तु इसका शास्त्रीय विवेचन बीसवीं शताब्दी के प्रथम दशक में प्रारंभ हुआ। बिम्ब को साहित्यिक वाद का रूप इसलिए मिला कि अंग्रेजी साहित्य में सौन्दर्य का अशरीरी वर्णन, अनुभूति की अतीन्द्रिय अभिव्यक्ति, आध्यात्मिक प्रेम एवं रहस्यमय अनुभूतियों का अत्यधिक रहस्यमय वर्णन के कारण कविता अधिक दुरूह हो गयी। इसी स्थिति के विरुद्ध प्रतिक्रिया तो बहूत पहले ही प्रारंभ हो गयी थी किन्तु सामूहिक रूप से साहित्यिक प्रतिक्रिया को आंदोलन का रूप सान् 1908 में मिला।

बिम्बवाद के प्रवर्तन का श्रेय टी. ई. ह्यूम तथा एफ. एस. फ्लिन्ट को मिला। ह्यूम ने अपने एक लघु निबन्ध में एक घोषणा-पत्र प्रकाशित किया। उसमें उन्होंने कविता में चाक्षुष संमूर्तन को ,भाषा की संमूर्तन शक्ति को , नूतन अलंकारों के प्रयोग को, रुपक की प्रधानता को महत्वपूर्ण स्थान दिया। बिम्ब को काव्य का बाह्य अलंकार न मानकर कविता का आंतरिक गुण माना है।[26]

ह्यूम का समर्थन करते हुए फ्लिन्ट ने अपने इमेजिज़्म (Imagism) में कुछ महत्वपूर्ण बातों की स्थापना की। उनके अनुसार कविता में विषय या विषयी का प्रत्यक्ष चित्रण, अनावश्यक शब्दों का त्याग, संगीत को ध्यान में रख कर शब्द- योजना आदि

महत्वपूर्ण है। इस प्रकार इनके ये तथ्य बिम्ब को अधिक हृदयग्राही बनाने में सहायक प्रतीत होते हैं।

इस प्रकार हम देखते हैं कि कुछ आलोचकों के अनुसार कविता में संमूर्त्तन ही महत्वपूर्ण है। कविता में ऐसे शब्दों का प्रयोग करना चाहिए जो अपनी मूर्तिविधायिनी शक्ति के द्वारा बिम्ब को हृदयग्राह्य बना सकें। इनका यह भी मत है कि लघु कविता ही बिम्ब के लिए उपयोगी है। लंबी कविता में बिम्ब बिखर जाते हैं।

एजरा पाउण्ड इस दल के प्रमुख कवि आलोचक हैं। उन्होंने अपने घोषणा – पत्र में कविता में रूप पक्ष को सर्वाधिक महत्व दिया। इन्होंने भी संक्षिप्त कविताओं को ही प्रथम स्थान दिया। विषय के निर्वाचन में कवि को पूर्ण स्वतंत्रता तथा काव्य में सदा अभिनव बिंबों के ये प्रबल समर्थक थे। एजरा पाउण्ड ने 1914 में 'सम इमेजिस्टस्' नाम से ये ग्यारह कवियों का एक कविता संकलन प्रकाशित किया, जिसके वे संपादक थे।

बिंबवादियों की महत्वपूर्ण स्थापना है कि बिम्ब में सदा विशेष की ही अभिव्यक्ति हो सकती है, साधारण की नहीं। इनकी उपलब्धियों पर प्रकाश डालते हुए डॉ.केदारनाथ सिंह ने लिखा है – सैद्धांतिक दृष्टि से बिंबवादियों की दो उपलब्धियाँ मानी जा सकती हैं। उन्होंने पहली बार काव्य की मूर्तिमत्ता (बिम्ब) पर बल देकर कविता को यथार्थ के जीवन धरातल पर लाने का प्रयास किया। इससे भी महत्वपूर्ण इनकी देन यह थी कि उन्होंने सामान्य (रोमांटिक कविता की सौन्दर्य और सत्य संबंधी सार्वभौम अनुभूतियों) के विरुद्ध काव्य के क्षेत्र में पुनः विशेष (जीवन और जगत के देश – काल बद्ध विशिष्ट अनुभूतियाँ) के महत्व का प्रतिपादन किया।[27]

बिंबवादियों के अनुसार काव्य बिंबात्मक होता है। यह उस समय के अनुकूल ही था। क्योंकि काव्य में सर्वत्र अतींद्रिय अनुभूतियों का वर्णन बहुत ही सूक्ष्म रूप से किया जाने लगा। ऐसे अतीन्द्रिय अनुभूतियों और कल्पना की वायवी उड़ान को वस्तुगतस धरातल पर लाकर सर्वजन संवेद्य बनाने का प्रशंसनीय कार्य बिम्बवाद ने किया। उनकी यह मान्यता है कि बिम्ब साधारण या जाति का नहीं हो सकता, विशेष व्यक्ति या वस्तु का ही हो सकता है। जाति या सामान्य का बिम्ब उपस्थित करना कठिन है क्योंकि इनका क्षेत्र अत्यंत व्यापक है। इसका समर्थन आचार्य शुक्ल ने भी किया है –"कवि का काम है कल्पना में बिम्ब या मूर्त भावना उपस्थित करना, न कि

बुद्धि के सामने कोई विचार लाना। बिम्ब जब होगा, विशेष या व्यक्ति का ही होगा, सामान्य या जाति का नहीं।''[28]

बिंबवादियों का काव्य संबंधी दृष्टिकोण कुछ सीमित है। इस सिद्धांत के माननेवालों की धारणा है कि लघु कविताएँ बिम्ब के लिए अत्यंत उपयोगी और महत्वपूर्ण हैं। किन्तु साहित्य का एक बहुत बड़ा अंश प्रबंध काव्य और महाकाव्य भी होते हैं। काव्य की श्रेणी में केवल मुक्तक ही नहीं आते। काव्य में प्रबंध काव्य का एक व्यापक क्षेत्र है जिसको उपेक्षित नहीं किया जा सकता। यह सिद्धान्त एक कलात्मक सिद्धांत है जो काव्य के रूपपक्ष को ही प्रमुखता देता है। किन्तु काव्य में रूप पक्ष ही सब कुछ नहीं है। भाव पक्ष का भी अपना महत्वपूर्ण स्थान है। इसका सौन्दर्य इसी में है कि काव्य के रूपपक्ष के साथ भाव पक्ष को भी अपने में समेट लें। यही इनकी महत्ता है।

बिम्ब-निर्माण की प्रक्रिया :

काव्य तथा बिम्ब को विभक्त नहीं किया जा सकता। अतः बिम्ब निर्माण प्रक्रिया और काव्य-सृजन की प्रक्रिया को प्रकारान्तर से एक ही मान सकते हैं। मन की प्रक्रिया से ही बिंबों का सृजन होता है। कवि का चेतन मन, अचेतन मन में स्थित अनुभूतियों और भावनाओं को बिंबों के रूप में संग्रहीत करता है। अनेक स्मृतियाँ जो कभी – कभी अचेतन (सुप्तावस्था) में रहती हैं, अनुभूति द्वारा जागृत होकर कवि को नये बिम्ब – निर्माण में सहायक होती हैं। काव्य सृजन तथा बिम्ब-निर्माण में चेतन तथा अचेतन मन दोनों का ही कार्य रहता है। अनेक रूपों में वर्गीकृत जगत के साथ कवि संपर्क में आकर अनेक प्रत्याक्षानुभव प्राप्त करता है। जगत् का संपर्क ही कवि के हृदय में अनेक अनुभूतियों को स्पंदित करता है और ये ही अनुभूतियाँ मूर्तिकरक की प्रक्रिया के द्वारा शब्दों के माध्यम से बिंबों के रूप में सामने प्रत्यक्ष होती हैं।

शुक्ल जी ने रूप विधान (बिम्ब-विधान) की चर्चा के अंतर्गत उसको तीन भागों में विभाजित किया है—

1. प्रत्यक्ष रूप विधान
2. स्मृत – रूप विधान
3. कल्पित – रूप विधान।[29]

शुक्ल जी द्वारा विभाजित रूप – विधान का यह वर्गीकरण वस्तुतः बिंबों का वर्गीकरण न होकर बिम्ब निर्माण की प्रक्रिया के तीन सोपान ही हैं। कवि अपने प्रत्यक्षानुभूतियों को स्मृति के द्वारा मस्तिष्क में सँजोकर रखता है। उचित समय में कल्पना के आधार पर बिमनबों के रूप में वे प्रत्याक्षानुभव मूर्त हो उठाते हैं। शुक्ल जी के वर्गीकरण पर विचार करते हुए डॉ.सुधा सक्सेना ने लिखा है – 'शुक्ल जी के इस वर्गीकरण से यह अवश्य प्रतीत होता है कि बिम्ब की समस्या उनके सम्मुख प्रधान नहीं रही, पर उसके विभाजन में बिंबों की निर्माण प्रक्रिया अवश्य मन में थी जिसे वे बीच-बीच में वाणी देते चले जाते हैं। बिम्ब के विभाजन के इस आधार पर बिम्ब निर्माण प्रक्रिया की पूर्ण रूपेण मनोवैज्ञानिक व्याख्या कर सकते हैं।'[30] शुक्ल जी ने अपने समय की आलोचना की सीमाओं के बावजूद जो बिम्ब -विधान संबंधी कार्य किया, वह उनके परवर्ती आलोचकों के बिम्ब-विधान संबंधी कार्य के लिए प्रकाश स्तम्भ का कार्य करता रहा है। निश्चय ही उनके रूप - विधान निर्माण प्रक्रिया के तीन सोपान आज भी उसी तरह मान्य हें।

वस्तु और ऐन्द्रिय सन्निकर्ष से लेकर वस्तु के मानस प्रत्यक्षीकरण तक ही प्रक्रिया प्रत्यक्षीकरण कहलाता है। स्मृति का काम है – मानसा बिंबों की सृष्टि और कल्पना का कार्य है - मानस बिंबों की सफल अभिव्यक्ति। प्रत्यक्षीकरण के अंतर्गत हमारे संपर्क में आनेवाला समस्त जगत् है और जो कवि जितना ही प्रत्यक्ष जीवन में अनुभूति प्रवण होगा उतना ही काव्य रचना में सक्षम होगा। शुक्ल जी के अनुसार 'भावुकता की प्रतिष्ठा करनेवाला मूल आधार या उपादान प्रत्यक्ष रूप ही है। इस प्रत्यक्ष रूपों की मार्मिक अनुभूति जितनी अधिक होती है वे उतने ही रसानुभूति के उपयुक्त है।[31] कवि का प्रेरणा स्त्रोत प्रत्यक्ष जीवन ही होता है। बिंबों के सृजन की प्रेरणा प्रत्यक्ष जीवन से ही मिलती है।

इस प्रकार कवि जिस वस्तु को इंद्रियों के माध्यम से प्रत्यक्ष अनुभव करने के पश्चात् मानस-बिम्ब बना लेता है, स्मृति द्वारा उन अनुभूतियों का संचय करता है। किसी मूर्त वस्तु की प्रेरणा से उस संचित अनुभूति को ही कल्पना में लाकर बिम्ब का रूप देता है। किन्तु अनुभूतियाँ मानस प्रतिमाएँ बनकर कवि के मानस पटल पर एक के बाद एक उदित होते रहते हैं। तब कवि के लिए यह आवश्यक हो जाता है कि वह भाव प्रवण, संप्रेषणशील बिंबों का चयन करे। कवि की क्षमता या कौशल का परिचय उसके बिम्ब चयन से ही होता है। इस प्रकार कवि के मानस बिंबों की सृष्टि होती है। यहीं

आकर कवि अपने अनुभव को आत्मनिष्ठ न बना कर वस्तुनिष्ठ रूप में सर्व-संवेद्य बनाता है जिसके लिए वह विभाव, अनुभाव आदि का विधान करता है।[32] कवि अपने व्यक्तिगत तीव्र अनुभूतियों को वैयक्तिक धरातल से ऊँचा उठाकर सहृदय पाठक के लिए आस्वाद्य बिंबों के रूप में अभिव्यक्त करता है। इस प्रकार विशेष अनुभूतियाँ सामान्यीकृत होती है और प्रमाता की आनंदानुभूति का कारण बनती हैं।

अब यह विचारणीय है कि युंग और फ्रायड जैसे मनोवैज्ञानिकों के अनुसार क्या काव्य-रचना या काव्य-बिम्ब निर्मित केवल अचेतन मन की प्रक्रिया ही है ? उनके अनुसार काव्य – रचना अचेतन मन का ही कार्य है। चेतन अवस्था में उसका सृजन कर कोई विजय प्राप्त नहीं कर सकता। कई मानोवैज्ञानिकों का कथन है कि काव्य रचना के संदर्भ में कई बार ऐसा भी होता है कि कवि अपनी भावना और विचार तब तक नहीं समझ सकता जब तक उसकी रचना सम्पूर्ण व्यक्त नहीं होती। यहाँ हमारा विचार है कि काव्य निर्माण कवि के चेतन मन की सहज प्रक्रिया है। भावनाओं और अनुभूतियों का उदगम स्थान अचेतन मन होने पर भी अचेतन मन से निकलटे मानस बिंबों को व्यवस्थित, संतुलित , सुगठित, तथा कलात्मक रूप देने के लिए मन की चेतनावस्था आवश्यक है। कवि अपनी मानस प्रतिमाओं को जिन उपादानों के द्वारा अभिव्यक्त करता है, वह कवि के चेतन मन की प्रक्रिया के बिना असंभव है। काव्य सृजन कवि के मन की चेतन स्थिति में नहीं होता तो वह विक्षिप्त व्यक्ति के प्रलाप के अधिक निकट होगा। क्योंकि वह शृंखलाहीन निर्बंध होता है। सुगठित, शृंखलाबद्ध, कलात्मक – काव्य सृष्टि चेतन मन का ही कार्य है।

काव्यालोचन का मानदण्ड – बिम्ब :

प्राचीन काव्यालोचन संबंधी साहित्य में कविता के मानदण्डों के रूप में रस, अलंकार, वक्रोक्ति, रीति, ध्वनि और औचित्य संप्रदाय प्रसिद्ध हैं। किसी कविता के परीक्षण के लिए कोई न कोई कसौटी आवश्यक होती है। अलंकारवादी आचार्य , अलंकारों की कसौटी पर काव्य के मूल्य का निर्णय करते थे वक्रोक्ति, रीति, ध्वनि और रसवादी आचार्य उन्हीं के आधार पर काव्य का मूल्यांकन करते थे। किन्तु सदा रस को ही काव्य के महत्त्वपूर्ण मानदण्ड का गौरव प्राप्त था। काव्य के इन मानदण्डों में कुछ तो देहवादी या रूपवादी थे और कुछ आत्मवादी। किन्तु ये दोनों ही एकांगी थे।

बिना देह के आत्म का , आत्मा के आभाव में देह या रूप का कोई मूल्य नहीं है। इसलिए आधुनिक समीक्षकों का मत है कि रूप और भावों को सहजता से अपने में समेटने के कारण , बिम्ब काव्य का सशक्त मानदण्ड हो सकता है। कविता के मूल्यांकन के प्रतिमान के रूप में उसे स्वीकार करने का प्रस्ताव सर्वप्रथम डॉ.केदारनाथ सिंह ने किया। उसे आलोचना के मानदण्ड का स्तर देकर विवेचन करने का श्रेय इनको है। बाद में नयी कविता के कुछ आलोचकों ने इसको मानदण्ड के रूप में स्वीकार भी किया है।

किन्तु भारतीय काव्य शास्त्र में काव्य में रस – तत्व को ही सर्वाधिक महत्त्व दिया है। रस के समकक्ष जो साहित्य – संप्रदाय प्रतिष्ठित हुए उनके प्रतिष्ठापक आचार्यों ने भी अप्रत्यक्ष रूप से कहीं न कहीं रस की महत्ता को स्वीकार किया है। भारतीय काव्य शास्त्र में काव्यप्रयोजनों में 'सद्यः परनिवृत्ति' को मूल प्रयोजन माना है जो रस के कारण ही सम्पन्न हो सकता है।

भरतमुनि तो रसवादी आचार्य थे। अलंकारवाद के जन्मदाता अग्नि – पुराणकार ने भी स्पष्ट स्वीकार किया था कि ''वाग्वैदग्ध्य प्रधानेSपि रसेवात्र जीवितम्।" अलंकारवादी आचार्य दण्डी ने अलंकार -विधान का मूल प्रयोजन "रसनिषिञ्चन" माना है। कामं सर्वोSपि अलंकार रसमर्थेनिषिञचित।" इसी तरह भामह ने जो अलंकारवादी आचार्य थे, लिखा है – युक्त लोक स्वभावेन रसैश्च सकलै: पृथक्' कहकर रस की महत्ता स्वीकार की। रीतिवादी आचार्य गुणों का रस से अविच्छेद्य संबंध स्वीकार करते थे। इस प्रकार उन्होंने रस के गौरव को अखण्डित रखा। औचित्यवादियों ने तो औचित्य का एकमात्र कारण रससिद्धि ही माना है- औचित्यं रससिद्धस्य स्थिरं काव्यस्य जीवीतम्। ध्वनिवाद का तो रस से अलग कोई स्वतंत्र अस्तित्व ही नहीं है। दोनों ही अभिन्न हैं। हाँ इतना तो अवश्य है कि वक्रोक्तिवादी आचार्यों ने कहीं भी रस की प्रत्यक्ष चर्चा नहीं की। उसमें बाग्वैदग्ध्य भंगी भणिति को ही आधार माना गया है। इस भणिति की विशेष भंगिमा से काव्य में एक प्रकार का चमत्कार या जाता है , जो रस की निम्न भूमि मानी जाती है। इस प्रकार प्राचीन काव्य शास्त्र में रस की महत्ता सर्व मान्य रही।

"काव्य में बिम्ब का महत्त्व भी रस को उद्दीप्त करने तक ही है।" काव्य में बिम्ब रस को गाढ़ भाव से अनुभूत कराने का एक साधन है। इसके लिए अनेक साधनों में से बिम्ब अधिक शक्तिशाली साधन है क्योंकि मूर्तिमत्ता उसका अनिवार्य गुण है।

रस अगर आत्मा है तो बिम्ब शरीर है और दोनों की सामंजस्यपूर्ण अवस्थिति में काव्य का उत्कर्ष है। किन्तु हमें यह नहीं भूलना चाहिए कि रस साध्य है और बिम्ब साधन।[33]

इस प्रकार अरूप रस की अभिव्यक्ति बिम्ब के माध्यम से होती है और प्रमाता के चित्त में रस की तीव्र अनुभूति संभव होती है। डॉ.सुशीला शर्मा के अनुसार 'रस की रूपहीनता की अभिव्यंजना के लिए बिंबात्मकता अत्यंत महत्त्वपूर्ण है क्योंकि वह कभी स्वशब्द वाच्य नहीं होता, सदैव व्यंग्य होता है। इस व्यंजना का साधन केवल चित्रात्मक वर्णन ही है। रससिद्धांत में बिम्ब विषय कल्पना तो नहीं मिलती किन्तु प्रत्यक्षमयता के महत्त्व को समझकर विभावन तथा अनुभावन व्यापार के द्वारा चित्रमयता की स्वीकृति मिलती है।"[34] इस प्रकार बिम्ब की सार्थकता इसी में है कि वह रसमयी अभिव्यक्ति का साधन बने। रस काव्य का साध्य है और बिम्ब इसका महत्त्वपूर्ण साधन। रस के अभाव में बिम्ब में न कोई सौन्दर्य है और न सार्थकता ही। रसमयता के अभाव में नयी कविता के कुछ बिम्ब उपहास के पात्र हुए।

काव्य-बिम्ब और चित्र :

काव्य में बिम्ब और चित्र का घनिष्ठ संबंध है। आधुनिक आलोचना में भी 'बिम्ब' शब्द के प्रचलन के पहले 'चित्र' शब्द से ही काम लिया जाता था। इतना होने पर भी बिम्ब और चित्र एक नहीं है। इतना अवश्य है कि काव्य को आस्वादनीय और प्रेषणीय बनाने में 'चित्र' का महत्त्वपूर्ण योग है। बाल्यावस्था में भी कठिन से कठिन विषय का ज्ञान चित्रों के माध्यम से सुलभ हो जाता है। इस प्रकार कलाओं में चित्र ही काव्य का अधिक विश्वस्त सहयोगी होने की क्षमता रखता है।[35]

काव्य में सभी कलाओं का न्यूनाधिक योगदान रहता है। किन्तु चित्र और संगीत तो ऐसे सहयोगी कलाएँ हैं जिनसे कविता सौन्दर्य – मण्डित हो जाती है। दिनकर जी का मत है - चित्र कविता का एक अत्यंत आवश्यक गुण है प्रत्युत् कहना चाहिए कि वह कविता का एक मात्र शाश्वत तत्व है जो उससे कभी नहीं छूटता।"[36] काव्य भाषा में चित्रमयता ही उसकी विशेषता है और उसकी अनिवार्यता भी है। मनोहर चित्रों से ही कवि पाठक को सहज ही अपनी भावभूमि पर ले जाता है और पाठक कवि की अनुभूति को प्रत्यक्ष अपनी अनुभूति का विषय बनाने में समर्थ होता है। प्रकृत कवि की भाषा चित्रमय होती है। यदि भाषा चित्रमय न हो तो भाव प्रकाशन प्रायः दुरूह हो

जाता है। संगीत और चित्र से भाषा और भाव ग्राह्य हो जाते हैं। इससे अन्य भी वैसे ही रस तृप्त होते हैं जैसे भाषा के चित्रकार भावुक कवि।[37] भाषा का चित्र–धर्म वह है जिससे किसी वस्तु या घटना का सुंदर तथा प्रांजल रूप से चित्रण होता है। इतना तो सत्य है कि उसके आधार पर हम जो कुछ ग्रहण करते हैं उसका अधिकांश बाह्य वस्तुओं तथा घटनाओं का प्रतिरूप होता है।

कहानी में जो स्थान मनोविज्ञान का है कविता में वही स्थान चित्र को दिया जाता है और यह ठीक भी है क्योंकि चित्रमयता ही कविता को विज्ञान से अलग करती है। दार्शनिक और इतिहासकार जिस ज्ञान को सूचना के भण्डार में जमा करते हैं कवि उसी ज्ञान को चित्र बनाकर लोगों की आँखों के सामने तैरा देते हैं। जो ज्ञान चित्र में परिवर्तित नहीं किया जा सकता वह कविता के लिए बोझ बन जाता है। इसलिए जिस कविता में जितने चित्र उठते हैं, उसकी सुंदरता भी उतना ही अधिक बढ़ जाती है।[38] काव्य में चित्र का महत्त्व असंदिग्ध है। किन्तु चित्र बिम्ब नहीं है। जहाँ चित्र चाक्षुष – संवेदना को ही उद्दीप्त करने में समर्थ है वहाँ बिम्ब –रूप, रस, गंध, स्पर्श, तथा श्रवण आदि सभी ऐन्द्रिय संवेदनाओं को गहरी अनुभूति से सम्पन्न करने में समर्थ है। बिम्ब मन में बननेवाली मानस प्रतिमाओं का चित्रीकरण है। अतः चाहे तो बिम्ब - विधान को चित्रण कला की संज्ञा दी जा सकती है। वैसे काव्य का संबंध संगीत और चित्रणकला से भी है। अनुभूति- रेखादि विविध उपादानों के माध्यम से विविध कलाओं का रूप धारण करती है। बिम्ब का संबंध मूर्ति कला से भी अत्यंत गहरा है। एक ही अनुभूति विविध माध्यमों को स्वीकार कर विविध रूपों में परिणत हो जाती है। कभी कलाओं में निगूढ़ भावानुभूति एक है अंतर केवल उपादान तत्त्वों में है। वैसे तो सभी कलाएँ अपनी परिपूर्णता की सिद्धि के लिए इतर कलाओं से सहायता लेती हैं। अतः काव्य भी अपने भावाविष्करण को मूर्त रूप देने के लिए चित्र –धर्म का सहारा लेता है। किन्तु इतना होने पर भी काव्य बिम्ब और चित्रकला को एक नहीं माना जा सकता क्योंकि दोनों के माध्यमों में भिन्नता है।[39] बिम्ब में चित्र का भाव आता जरूर है, पर चित्र का दृश्य – भाव यहाँ प्रधान नहीं है। चित्र का संश्लिष्ट रूप होना आवश्यक है। अतः काव्य में बिम्ब और चित्र एक नहीं हैं। चित्र काव्य में बिंबोद्भूति का एक सहायक तत्त्व है।

प्रो. पी. माणिक्याम्बा 'मणि'

काव्य – बिम्ब और प्रतीक :

प्राचीन काल से ही काव्य में प्रतीकों का विशिष्ट स्थान है। धार्मिक साहित्य तो अनेक प्रतीकों से भरा पड़ा है। काव्य में प्रतीक एक विशेष वस्तु के लिए प्रयुक्त होता है जो काव्य में प्रमुख और विशेष अर्थ से सम्पन्न होता है। कविता में कम से कम शब्दों का प्रयोग और अधिक से अधिक अर्थ भरने की इच्छा और प्रयास ने प्रतीकों को जन्म दिया है।[40] प्रतीकों से अमूर्त वस्तुओं, भावनाओं तथा विचारों की सशक्त अभिव्यक्ति संभव है। प्रतीक किसी अदृश्य या अमूर्त सत्ता का मूर्तीकरण है जो अपने संबंध या परंपरा द्वारा आकार ग्रहण करता है। प्रतीक अरूप मानवीय अनुभूतियों को व्यक्त करने का एक मूर्त माध्यम है जो धीरे धीरे व्यापक प्रयोगों में आवृत्ति के द्वारा निश्चित अर्थ ग्रहण करता है।[41] प्रतीक तभी विशेष अर्थवान और संप्रेषणीय होते हैं जब वे अनुभूति से सम्पन्न तथा यथार्थ जीवन के साहचर्य से उत्पन्न होते हैं। प्रतीक का अर्थ उसकी अपनी अनुभूति के आधार पर स्पष्ट होता है किन्तु उसका अर्थ निश्चित नहीं होता है। कोई भी दो व्यक्ति एक ही प्रतीक के दो भिन्न परिणाम निकाल सकते हैं।[42] इसी तरह यथार्थ जीवन से प्रसूत प्रतीक विशेष अर्थवान होते हैं। प्रतीक जीवन प्रवाह में स्नात होकर अर्थ प्राप्त करटे हैं। यथार्थ जीवन के साहचर्य से ही उनमें अर्थ बढ़ते या बदलते हैं। मनुष्य के व्यक्तिगत अनुभव से असंपृक्त रहकर प्रतीक में अर्थ-सौन्दर्य नहीं आ पाता और न व्यक्तित्व। अनुभूति, भाव या वस्तु की सम्यक् व्यंजना – यही अंतिम उद्देश्य हैं, और यही उसका प्रमुख कार्य भी।

प्रतीक एक प्रकार से रूढ उपमान का ही दूसरा नाम है। उपमान स्वतंत्र न रहकर पदार्थ विशेष के लिए रूढ हो जाता है तो वह प्रतीक बन जाता है। उपमान के लिए सादृश्यता अनिवार्य है। किन्तु प्रतीक के लिए सादृश्यता के अभाव में भी भावों की सहज अभिव्यक्ति तथा विचारों को उत्तेजित करने की क्षमता आवश्यक है। जब एक ही शब्द या अप्रस्तुत किसी सम्पूर्ण अर्थ संदर्भ को व्यंजित करने की शक्ति प्राप्त कर लेता है तब वह प्रतीक बना जाता है।

प्रतीक और बिम्ब का सर्वप्रथम अंतर यह है कि प्रतीक अधिकतर जातीय चेतना के आधार पर निर्भर रहते हैं। जब कि बिम्ब के सृजन में वैयक्तिक चेतना क्रियाशील रहती है। बिम्ब जातीय चेतना से उतना संपृक्त नहीं है , जितना व्यक्तिगत चेतना से।[43] प्रतीकों को जीवंत बनाने का सारा श्रेय जातीय चेतना को ही है। यदि वैयक्तिक आधार पर निर्मित भी होते हैं तो वैसे सम्प्रेषण समर्थ नहीं हो पाते जैसे बिम्ब।

प्रतीक विषय का प्रतिनिधित्व मात्र करता है एवं बिम्ब उसका सप्रसंग अनुषंगों के साथ चित्रात्मक अंकन। वे भावादि को मूर्त कर उसे पाठक के प्रति संप्रेषित करते हैं जबकि प्रतीक केवल संकेत ही करके रहा जाता हैं। उसमें सांद्रता बहुत रहती हैं, व्यापकता उतनी नहीं होती। काव्य में दोनों ही प्रयुक्त होते हैं तथा यथा – कदा एक दूसरे का रूप भी धारण करते हैं।[44] प्रतीक में अर्थ निश्चित होता है और बिम्ब में प्रसंग सापेक्ष। यही कारण है कि बिम्ब अनेकार्थ-व्यंजक होता हैं। बिम्ब संदर्भगत अर्थ व्यंजित करता है और प्रतीक संदर्भ निरपेक्ष तथा पूर्व निर्णीत अर्थ व्यंजित करता है। इसीलिए एक ही बिम्ब से भिन्न – भिन्न अर्थ कल्पना की संभावना रहती है। बिम्ब के लिए ऐन्द्रियता अनिवार्य है। किन्तु प्रतीक के लिए यह कोई आवश्यक बात नहीं कि वह कोई गोचर वस्तु ही हो। गोचर हो या अगोचर प्रतीक में सब से बड़ी बात भाव या विचार जागृत करने की क्षमता होनी चाहिए। वर्ण्य विषय की अनुभूति को संवेद्य बनाने के लिए संयोजित अप्रस्तुत उपमान एवं बिम्ब आदि प्रायः एक ही अर्थ में निरंतर प्रयुक्त होते रहने पर प्रतीक के रूप में पर्यवसित होकर प्रस्तुत के स्थानापन्न हो जाते हैं।अतएव अनेक प्रतीक बिम्ब प्रसूत होते हैं लेकिन प्रतीक बिम्ब की कोटि में नहीं आता, दूसरी ओर प्रयोग की निरंतर पुनरावृत्ति से ही बिम्ब प्रतीक का वैशिष्ट्य अर्जित कर किसी सूक्ष्म अमूर्त अर्थ की प्रतीति कराने में समर्थ हो पाता है। अन्यथा सभी बिंबों का प्रतीक में पर्यवसान अनिवार्य नहीं है। [45] डॉ.कुमार विमल के अनुसार कल्पना से बिम्ब का आविर्भाव होता है और बिंबों से प्रतीक का। जब कल्पना मूर्त रूप धारण करती है तब बिंबों की सृष्टि होती है। और जब प्रतिमति या व्युत्पन्न अथवा प्रयोग के पौनः पुन्य से किसी निश्चित वर्ग में निर्धारित हो जाते हैं तब उनसे प्रतीकों का निर्माण होता है। अतः कला विवेचन की तात्विक दृष्टि से बिम्ब कल्पना और प्रतीक का मध्यस्थ है।[46] व्यवहारिक पदावली में कहा जाए तो उपमान ही अपने अभिनव रूप में बिम्ब और पुराने रूप में प्रतीक कहलाता है।

इस प्रकार काव्य में प्रतीकों का स्थान असंदिग्ध है। किन्तु काव्य में प्रतीक योजना की सफलता के लिए कवि के पास प्रकृति के सूक्ष्म निरीक्षण के लिए मार्मिक अंतर्दृष्टि चाहिए। प्रतीक विधान में व्यंजना के गुण के कारण ही अधिक सशक्त प्रतीकात्मक अभिव्यक्ति संभव है। आधुनिक युग की अभिव्यंजना शैली में प्रतीकों की प्रधानता है। हिन्दी के आधुनिक कवि प्रतीकों द्वारा सत्य को अधिक सशक्त, प्रभावशाली, और मार्मिकता से युक्त कर संक्षिप्त रूप में अभिव्यक्ति करते हैं। प्रतीकों का उद्देश्य काव्य की

बाह्य रूप-सज्जा करना नहीं प्रत्युत् वे काव्य के आधारभूत अंग है। कवि की भावनाओं के आवेग में उद्भूत प्रतीक की पाठकों में वैसी भावना जगाने का सामर्थ्य रखते हैं। बुद्धि के आधार पर निर्मित प्रतीकों में सौन्दर्य दृष्टिगत नहीं होता। सच्ची भावानुभूति से युक्त कवि के प्रतीक हृदयग्राह्य तथा मर्मस्पर्शी होते हैं। छायावादी कवियों को प्राचीन प्रतीक रुचिकर नहीं प्रतीत हुए और जो प्राचीन प्रतीक ग्रहण भी किए उन्हें नयी अर्थ दीप्ति , व्यंजना और भंगिमा प्रदान की। अतः उन्होंने अपनी कविता में प्रभाविष्णुता और मार्मिकता लाने के लिए नवीन प्रभूत प्रतीकों की उद्भावना की।[47] काव्य में सौन्दर्य, मार्मिकता और सम्प्रेषण लाने के उपकरणों में बिम्ब और प्रतीक महत्त्वपूर्ण हैं। दोनों में पर्याप्त समानताएँ होते हुए भी दोनों में कुछ मौलिक अंतर हैं।

काव्य – बिम्ब और कल्पना :

भारतीय काव्य शास्त्रियों ने प्रतिभा को काव्य सृजन की प्रेरणा शक्ति माना है।[48] हेमचन्द्र के अनुसार काव्य रचना का कारण प्रतिभा है , व्युत्पत्ति और अभ्यास उसके संस्कारक हैं काव्य के कारण नहीं -

प्रतिभैव कवीनां काव्य कारण कारणम्

व्युत्पत्यभ्यासौ तस्या एव संस्कार कारको न तु काव्य हेतुः।[49]

संस्कृत के काव्यशास्त्री के कल्पना के संबंध में मौन हैं। उनके अनुसार प्रतिभा ही काव्य – निर्माण का मूल कारण है। कल्पना शब्द की व्युत्पत्ति संस्कृत के 'क्लृप' धातु से हुई जिसका अर्थ है 'रचना करना' अथवा सृष्टि करना। परन्तु हिन्दी में यह शब्द अंग्रेजी शब्द 'इमाजिनेशन' के सामानांतर भाव को अभिव्यक्त करने के लिए प्रयुक्त हुआ है। और उसी शब्द के आधार पर 'कल्पना' का विचार एवं विस्तार हुआ है।

कल्पना कलाकार की मन की सृजन क्षमता होने के कारण अत्यंत महत्त्वपूर्ण है। यही अनुभूतियों का संग्रह तथा सहृदय को आकर्षित करनेवाले बिंबों की सृष्टि करती है। कवि के किसी इंद्रिय – विशेष की अनुभूति को बिम्ब रूप में अंकित करने के तीन चरण होते हैं। प्रत्यक्ष अनुभूति तथा स्मृति दो सोपान है – इन्हीं के माध्यम से कल्पना बिम्ब विधान करती है। डॉ.कुमार विमल के अनुसार एक अर्थ में कल्पना वस्तु सन्निकर्ष के सामान्य प्रभावों को सुरक्षित रखती हैं और दूसरे अर्थ में कल्पना वस्तु सन्निकर्ष के मानसिक प्रभावों से निर्मित बिंबों को संग्रहीत कर उन्हें सहस्त्रों प्रकार के संयोजन प्रदान करती है। इस दूसरे अर्थ की कल्पना ही कलावरेण्य होती है।[50]

कल्पना एक ऐसी मानस प्रक्रिया मानी जा सकती है जिसमें कवि मूर्ति अथवा रूपों की सृष्टि करता है।[51] काव्य सृजन में कल्पना एक अनिवार्य तत्व है जिसके बिना काव्य सृष्टि असंभव है। प्रचुर कल्पना शक्ति सम्पन्न व्यक्ति ही सफल काव्य प्रणेता बन सकता है। यह भी सत्य है कि इस कल्पना की आधार भूमि प्रत्यक्ष अनुभूति ही हो सकती है। इसलिए काव्य में स्वाभाविक तथा नैसर्गिक कल्पना का महत्त्वपूर्ण स्थान है। काव्य तो मानव अनुभूतियों का नैसर्गिक कल्पना के सहारे, ऐसा सौन्दर्य चित्रण है जो मनुष्य मात्र में स्वभावतः अनुरूप भावोच्छवास और सौन्दर्य-संवेदन उत्पन्न करता है।[52]

काव्य की आधार भूमि मानव अनुभूति होती है। अनुभूति को सौन्दर्यात्मक तथा कलात्मक अभिव्यक्ति प्रदान करने केलिए कवि को स्वाभाविक रूप से कल्पना की सहायता आवश्यक होती है। यही नैसर्गिक कल्पना कहलाती है और यही कल्पना की सीमा रेखा निश्चित करती है। कल्पना ऐसी हो जो स्वाभाविक हो। कवि कल्पना के द्वारा सौन्दर्यमय अभिव्यक्ति प्रदान करता है ताकि मनुष्य मात्र में वैसा ही भाव और संवेदन उत्पन्न हो जैसा कि काव्य में अभिव्यक्त हुआ है। अर्थात् कवि की सौन्दर्य भावना का साधारणीकरण हो जाता है और उसका सहायक तत्त्व है नैसर्गिक कल्पना।[53] कल्पना और बिम्ब-विधान में अटूट संबंध है। काव्य बिम्ब का मुख्य संबंध शैली से है क्योंकि वह शब्द चित्र होता है। इस दृष्टि से भी कल्पना का बिम्ब से गहरा संबंध है। कल्पना ही बिम्ब को नया रूप और नयी शैली प्रदान करती है।[54] सत्य तो यह है कि कल्पना और अनुभूति के बिना बिंबों की सृष्टि असंभव है। अनुभूति का सृजन पहले और बिंबों की योजना बाद में होती है। 'कल्पना कार्यरूप सर्जन अवस्थिति है, रूप–विधान उस सर्जन अवस्थिति की कारण रुप फलान्विति। कल्पना सप्राण होने के लिए रूप में लय होना चाहती है, जबकि अदृश्य रेखाओं में बिखरा हुआ रूप जीवन की रंग रेखा की प्राप्ति के निमित्त कल्पना का मुखापेक्षी हुआ करता है। दोनों प्रकृति से भिन्न है और अस्तित्व से अभिन्न।[55]

जो कल्पना सौन्दर्य निर्माण करती है, सौन्दर्य – बोध कराती है , तथा सौन्दर्यानुभूति उत्पन्न करती है वही कल्पना सौंदर्यात्मक कही जा सकती है।[56] बिंबों से काव्य में प्रेषणीयता तथा काव्य सौन्दर्य की श्री वृद्धि होती है। बिम्बों की उद्भूति सहृदय कवि की सुंदर कल्पना से होती है। इस प्रकार यह स्पष्ट हो जाता है कि अनुभूति की कल्पनात्मक अभिव्यक्ति ही काव्य है और कल्पनात्मक अभिव्यक्ति का एक ही अर्थ है बिंबों द्वारा मूर्तीकरण।[57]

इस प्रकार कल्पना मानव मस्तिष्क की एक विशिष्ट प्रक्रिया है जो अपने सचेष्ट क्षणों में उन नवीन और अनेक रूप- छाया -छवियों के बिम्ब ग्रहण का आधार बनती है। ये बिम्ब कभी दृष्टि पथ या अनुभूति की परिधि में समाहित होने के कारण मानस पटल प सुप्त अवस्था जागृत संस्कारों के रूप में पड़े रहते हैं। कल्पना उन प्रत्यक्ष, अनुभूत क्षणों की परिपूर्णता का बिंबों में स्वतः स्फुरण है। एक विशेष साधन है और दूसरा चरम साध्य।

काव्य-बिम्ब और अलंकार :

अलंकारों के द्वारा अरूप को रूपायित किया जाता है, भावों को तीव्रता के साथ अभिव्यक्त किया जाता है। प्रत्येक अलंकार के पीछे काव्य की उदात्त अनुभूति आवश्यक है। अनुभूति के बिना अलंकार भाषा का भार है। अलंकारों में सादृश्यमूलक अलंकार बिंबों की सृष्टि करने में, समर्थ हैं। ये उपमा, रूपक आदि हैं। उसमें भी उपमा तो सभी अलंकारों में प्रमुख तथा बिंबों के सृजन में समर्थ है। जहाँ उपमान केवल अलंकार है वहाँ बिम्ब एक व्यापक तत्त्व है।

उपमान बिंबों के निर्माण का साधन मात्र है। प्रत्येक उपमान बिम्ब – निर्माण में समर्थ नहीं होता। उपमान सदैव अप्रस्तुत होता है जबकि बिम्ब प्रस्तुत , अप्रस्तुत दोनों ही हो सकता है। बिम्ब में ऐन्द्रियता की स्थिति अनिवार्य है जबकि उपमा में ऐसी कोई शर्त नहीं है। वह केवल अलंकार भी होकर रह सकता है। बिम्ब के लिए भावात्मक होना आवश्यक है और अलंकार केवल चमत्कार विधायक होकर भी रह सकता है। मात्र चमत्कार के लिए प्रयुक्त अलंकारों का भारतीय साहित्य में आधिक्य है। काव्य में अप्रस्तुत -योजना ही सब कुछ नहीं है। केवल प्रस्तुत -विधान से भी काव्य में बड़ी रमणीयता आ सकती है। कवि की प्रतिभा की सच्ची पहचान प्रस्तुत विधान में ही होनी चाहिए। कल्पना की सहायता जितनी अप्रस्तुत योजना में होती है, उतनी ही ; उससे कम नहीं, प्रस्तुत विधान में भी होती है। कवि की भावुकता का परिचय इसी से मिलता है।[58] छायावाद में अप्रस्तुत विधान की मूर्ति-निर्माण क्षमता प्रशंसनीय है। इतना होते हुए भी अप्रस्तुत -योजना को बिम्ब –विधान नहीं कह सकते। क्योंकि अप्रस्तुत -योजना प्रस्तुत से हटकर अप्रस्तुत की ओर अधिक रमती है। अप्रस्तुत -योजना में यह

महादेवी के काव्य में बिम्ब - विधान

ध्यान रखा जाता है कि जो अप्रस्तुत लाये जाते हैं वे प्रस्तुत के अनुरूप भावोत्तेजन में समर्थ हों। अतः अप्रस्तुत के साथ ही प्रस्तुत का भी संमूर्त्तन होना चाहिए।

कुछ आलोचकों की मान्यता है कि उपमा और रूपक अलंकार भी बिम्ब की कोटि में आते हैं। सादृश्य मूलक अलंकारों को बिम्ब - धर्मी मानने पर भी उनकी बिम्ब-निर्माण क्षमता को स्वीकार करते हुए भी हमारे यहाँ उपमा और रूपक, अलंकार ही माने गये हैं। इसीलिए उन्हीं को बिम्ब नहीं मान सकते। बिम्ब का क्षेत्र अत्यन्त विशाल और व्यापक है।जहाँ किसी तरह की अलंकार-योजना नहीं रहती वहाँ भी अत्यंत सफल बिंबों की सृष्टि कवि अपने प्रतिभा से करते हैं। विरोधाभास, ध्वन्यर्थ – व्यंजना, मानवीकरण , विशेषण – विपर्यय जैसे अलंकार अपनी बिम्ब निर्माण क्षमता के कारण काव्य के लिए अत्यन्त उपादेय हैं। अचेतन और निर्जीव वस्तुओं में चेतना का संचार और मानवीय भावनाओं, क्रियाओं और चेष्टाओं के आरोपण द्वारा मूर्त तथा संश्लिष्ट चित्रण किया जाता है जो अपने आप में एक तरह का बिम्ब-विधान ही होता है। ध्वन्यर्थ व्यंजना का आधार ध्वनि या नाद है जो अपने नादात्मक सौन्दर्य के कारण हमारी श्रुति –संवेदना को उत्तेजित करती है तथा शब्द सामर्थ्य से प्रसंग और अर्थ का उद् बोधन कराकर चित्र की अवतारणा कर देती। विरोधाभास, विशेषण – विपर्यय आदि अलंकार अपनी लाक्षणिक शक्ति के सहारे चित्र प्रस्तुत करने का सामर्थ्य रखते हैं।[59] इस प्रकार कुछ अलंकार अपनी बिम्ब निर्माण क्षमता में निश्चय ही अद्वितीय हैं। किन्तु अलंकार बिम्ब - निर्माण का साधन मात्र है स्वयं बिम्ब नहीं। अतएव उपमा, रूपक आदि सादृश्य गर्भ अलंकार अन्य उपकरणों की भांति बिम्ब –सृष्टि की प्रक्रिया में सहयोगी उपकरण अवश्य है, लेकिन वे बिम्ब के पर्याय नहीं हैं। बिम्ब की अपेक्षा इनकी अर्थ व्यंजना की सामर्थ्य एवं शक्ति की परिधि और व्यापकता सीमित है। यही अंतर अप्रस्तुत तथा बिम्ब में भी है। प्रत्येक अप्रस्तुत में भी वर्ण्य को मूर्तिमन्त कर उसे ऐन्द्रिय रूप प्रदान करने की क्षमता होना अनिवार्य नहीं है।[60] कुछ अलंकार में बिम्ब निर्माण क्षमता हो सकती है, किन्तु अलंकार बिम्ब नहीं। दोनों में मौलिक अंतर है।

काव्य बिम्ब और भाषा :

काव्य की अभिव्यक्ति भाषा के माध्यम से ही होती है। बिना भाषा की अभिव्यक्ति अकल्पनीय है। इसी तरह बिंबों की अभिव्यक्ति का माध्यम भी भाषा ही

है। काव्य में मानस बिम्ब भाषा के माध्यम से ही दूसरों तक संप्रेषित होते हैं और 'काव्य बिम्ब' की संज्ञा पाते हैं। सामान्य रूप से भाषा बिम्बहीन भी हो सकती है। वैचित्र्यमूलक अलंकारमय भाषा बिम्बहीन ही होती है, किन्तु श्रेष्ठ काव्य बिम्ब प्रधान होता है और भाषा बिम्बात्मक। भाषा के संदर्भ में बिम्ब -विधान का अध्ययन प्रमाणित करता है कि बिम्ब-योजना कवि या साहित्यकार की अभिव्यक्ति शैली का ही अंग है। शैली में साहित्यकार का व्यक्तित्व बिम्ब के माध्यम से अभिव्यक्त होता है।[61] इस प्रकार भाषा से बिम्ब का अविच्छेद्य संबंध है। भावों की अभिव्यक्ति बिंबों के रूप में भाषा के माध्यम से होती है। भाषा और बिम्ब के संबंध में डॉ.सुधा सक्सेना का विचार है - भाषा में प्रकट होने वाला बिम्ब भाव का दृश्य स्वरूप है। इस रूप में भाव के अंतर्गत भाव और भाषा दो पृथक सत्ताएँ नहीं हैं, वरन् एक ही दर्पण के दो धरातल हैं।[62] भारतीय काव्य शास्त्र में भाषा को चित्रमय बनाने के तीन साधन माने गये हैं। वे हैं – लक्षणा शक्ति , मानवीकरण एवं विशेष – विपर्यय। विशेष – विपर्यय और मानवीकरण में मूलतः लक्षणा शक्ति का ही विशेष काम रहता है। आचार्य शुक्ल के अनुसार यह लक्षणाशक्ति ही मूर्ति विधायिनी है, तथा उनकी सम्मति में लक्षणा द्वारा स्पष्ट एवं सजीव आकार प्रकार का विधान प्रायः सब देशों के कवि कर्म में पाया जाता है।[63] सादृश्य विधान से बिम्ब का घनिष्ट संबंध है। इसलिए रुपात्मकता बिम्ब की एक बड़ी विशेषता है। जहाँ कवि चमत्कारपूर्ण भाषा के प्रयोग के लिए जागरूक नहीं होता वहाँ सर्वत्र भाषा रूपकों से युक्त हो जाती है। बिंबात्मक भाषा की चार विशेषताएँ हैं –

1. रसात्मकता
2. रूपात्मकता
3. सरलता
4. व्यंजकता

कविता में अनुभूति और अभिव्यक्ति का सामंजस्य ही महत्त्वपूर्ण है। अनुभूति की सफल अभिव्यक्ति ही बिम्ब – निर्माण की कला है। सफलता कवि की भाषा सामर्थ्य पर आश्रित है। भाव और भाषा सामंजस्य ही चित्र-राग है।[64] इस प्रकार वस्तु या घटना की अनुभूति की भावपूर्ण अभिव्यक्ति पाठक के आँखों में चित्रों को तैरा देती है तो बिंबों की सृष्टि होती है।

"भाषा का चित्रधर्म उसे कहते हैं जिसके द्वारा किसी वस्तु या घटना के अनुकरण द्वारा वक्तव्य विषय का प्रांजल रूप से प्रकाश किया जाता है। ...... भाषा के अंदर भरा-पूरा जो वह जागतिक प्रतिकृति या प्रतिच्छवि है, वही भाषा का चित्र धर्म है। वह जितना ही रूप सँवारा, साफ-सुथरा और स्पष्टार्थक शब्दों में व्यक्त होगा उतना ही चित्रधर्म (इमेज) उत्तम होगा।"[65] भाषा और भाव की काव्य में सामंजस स्थिति का साधन बिम्ब है। "भाषा की भावानुकूल बहुत कुछ बिम्ब पर निर्भर रहती है। अनेक प्रस्तुत तथा अप्रस्तुत बिम्ब काव्य – भाषा को रस सिक्त बनाते हैं।"[66] कवि की भाषा प्रायः चित्रमय होती है। यदि भाषा चित्रमय न हो तो भाव प्रकाशन सरल नहीं होता। संगीत और चित्र भाषा के उपकारक तत्व हैं। जिनसे भाषा –भाव ग्राह्य बन जाते हैं। सहृदय भी वेसे रस –तृप्त होता होता है जैसे भाषा का चितेरा भावुक कवि! भाषा ही वह माध्यम हैं जिससे प्रत्यक्ष अनुभूत क्षण जो संस्कार रूप मानस पटल पर अंकित है उन्हें कवि बिंबों के रूप में अभिव्यक्ति करता है।

काव्य – बिम्ब और उनके प्रकार :

काव्य बिंबों को आलोचना की सुविधा के लिए अनेक वर्गों में बाँटा गया है। काव्य बिम्ब में वस्तुओं के चित्रण, भावनाओं के अंकन से ऐन्द्रिय – संवेदना जागृत होकर पाठक को आनंद प्राप्त होता है। इस प्रकार काव्य – बिंबों को मोटे तौर पर वस्तु-बिम्ब, भाव – बिम्ब, ऐन्द्रिय – बिम्ब गति बिम्ब आदि में विभक्त किया जा सकता है। राँबिन स्केल्टेन ने अपनी पुस्तक 'दि पोइटिक पेटर्न' (The poetic pattern : Rabin Skelton p.90,91) में विस्तार के साथ बिंबों का विवेचन किया। तालिक के आधार बिंबों के ये प्रकार हैं –

1. साधारण बिम्ब	6. मिश्रित बिम्ब
2. अमूर्त विधान	7. संश्लिष्ट बिम्ब
3. तत्क्षण बिम्ब	8. मिश्रित निष्काय बिम्ब
4. अस्पष्ट बिम्ब	9. संश्लिष्ट निष्काय बिम्ब
5. निष्काय बिम्ब	10. निष्कय निर्मित तथा निष्काय संश्लिष्ट बिम्ब

"इस तालिका के अध्ययन से बिम्ब के स्वरूप वैविध्य का और बिंबों के विविध प्रकारों के जीवंत विकास का परिचय होता है। यदि उसे काव्य से अलग कर दिया जाए तो उसका काव्यात्मक सौन्दर्य नष्ट हो जाएगा तब उसका सही मूल्यांकन

नहीं होगा। अपरिमेय होने के कारण काव्यात्मक बिंबों का स्पष्ट वर्गीकरण संभव नहीं।"[67] स्केल्टेन् के बिंबों पर विचार करते हुए डॉ.माथुर ने अपने बिंबों का सरल वर्गीकरण प्रस्तुत किया –

1. रूप बिम्ब
2. भाव बिम्ब
3. क्रिया बिम्ब[68]

अपनी संक्षिप्तता के कारण वर्गीकरण अत्यंत सरल है।

डॉ.नगेन्द्र ने भी स्केल्टेन के बिंबों पर विचार करते हुए अति व्याप्त और आवृत्ति को बचाते हुए निम्नलिखित वर्गीकरण प्रस्तुत किया है –

वर्ग 1. दृश्य (चाक्षुष) श्रव्य (श्रौत) स्पृश्य, घ्रातव्य और रस्य (आस्वाद्य)

वर्ग 2. लक्षित और उपलक्षित

वर्ग 3. सरल और संश्लिष्ट

वर्ग 4. खण्डित और समाकलित

वर्ग 5. वस्तुपरक और स्वच्छन्द।[69]

बिंबों के वर्गीकरण में उनकी विशेषता, कार्य क्षमता और मनोवैज्ञानिक दृष्टि का आधार बनाकर कई वर्ग बनाये जा सकते हैं। कारण यह हैं कि किसी भी एक तत्व के आधार पर वर्गीकरण अपूर्ण और अवैज्ञानिक ठहराता है। अध्ययन की सुविधा के लिए किया गया वर्गीकरण कम से कम इतना वैज्ञानिक तो हो जो एक स्पष्ट मार्ग दर्शन करा सके, कहीं उलझाये नहीं। बिंबों के तीन वर्ग बनाये जा सकते हैं—

1. दृश्य-बिम्ब या वस्तु - बिम्ब
2. मानस-बिम्ब
3. संवेद्य- बिम्ब[70]

साधारण रूप से बिंबों के दो प्रकार हो सकते हैं। वस्तुगत-बिम्ब और भावगत-बिम्ब। वस्तुगत –बिम्ब का संबंध किसी न किसी इंद्रिय से होता है। बाह्यवस्तु के ऐन्द्रिय सन्निकर्ष से जो ऐन्द्रिय संवेदन होते हैं, वह मस्तिष्क में, संश्लिष्ट, व्यवस्थित तथा वर्गीकरण रूप या आकृति पाते हैं। इस में स्मृति की सहायता से चेतना में उपस्थित हैं। इसके अंतर्गत रूप, शब्द, स्पर्श, रस और गंध संवेदना के बिम्ब आते हैं।

भावात्मक बिम्ब मन की भावनाओं के बिम्ब होते हैं। इसमें अतीत में अनुभूति से प्राप्त संवेदना हृदय में संस्कार का रूप प्राप्त करती है और अनुकूल परिस्थितियों में स्मृति और कल्पना का योग पाकर बिम्ब – निर्माण में समर्थ होती है।

चेतन और अचेतन मन के किया भेद से मानस बिंबों के दो वर्ग किये जा सकते हैं- स्मृत्याश्रयी और कल्पनाश्रयी बिम्ब। 'बाह्य जगत के अनुभव का स्मृति द्वारा पुनरूद् बोधन स्मृति बिम्ब है। स्मृति प्रत्यक्ष ज्ञान के लिए परमावश्यक है किन्तु स्मृति एक निष्क्रिय वस्तु है। इसलिए वह पूर्वानुभाव को यथावत् पुनर्सृजन करती है। किन्तु कल्पना की सृष्टि कल्पना – बिम्ब पूर्वानुभव का संयोजित, सुगठित एवं, सुव्यवस्थित रूप है।[71]

बिम्ब का क्षेत्र असीम है। इसको वर्गीकृत करना बहुत कठिन है। फिर भी अध्ययन की सुविधा के लिए इसका वर्गीकरण इस प्रकार हो सकता है-

1. वस्तु-बिम्ब (मानव, प्रकृति)
2. ऐन्द्रिय – बिम्ब

   (क) दृश्य (स्थिर, गत्यात्मक) (ख) श्रव्य

   (ग) घ्रातव्य (घ) स्पृश्य (ड) आस्वाद्य़
3. भाव – बिम्ब
4. विचार – बिम्ब या दार्शनिक – बिम्ब।

वस्तु – बिम्ब : वस्तु बिंबों का आधार जीवन एवं जगत् होता है। इसके अंतर्गत मनुष्य, मानुष्येतर प्राणी और प्रकृति के बिम्ब आते हैं।

ऐन्द्रिय बिम्ब : इसके अंतर्गत पाँच इंद्रियों के अनुसार पाँच भेद किये जा सकते हैं। दृश्य बिंबों के भी दो भेद माने जाते हैं – स्थिर और गत्यात्मक। 'दृश्य-बिंबों वस्तुओं के रूप व्यापार पर आधारित है और इस कारण उसके स्थिर-बिम्ब एवं गत्यात्मक बिम्ब के दो उपभेद हो सकते हैं। वस्तु के रूप, रंग आदि स्थिर दशासूचक बिम्ब को स्थिर –बिम्ब तथा उसके क्रिया व्यापार एवं गति सूचक को चल-बिम्ब या गत्यात्मक बिम्ब कह सकते हैं।[72]

प्रो. पी. माणिक्याम्बा 'मणि'

भाव – बिम्ब : मन की असंख्य भावनाओं को मूर्तित करने वाले बिम्ब भाव-बिम्ब कहलाते हैं। विचार –बिम्ब दर्शन संबंधी विचार या परमात्मा संबंधी अपने सूक्ष्म विचार या भाव कवि जिन बिंबों के माध्यम से व्यक्त करता वे विचार–बिम्ब या दार्शनिक बिम्ब हैं।

इस प्रकार बिंबों का वर्गीकरण वैज्ञानिक न होने पर भी अध्ययन की सुविधा के लिए उपादेय है। बिंबों के वर्गीकरण में उनकी सीमा रेखा खींचना कठिन कार्य है। एक बिम्ब चाक्षुष भी हो सकता है और भावात्मक भी। गत्यात्मक बिंबों में श्रव्य, घ्रातव्य आदि संवेदनाओं का भी संयोजन मिल जाता है। अतः याह वर्गीकरण अंतिम नहीं है। अस्तु, महादेवी के काव्य का विवेचन इन बिंबों के परिप्रेक्ष्य में किया जाएगा।

संदर्भ संकेत

1. English critical Essays:19th century, page 14
2. C.D. Lewis:The Poetic Image', page 26
3. C.D. Lewis:The Poetic Image', page 22
4. Brown Stephen, j.:'
5. डॉ.कुमार विमल : सौन्दर्य शास्त्र के तत्त्व , पृष्ठ 211
6. आचार्य शुक्ल : रस मीमांसा, पृष्ठ 167
7. आचार्य शुक्ल : चिन्तामणि -1, पृष्ठ 287
8. C.Day Lewis:The Poetic Image', page 17
9. डॉ.कुमार विमल : सौन्दर्य शास्त्र के तत्त्व , पृष्ठ 203
10. "It is better to present one Image in a life time than to produce voluminous work" - Make it New-Ezra Pound. Quoted by C.D. Lewis : The poetic Image Page 25
11. C.Day Lewis:The Poetic Image', page
12. डॉ.कुमार विमल : सौन्दर्य शास्त्र के तत्त्व , पृष्ठ 203
13. डॉ.नगेन्द्र : काव्य-बिम्ब पृष्ठ 5
14. W.WordsWorth
15. Coleridge : Quoted by C.Day Lewis:The Poetic Image', page 19
16. डॉ.नगेन्द्र : काव्य-बिम्ब
17. डॉ.कुट्टन पिल्लै : पन्त काव्य में बिम्ब योजना, पृष्ठ 12
18. C.Day Lewis:The Poetic Image।
19. बिहारी : बिहारी रत्नाकर
20. डॉ.कुमार विमल : सौन्दर्य शास्त्र के तत्त्व , पृष्ठ 205
21. डॉ.सुशील शर्मा, तुलसी साहित्य में बिम्ब योजना पृष्ठ 294
22. डॉ.कुमार विमल : छायावाद का सौन्दर्य शास्त्रीय अध्ययन , पृष्ठ 188

23. महादेवी वर्मा : यामा पृष्ठ 142
24. डॉ.सुशील शर्मा, तुलसी साहित्य में बिम्ब योजना पृष्ठ 296
25. डॉ.सुरेन्द्र माथुर : काव्य बिम्ब और छायावाद, पृष्ठ 12
26. फ्रांक कारमोड (Frank Kermode) रोमांटिक इमेज ('Romantic Image')पृष्ठ 127
27. डॉ. केदारनाथ सिंह : आधुनिक हिन्दी कविता में बिम्ब – विधान
28. आचार्य शुक्ल : चिन्तामणि भाग-2 पृष्ठ 228
29. आचार्य शुक्ल : रस मीमांसा , पृष्ठ 263
30. डॉ.सुधा सक्सेना : जायसी की बिम्ब योजना , पृष्ठ 72
31. आचार्य शुक्ल : रस मीमांसा , पृष्ठ 263
32. डॉ.एन.पी. कुट्टन पिल्लै : पन्त काव्य में बिम्ब योजना, पृष्ठ 23
33. डॉ.कुट्टन पिल्लै : पन्त काव्य में बिम्ब योजना, पृष्ठ 27
34. डॉ.सुशील शर्मा, तुलसी साहित्य में बिम्ब योजना पृष्ठ 320
35. महादेवी वर्मा : दीपशिखा पृष्ठ 60
36. दिनकर : चक्रबाल की भूमिका पृष्ठ 72
37. पं . रामदहिन मिश्र काव्य में अप्रस्तुत : योजना पृष्ठ 46
38. दिनकर : काव्य की भूमिका पृष्ठ 9
39. डॉ.कुट्टन पिल्लै : पन्त काव्य में बिम्ब योजना, पृष्ठ 22
40. कैलास वाजपेयी : आधुनिक हिन्दी कविता में शिल्प पृष्ठ 75
41. डॉ.सुधा सक्सेना : जायसी की बिम्ब योजना , पृष्ठ 101
42. W.H.Auden : Quoted by W.H.Tindall"The Literary Symbol"
43. डॉ.हरिद्वारीलाल शर्मा : काव्य और कला पृष्ठ 108
44. डॉ.सुशीला शर्मा, तुलसी साहित्य में बिम्ब योजना पृष्ठ 306
45. डॉ.प्रतिमा कृष्णबल : छायावाद का काव्य शिल्प , पृष्ठ 278-279
46. डॉ.कुमार विमल : सौन्दर्य शास्त्र के तत्त्व , पृष्ठ 201
47. डॉ.जगदीश नारायण त्रिपाठी : आधुनिक हिन्दी कविता में अलंकार विधान, पृष्ठ 168

48. कवित्वं बीजं प्रतिभानाम् : वामन काव्यालंकार सूत्र
49. हेमचंद्र काव्यानुशासन : प्रथम अध्याय
50. डॉ.कुमार विमल : सौन्दर्य शास्त्र के तत्त्व , पृष्ठ 109
51. डॉ.सुधा सक्सेना : जायसी की बिम्ब योजना , पृष्ठ 85
52. आचार्य नन्द दुलारे वाजपेयी : नया साहित्य नये प्रश्न पृष्ठ 28
53. डॉ.कुट्टन पिल्लै : पन्त काव्य में बिम्ब योजना, पृष्ठ 2
54. डॉ.कुट्टन पिल्लै : पन्त काव्य में बिम्ब योजना, पृष्ठ 33
55. डॉ.रामायतन सिंह 'भ्रमर' आधुनिक हिन्दी कविता में चित्र विधान , पृष्ठ 4
56. रामखेलावन पाण्डेय : काव्य और कल्पना पृष्ठ 12
57. डॉ.नगेन्द्र : आलोचक की आस्था पृष्ठ 15
58. लक्ष्मीनारायण 'सुधान्शु' : काव्य में अभिव्यंजनावाद पृष्ठ 106
59. डॉ.कुट्टन पिल्लै : पन्त काव्य में बिम्ब योजना, पृष्ठ 40
60. डॉ.प्रतिमा कृष्णबल : छायावाद का काव्य शिल्प , पृष्ठ 277
61. डॉ.सुशीला शर्मा, तुलसी साहित्य में बिम्ब योजना पृष्ठ 209
62. डॉ.सुधा सक्सेना : जायसी की बिम्ब योजना , पृष्ठ 189
63. आचार्य रामचन्द्र शुक्ल : चिन्तामणि भाग-1 पृष्ठ 175
64. सुमित्रानन्दन पन्त :   पल्लव प्रवेश पृष्ठ 31
65. पं . रामदहिन मिश्र काव्य में अप्रस्तुत : योजना पृष्ठ 42
66. डॉ.सुशीला शर्मा, तुलसी साहित्य में बिम्ब योजना पृष्ठ 310
67. डॉ.नगेन्द्र : काव्य बिम्ब पृष्ठ 17
68. डॉ.सुरेन्द्र माथुर : काव्य बिम्ब और छायावाद, पृष्ठ 60
69. डॉ.नगेन्द्र :   काव्य बिम्ब   पृष्ठ 17
70. डॉ.हरिचरण शर्मा : नयी कविता का मूल्यांकन , पृष्ठ 302
71. डॉ.कुट्टन पिल्लै : पन्त काव्य में बिम्ब योजना, पृष्ठ 20
72. डॉ.कुट्टन पिल्लै : पन्त काव्य में बिम्ब योजना, पृष्ठ 48

द्वितीय अध्याय

ऐन्द्रिय –बिम्ब- चाक्षुष – बिम्ब

बिम्ब की ऐन्द्रिय संवेद्यता ही उसकी सबसे बड़ी विशेषता है। यही वह तत्त्व है जो पाठक की ऐन्द्रिय – संवेदना को तृप्त कर कविता को हृदयग्राह्य बनाता है। इसलिए श्रेष्ठ कवि अपने ऐन्द्रिय-बोध का उचित मात्रा में प्रयोग करता है। जिस कवि का ऐन्द्रिय - बोध जितना अधिक प्रगाढ़ होगा, वह उतना ही सघन ऐन्द्रिय बिम्ब प्रस्तुत करेगा। ऐन्द्रिय बोध के आधार पर बिम्ब दो प्रकार के हो सकते हैं – स्थूल संवेदनात्मक और सूक्ष्म संवेदनात्मक। सूक्ष्म संवेदनात्मक बिम्ब मन से अधिक संबंधित होते हैं। अतः वे भाव बिम्ब के अंतर्गत आते हैं। स्थूल संवेदनात्मक बिम्ब ऐन्द्रिय-बिंबों के अंतर्गत आते हैं। पाँच इंद्रियों की संवेदना पर आधारित सभी बिम्ब ऐन्द्रिय बिंबों की कोटि में आते हैं। "ऐन्द्रिय चित्रण जहाँ वस्तु का भावन करता है। वहाँ कलात्मक अंकन भी प्रस्तुत करता है। "[1] कुछ लोगों की मान्यता है कि कलात्मक चित्रण के आवश्यक तत्त्वों में ऐन्द्रिय विषयों के चित्रण को भी महत्त्वपूर्ण तत्त्व माना है। कवि जितने ही सूक्ष्म और जटिल भावों को संतुलित कर सकेगा, चित्र उतना ही काव्योपम और श्रेष्ट होगा।[2] अतः कविता में ऐन्द्रिय तत्त्वों की उचित योजना अपेक्षित है।

ऐन्द्रियता एक ऐसा गुण है जो प्रत्येक काल की कविता में पाया जाता है। छायावाद के पूर्व भी ऐन्द्रिय बिंबों की योजना हुई है। किन्तु उन कवियों का ऐन्द्रिय – बोध सीमित था। द्विवेदी युगीन कविता में प्रकृत भावों की अधिकता थी और उनमें सरल उद् गारों की अभिव्यक्ति मात्र थी।

"छायावाद से पूर्व की कविता में प्रायः स्थूल रंग –रेखाओं से निर्मित यथार्थनुरूप वस्तु चित्र देखने को मिलते हैं, शब्द – चित्र या भाव चित्र नहीं।"[3] द्विवेदी युगीन कविता की सीमा यह थी कि उन्हें उन्मुक्त वातावरण नहीं मिला। छायावादी

कविता की आधार भूमि मानसिक अधिक थी। छायावादी कविता में भावों को बिंबों के माध्यम से रूपायित किया गया है। छायावादी काव्य की मनः स्थिति कुछ इस प्रकार रही कि जिसमें कल्पना के अविरल प्रवाह से सघन, संश्लिष्ट निबिड़ आवेग की प्रधानता लक्षित होती है। छायावादी कवियों का व्यक्तित्व अंतर्मुखी अधिक है। अतः उनके काव्य में मानसिक भावनाओं का चित्रात्मक वर्णन लक्षित होता है। इन मानसिक भावनाओं को ऐन्द्रिय संवेदन से युक्त करना आवश्यक था। इसलिए छायावाद की प्रारंभिक रचनाओं में बिंबों को अधिक ऐन्द्रिय बनाने का सफल प्रयास दृष्टिगोचर होता है। ऐन्द्रिय बिम्ब छायावादी काव्य की अमूल्य निधि है।

छायावादी युग में महादेवी का महत्त्वपूर्ण स्थान है। छायावादी काव्य – शिल्प में महादेवी का योगदान विशेष उल्लेखनीय है। उनका शिल्प -विधान अत्यधिक कलापूर्ण है। उनके काव्य का बिम्ब – विधान सुंदर एवं कलात्मक है। उनके काव्य में ऐन्द्रिय बिम्ब प्रचुर मात्रा में पाये जाते हैं। महादेवी के ऐन्द्रिय - बिम्ब गरिमा युक्त होते हुए माधुर्य से मण्डित है। उनके शालीनता युक्त व्यक्तित्व के अनुरूप ही ऐन्द्रिय - संवेदना सूक्ष्म एवं गहन है। उनके ऐन्द्रिय – बिम्ब अनुभूति संवलित एवं सूक्ष्म ऐन्द्रिय बोध से युक्त हैं।

अलक्षित प्रियतम की आराधिका महादेवी की बिम्ब योजना में सर्वत्र एक कलात्मक उदात्तता लक्षित होती है। महादेवी की कविता में तीव्र संवेदना स्पष्ट झलकती है। इसी शक्ति के आधार पर आप मर्मस्पर्शी चित्र खींच सकी है। उनके काव्य शृंगार का महत्त्वपूर्ण प्रसाधन उनका बिम्ब-गत लालित्य है। "महादेवी की कविता में बिम्ब ही काव्य –गत कहे जा सकते हैं। उनके काव्य को सच्चे अर्थों में समझने के लिए अलंकार , रीति, गुण, वक्रोक्ति, औचित्य या रस या ध्वनि को खोजने की प्रक्रिया का क्रम आज समीचीन प्रतीत नहीं होता। उनके काव्य का आत्म-तत्त्व उनके बिंबों तथा प्रतीकों में ही रक्षित है।"[4] बिम्ब एकांतिक संवेदना का ही प्रतीक नहीं वरन् एक सफल बिम्ब अन्य ज्ञानेन्द्रियों को भी रस प्लावित कर आनंद देता है। ऐन्द्रियता बिम्ब की सबसे बड़ी विशेषता है। "चित्र, रुपक, प्रतीक और बिंबों के अभाव में मानव –मन की भावनाओ की अभिव्यक्ति धुँधली रहती है, अतः काव्य में बिम्ब का अभिप्राय उस शब्द –चित्र से लिया जाता है जो ऐन्द्रिय गुणों से अनिवार्य रूप से समन्वित होता है।"[5] काव्य – बिम्ब के लिए ऐन्द्रियता का महत्त्व असंदिग्ध है।

(1) चाक्षुष – बिम्ब :

छायावादी कविता की विशेष प्रवृत्ति है - उसका रोमांटिक होना। अतः उसमें चाक्षुष बिंबों की प्रचुरता स्वाभाविक है। सौन्दर्य का घनिष्ट संबंध दृष्टि से है। काव्य में, कलाओं में या कल्पना से दूर व्यवहारिक जगत में भी सौन्दर्य बोध का आधार चाक्षुष – संवेदना ही है। इसलिए दृष्टि से संबंधित सौन्दर्य को बिंबों के रूप में प्रस्तुत करते समय चाक्षुष –बिंबों का आधिक्य स्वाभाविक है। रूप तत्त्व पर आधारित इन बिंबों का स्थान काव्य में महत्त्वपूर्ण है। चाक्षुष-बिंबों में चित्रात्मकता अधिक रहती है। इसमें किसी वस्तु के रूप, रंग, गति, आकार तथा दृष्टिगोचर कायिक, सात्विक, चेष्टाएँ आदि चित्रित किये जाते हैं। "रूप-गत विशेषता चित्रकला का मुलाधार है। चित्रात्मक काव्य में मूर्ति – विधान या रूप – विधान के द्वारा चाक्षुष बिंबों का निर्माण किया जाता है, और ये बिम्ब अपनी स्पष्टता के कारण अत्यंत प्रेषणीय होते हैं।"[6] चाक्षुष संवेदना के आधार पर सौन्दर्य को मूर्त्त रूप में अभिव्यक्त करने वाले बिंबों की मात्रा कवि के व्यक्तित्व पर निर्भर करती है। किसी के काव्य में प्रकृति का चित्रण रहता है किसी के काव्य में नारी का। महादेवी के कव्य में प्रकृति और नारी का सौन्दर्य अंकित है। उनके प्रकृति का सौन्दर्य के चित्र नारी की चेष्टाओं तथा सौन्दर्य से मण्डित हैं और उनकी नारी तो प्रकृति के रंग-रूप में एकाकार हो गयी। ये दोनों ही चित्र अन्योन्याश्रित हैं। महादेवी की प्रकृति कहीं म्लान – मुखी, विरह-विधुरा रमणी की भाँति "नीर भरी दुःख की बदली" है तो और कहीं प्रकृति के साथ इतना घुल मिल गयी है कि स्वयं को "सान्ध्य गगन" के रूप में देखती है। महादेवी के काव्य में प्रकृति के मानवीकरण के ही चित्र अधिक परिलक्षित होते हैं। प्रकृति का दृश्य उपस्थित करने की अपेक्षा उसका भावात्मक चित्रण ही महादेवी को अधिक प्रिय है।

महादेवी के चाक्षुष –बिंबों में उनकी गहरी संवेदना, अनुभूति की तीव्रता तथा अपरिसीम एवं गहन सूक्ष्म दृष्टि है। महादेवी में संवेदना की सजीव अभिव्यक्ति की क्षमता दर्शनीय है। चाक्षुष बिंबों को सुविधा के लिए दो कोटियों में विभक्त किया जा सकता है – स्थिर बिम्ब तथा गत्यात्मक बिम्ब।

(1)स्थिर - बिम्ब :

काव्य में स्थिर बिम्ब वस्तु के आकार, रूप एवं रंग को प्रस्तुत कर ; पाठक की राग चेतना को उद्बुद्ध कर, उसके मन को वस्तु की कल्पना के लिए प्रेरित करता है।

महादेवी के काव्य में बिम्ब - विधान

पाठक के आँखों के सामने वस्तु रूपायित होता है। स्थिर बिम्ब में वस्तु , वातावरण, आकृति और अपनी रंग रेखाओं के साथ पाठक के सामने मूर्त रूप में प्रस्तुत होता है। स्थिर बिंबों के सृजन के लिए कवि संज्ञा, पद, विशेषण, अप्रस्तुत योजना, विशेषण विपर्यय आदि विभिन्न प्रकार के उपकरणों की सहायता लेता है। महादेवी ने इन सभी उपकरणों की सहायता से बिंबों का सृजन किया है। काव्य जगत् में कुछ कलात्मक बिम्ब विशेषण पर निर्भर हुआ करते हैं। विशेषणों से काव्य में वर्णित वस्तु के वैशिष्ट्य को व्यक्त करने की अद्भुत क्षमता रहती है। शब्दाश्रित बिंबों में विश्लेषण महत्त्वपूर्ण कार्य करते हैं। महादेवी की कविता में भावों के भी सरस चाक्षुष – बिम्ब दृष्टिगोचर होते हैं। "चित्रोपम बिंबों में अनुभव गम्य सूक्ष्म भावों को चाक्षुष-बिम्ब के सहारे गोचर प्रत्यक्षीकरण के स्तर पर लाने में महादेवी जी की कल्पना की मूर्ति विधायिनी – शक्ति अपूर्व है"।[7]

(अ) रूप-आकार संबंधी बिम्ब :

कवि अपनी भावातिरेक से प्रेरित होकर काव्य का सृजन करता है। काव्य की सफलता यही है कि वह वर्ण्य–विषय संबंधी बिंबों को पढ़ते ही आँखों के सामने चित्र से घूमने लगते हैं। रोमांटिक कविता में चाक्षुष – बिंबों की प्रधानता होती है, उसमें भी रूप आकार संबंधी बिम्ब प्रधान होते हैं। छायावादी कवि अतिशय भावुक थे, इसलिए चाक्षुष प्रतीति को अधिक महत्त्वपूर्ण मानते थे। महादेवी के रूप आकार संबंधी बिम्ब गरिमा युक्त हैं। स्थूल रूपों के चित्रण से अधिक भाव – रंजित सौन्दर्य का ही बहुत प्रभावोत्पादक चित्रण है।

मानवीय - बिम्ब :

महादेवी अनन्त प्रिय की अमर सुहागिन हैं। अतः उनके काव्य में प्रेमिका की विरह दशाओं के ही चित्र विशेष रूप से अंकित हैं। महादेवी द्वारा आलंबन रूप में चित्रित मानवीय रूप एक विशेष वेदना भाव से संवलित है। महादेवी ने व्यक्तित्व की उन्हीं झाँकियों को अंकित किया है, जिनमें मूक व्यथा का साम्राज्य है। ऐसी विरह व्यथिता स्वाभिमानी नारी का रूप बार - बार आँखों के समक्ष आ जाता है जिसके आँसू आँखों में छलक कर रह गये और वेदनातिशय को भी छिपाती विरहणी आँसूओं को बाहर आने नहीं देती है –

हृदय पर अंकित कर सुकुमार
तुम्हारी अवहेलना की चोट,
बिछती हूँ पथ में करुणेश !
छलकते आँसू हँसते ओठ ![8]

इन पंक्तियों में एक समर्पिता की झाँकी है। उसका प्रियतम है तो करुणेश, किन्तु करता है- अवहेलना ! परिणामतः हृदय असहनीय चोट से व्यथा –सिक्त हो जाता है। आँखें भर-भर आती हैं। किन्तु ओठों पर हँसी खेलती रहती है। वह चाहती है कि हृदय की चोट की बात प्रियतम जानने न पाये। यह इसलिए होता है कि प्रिय कुछ और न समझे। नारी की विवश दशा का गत्यात्मक चित्रण कितना सशक्त है। भाव-व्यंजना भी बड़ी मार्मिक है।

विरह के रंगीन क्षण ले,
अश्रु का कुछ शेष कण ले,
बारूनियों में उलझ बिखरे स्वप्न के सूखे सुमन ले,
खोजने फिर शिथिल पग;
निश्वास दूत निकल चुका है ![9]

इसमें वियोगिनी नारी की उदास मुद्रा अंकित है। वह पूर्णतः निराश है। विरह पीड़ा में रोते-रोते आँसूओं के कुछ ही कण शेष रहा गये हैं। स्वप्न के सूखे सुमन बारूनियों में उलझ गये हैं। एक दीर्घ निश्वास लेकर वियोगिनी निढाल हो गयी है। इस बिम्ब के साथ और एक बिम्ब का हल्का आभास होता है। एक थके हारे उल्लास विहीन दूत का चित्र मानस में उभरता है जो थोड़ा सा पाथेय लेकर डगमगाते हुए किसी को खोजने के लिए अनन्त पथ पर निकल पड़ा हो।

महादेवी ने प्रायः ऐसी मानवीय छवियों का चित्रण भी किया है जिनमें उल्लासित नारी का रूपांकन है। नारी –सुलभ शृंगार प्रियता की एक झाँकी दर्शनीय है।

रंजित कर दे यह शिथिल चरण ले नव अशोक का अरुण राग,
मेरे मण्डन को आज मधुर ला रजनीगंधा का पराग,
यूथी की मीलित कलियों से
अलि दे मेरे कबरी सँवार ![10]

इन पंक्तियों के अवलोकन के पश्चात् ऐसी सुंदर रमणी की आकृति उभरती है, जिनके चरणों में आलक्तक लगा है। मुख मण्डल सुमनों के स्वर्णिम पराग से कान्ति युक्त है और केशराशि जुही कलियों से सजी है।

प्रिया का स्नेह पगा आमंत्रण पाकर प्रेमिका स्वयं अलंकृत होती है-

कुम कुम से सीमान्त सजीला,
केशर का आलेपन पीला ,
किरणों की अंजन-रेखा
फीके नयनों में आज लगा ले ![11]

उपरिलिखित पंक्तियों को पढ़ते ही आँखों के सामने ऐसी रमणी मूर्ति का बिम्ब घूम जाता है जिसने सीमांत कुम कुम से सजाया है, केसर के पीले आलेपन से जिसकी सौन्दर्य वृद्धि हो रही है, जिसने अपने फीके नयनों में अंजन लगाया है। कितना मोहक चित्र है।

प्रेम की तन्मय दशा का एक बिम्ब दर्शनीय है-

भूलती थी मैं सीखे राग
बिछलते थे कर बारंबार,
तुम्हें जब आता था करुणेश !
उन्हीं मेरे भूलों पर प्यार ![12]

यह चित्र है – प्रेमिका वीणावादन कर रही है। वह सीखे रागों को भी भूल जाती है और बार – बार उसके हाथ बिछलते रहते हैं। किन्तु उसका प्रियतम तो करूणेश है। इसलिए उसके भूलों पर उसको प्यार आता है पाठक के मानस पटल पर मन्द – मन्द मुस्कुराता उसके प्रिय का भी कल्पना – चित्र घूम जाता है।

मानवीय सौन्दर्य के हृदयग्राही चित्रण के लिए प्राकृतिक उपादानों का प्रयोग परंपरा प्रचलित है। काव्य में प्रकृति की उपादेयता असंदिग्ध है। प्राकृतिक रूपों की योजना प्रतिभा और मनीषा के साथ – साथ कवि के भावुक हृदय के अनुसार रहता है। प्रकृति के सूक्ष्म निरीक्षण और मानवीय कोमल भावनाओं की अनुभूति के संयोजन से संवेष्टित कविता मर्मस्पर्शी हो जाती है। महादेवी ने प्रकृति के रूपों के माध्यम से मानवीय अंग-सौन्दर्य को इंद्रिय संवेद्य बनाया है। प्रकृति रूप अपनी विशिष्ट छवि को

भी द्योतित करते हैं। महादेवी की नयन मण्डल संबंधी विविध झाँकियाँ उनकी प्रकृति की सूक्ष्म निरीक्षण शक्ति तथा चित्र विधायिनी प्रतिभा की द्योतक हैं।

>   देखूँ हीं हीरक हँसते
>   हिलते नीले कमलों पर,
>   या मुरझाई पलकों से
>   झरते आँसू कण देखूँ।[13]

मानस पटल पर पहले प्राकृतिक चित्र का आविर्भाव होता है – नीलवर्ण के खिले कमल और उन पर ढुलकते पारदर्शी ओस बिन्दु। तुरंत ही नीलवर्णी आँखों का बिम्ब अवतरित हो जाता है जो मार्मिक व्यथा से मुकुलित हो गयी है और पलकों से अश्रु-कण झर रहे हैं।

> 1. सित दृग हुए क्षीर लहरी से
>   तारे मरकत नील तरी से
>   सूखे पुलिनों सी वरूणी से फेनिल फूल झरे।[14]
>
> 2. तरल मोती से नयन भरे
>   मानस से ले, उठे स्नेह घन
>   कसक विद्यु पुलकों के हिम कण
>   सुधि स्वामी की छाँह पलक की सीपी में उतरे।[15]

1. अत्यधिक व्यथा के कारण आँखों से अनायास निकल आने वाले अश्रुकण, फिर उन आँसूओं के बीच काँपती हुई श्याम पुतली और बरबस बरौनियों तक पहुँचकर झरने वाले आँसू-यह अप्रस्तुत – विधान अत्यंत भावोत्पादक है। सरोवर की उञ्चल लहरियों पर तैरती मरकत मणि-निर्मित कान्तिमति तरी और अनति दूर किनारे लगी वृक्षराजि से एक झोंके के साथ झरने वाले फूलों का बड़ा अभिराम बिम्ब प्रस्तुत हो जाता है। बिम्ब अत्यंत कोमल एवं भाव-प्रवण है।

2. मानस में समुद्र से उठते चमकती बिजली से प्रकाशपूर्ण बादल का चित्र प्रस्तुत होता है। तदुपरांत एक छोटी सी बूँद का रूप प्रकट होता है। जो सीपी में उतर कर मोती बनने वाली है – यह एक प्राकृतिक बिम्ब है। इसके आधार पर उस प्रेमिका का चित्र उभरता है – जो प्रिय के स्मरण मात्र से पुलकित हो जाती है और अपनी दशा

पर उसके नील आयत नयनों में एक आँसू की बूँद झलक जाती है।

निम्नांकित पंक्तियों में विरहिणी ने अपने गीले नयनों से स्वामी की आरती उतारी है-

प्रिय ! मेरे गीले नयन बनेंगे आरती !
श्वासों में सपने कर गुंफित
बन्दनवार वेदना –चर्चित
भर दुःख से जीवन का घट नित
मूक क्षणों में मधुर भरूँगी भारती !
दृग मेरे यह दीपक झिलमिल,
भर आँसू का स्नेह रहा ढुल
सुधि तेरी अविराम रही जल
पद-ध्वनि पर आलोक रहूँगी बारती।[16]

कल्पना में पूजा समय की आरती उतारते समय का दृश्य प्रस्तुत हो जाता है – हाथ में थाल, थाल में जलता दीपक और उसके द्वारा प्रिय के मुखमण्डल की नीराजना , जलपूर्ण घट और फिर घट को ऊँचाई पर ले जाकर अर्घ्य देना। इस बिम्ब के माध्यम से कवयित्री ने उस विरहणी नारी के रूप को उभारा है जो प्रिय की सुधि में पुलकित हो जाती है, अतिशय वेदना से जिसके आँसू झर-झर उठते हैं, जो निर्निमेश आँखों से प्रिय के पथ को निरखने में निमग्न है।

महादेवी के मानवीय रूप –बिंबों में वेदना और साधना का साहचर्य है तथा भावना का सुखद संयोजन है। यही कारण है कि इनके गीत सहृदय की चेतना को करूणार्द्र करने की क्षमता रखते हैं। यह सत्य है कि इनके रूप- बिम्ब में रूप का सांगोपांग चित्रण न होकर मानवीय विशेष दशा या मुद्रा का सूक्ष्म अंकन अधिक है, उन्होंने उस में भी वेदना व्यथित अश्रु –सिक्त नयनों के बिंबों को विशेष रूप से वर्ण्य – विषय बनाया है।

महादेवी की कविताओं में संज्ञा पदों, विशेषणों, क्रियापदों, विशेषण-विपर्यय और अप्रस्तुतों के सहारे अनेक खण्डित रूप – बिंबों की योजना की गयी है। कुछ उदाहरण प्रस्तुत हैं - 'साधनाएँ बैठी हैं मौन' (यामा -36) 'मेघों के लघु बाल' (यामा-

106), 'अंजन सा दुकूल', 'जुगुनू के स्वर्ण फूल' (यामा -144), तेरा शिशु जग' (यामा-145), कनक – थाल, सुनहला पाटल –सा, 'बालारूण का कलश' (यामा -152), 'सौरभ – शिशु' (यामा – 168), 'मेघ चूनर' (यामा-179), 'किरण चामर' (यामा -194), 'चिर नीरव' (दीप-73), 'दिवस –रथ' (दीप-108), 'भ्रमर-नूपुर' 'किरण चामर'(यामा-194), 'चिर नीरव' (दीप-73), 'दिवस रथ'(दीप-108), 'भ्रमर –नूपुर', (दीप-130)।

वस्तु-बिम्ब :

महादेवी की कविताओं में भावनाओं को तीव्रता प्रदान करने के लिए अनेक वस्तु-बिंबों की योजनाओं की गयी है। उनमें दीपक और कमल के इतने प्रभावोत्पादक तथा संदर्भयुक्त विविध बिंबों का आयोजन किया गया है। महादेवी की कविता किसी अदृश्य सत्ता के प्रति प्रेम-भाव से समर्पित मन की भावनाओं की अभिव्यक्ति है। निम्न पंक्तियों में विरह –विदग्ध जीवन को दीपक के बिम्ब में प्रस्तुत करती है-

उर का दीपक चिर स्नेह अतल
सुधि लौ शत झंझा में निश्चल
सुख से भीनी दुख से गीली
वर्ती -सी साँस अशेष रही।[17]

हृदय दीपक है जो अतल स्नेह से भरा है, सुधि लौ है जो झंझा में निश्चल रह प्रकाश प्रदान कर रहा है, सुख-दुख से प्रभावित अशेष साँसें रूपी वर्ती है, जो अशेष है , कभी समाप्त नहीं होती। रूपक के माध्यम से दीपक के साथ उनके जीवन का सुन्दर कल्पना-चित्र प्रस्तुत हो जाता है।

निम्नांकित पंक्तियों में दीपक को चित्रकार के रूप में चित्रित किया गया है -

कल्पना निज देख कर साकार होते,
और उसमें प्राण का संचार होते,
सो गया रख तूलिका दीपक चितेरा।[18]

रात्रि का अंधकार मिट गया। सर्वत्र प्रातःकाल की कान्ति छा गयी। चारों ओर विहग–कुल-रव भर गया है। चित्रकार की कल्पना साकार हो गयी और इस रूप में उसमें प्राणों का भी संचार हो गया। दीपक चितेरा तूलिका रखकर सो गया। सहृदय के

महादेवी के काव्य में बिम्ब - विधान

मानस पटल पर थके हुए चित्रकार का बिम्ब प्रत्यक्ष हो उठता है जो अपनी तूलिका पार्श्व में रख वैसे ही सो गया हो।

दीपक का और एक बिम्ब दर्शनीय है-

अपना जीवन - दीप मृदुलतर

वर्ती कर निज स्नेह सिक्त उर

फिर जो जल पाते हँस हँस कर

हो आभा साकार।[19]

मृदुल जीवन ही दीप है, स्नेह सिक्त हृदय की वर्ती है और हँस हँसकर जल सके तो आभा साकार होगी। दीपक के माध्यम से कवयित्री यह कहना चाहती है कि जीवन में स्नेह सिक्त हृदय के साथ स्वयं जलते हुए जो हँस सकता है, जो प्रकाश दान दे सकता है, वही धन्य है।

शून्य मंदिर में जलते मूर्त दीपक की अप्रस्तुत - योजना के माध्यम से अनवरत प्रेम साधना के संतापों से अपराजित, अमूर्त प्राण की मौन –वेदना का मर्मस्पर्शी बिम्ब प्रस्तुत है –

यह मंदिर का दीप इसे नीरव जलाने दो।

चरणों में चिह्नित अलिंद की भूमि सुनहली ,

प्रणत शिरों के अंक लिये चंदन की देहली,

झरे सुमन, बिखरे अक्षत सित,

धूप-अर्घ्य नैवेद्य अपरिमित

तम में सब होंगे अंतर्हित ,

सब की अर्चित कथा इसी लौ में पलने दो।[20]

पूजा समय व्यतीत हो चुका है मंदिर में सर्वत्र शांति छाया गयी। मंदिर के प्रकोष्ठ में निष्कंप दीप जल रहा है। सन्ध्या बेला का धुँधलापन व्याप्त हो गया है। फिर भी मंदिर के पुष्प - पराग – रंजित अलिंद में भक्तों के चरण –चिह्न दिखलायी दे रहे हैं। देहली पर प्रणत शिरों की चंदन-छाप परिलक्षित हो रही है। झरे हुए सुमन बिखरे अक्षत श्वेत हैं। अंधकार में धीरे-धीरे ये सब अंतर्निहित हो जायेंगे। सब की अर्चना की कथा इसी लौ में पलने लगेगी।

महादेवी की कृतियों में 'कमल' प्रिय बिम्ब रहा है। जिसके माध्यम से अनेक भाव भंगिमाओं की सशक्त अभिव्यक्ति हुई है। संस्कृत साहित्य में 'लीला कमल' के अनेक सुकोमल चित्र मिलते हैं। इस 'लीला कमल' को अर्पण – तत्पर जीवन का अप्रस्तुत बनाकर जो मार्मिक बिम्ब की कल्पना की गयी है, अनुपम है।

जो तुम्हारा है हो सके लीला कमल यह आज,
खिल उठे निरुपम तुम्हारी देख स्मित का प्रात
जीवन विरह का जलजाता।[21]

छायावादी काव्य में विशेष कर महादेवी के काव्य में वस्तु स्वरूप के बाह्य वर्णन की अपेक्षा वस्तु के प्रस्तुत उपादानों के वर्णन मात्र से संतोष नहीं होता, वह वस्तु के संपर्क से जागृत होने वाली सभी भावनाओं तथा उनके आधार पर मनः कल्पित सभी दृश्यों की अवतारणा करना चाहती है।"[22]

(आ) वर्णाश्रित – बिम्ब :

कविता में बिंबों की योजना के लिए वर्ण-परिज्ञान अधिक महत्त्वपूर्ण है। "वर्ण-परिज्ञान बिम्ब-विधान की दृष्टि से काव्य कला के लिए बहुत महत्त्वपूर्ण है क्योंकि रंग-बोध की बारीकी से बिंबों में ऐन्द्रियता और कलात्मक सौष्टव का समावेश हो जाता है।"[23] कवि का वर्ण-बोध और प्रयोग उसके व्यक्तित्व का परिचायक होता है। कवि की आंतरिक भावनाएँ , उसके व्यक्तित्व की विशेषताएँ इसी के आधर पर प्रकट होती हैं। महादेवी का वर्ण बोध अत्यंत समुन्नत तथा परिष्कृत है। उनके रंग बोध की बारीकी का कारण, स्वयं उनका एक सिद्धहस्त चित्रकार होना। उनको श्वेत रंग अत्यंत प्रिय है। यह उनके आडंबरहीन पावन एवं शुभ्र व्यक्तित्व का प्रतीक है। निश्चय ही श्वेत प्रियता, उनकी आंतरिक सात्विकता का द्योतक है। महादेवी ने सभी रंगों का कुशलता पूर्वक प्रयोग किया है। प्रकृति सौन्दर्य संबद्ध बिम्ब उनके वर्ण-बोध के वैविध्य के स्पृहणीय प्रतिमान हैं। प्रकृति के वैभवपूर्ण रंगों पर ही उनका विशेष अनुराग है। उनके बिम्ब रंगीन रेकाओं से टेक्निकलर होकर अधिक आकर्षक हो उठे हैं। "चित्रकला से प्रभावित रहने के कारण महादेवी के चाक्षुष –बिम्ब विधान में रंगरेज़ी का पुट या वर्ण-परिज्ञान का निदर्शन अन्य छायावादी कवियों की अपेक्षा अधिक मिलता है।"[24] उन्होंने चाक्षुष – बिंबों को वर्ण – बोध से युक्त कर अत्यंत सुन्दर चित्र अंकित किये हैं। कहीं एक ही वर्ण से बिंबों की सुन्दर योजना की गयी है और कहीं वर्णों के मिश्रित प्रयोग द्वारा बिम्ब

को संवेद्य बनाया गया है। यह वर्ण – बोध महादेवी की चित्रात्मक प्रतिभा का परिचायक है। वर्ण – बोध चाक्षुष –बिंबों को कलापूर्ण चित्रात्मक सौन्दर्य प्रदान करता है। ज्योत्स्ना स्नात शरद रजनी का एक दृश्य वर्ण- बोध की क्षमता का सुन्दर उदाहरणहै-

नव क्षीर निधि की ऊर्मियों से
रजत झीने मेघ सित ,
मृदु फेनमय मुक्तावली से
तैरते तारक अनेक,

... ...
हिम स्नात कलियों पर जलाये
जुगुनुओं ने दीप से।[25]

नव क्षीरनिधि की उर्मियों के समान झीने रजत, श्वेत मेघ – खण्डों से भरा, दुग्ध के समान श्वेत आकार और मृदु झाग के बुद् – बुद् मुक्तावली के समान असंख्य तारे तैर रहे हैं, कलियों पर हिम बिन्दु ऐसे प्रतीत हो रहे हैं जैसे जुगुनुओं ने दीप जलाये हों। सर्वत्र श्वेत रंग की स्वच्छ एवं शुभ्र आभा का सौन्दर्य है। उपर्युक्त पंक्तियों में श्वेत रंग पर निर्भर कल्पना अन्यतम है। चित्र कितना अभिराम है। श्वेत –प्रियता महादेवी के रंग बोध की ही विशेषता है।

घूँघट से झाँक सुनाते
आरूण के आसक्त कपोल,
जिसकी चाह तुम्हें है उसने
छिड़की तुझ पर लाली घोल।[26]

सान्ध्या का मानवीकृत चित्र है जिसमें सर्वत्र लालिमा छायी हुई है। रक्तवर्ण से युक्त इस बिम्ब में मन – मोहक दृश्य है -घूँघट से झाँककर अरुणा के आरक्त कपोल कहते हैं कि जिसकी तुम्हें चाह है, पाने की इच्छा है उसी ने लाली घोलकर तुझ पर छिड़क दी है। इस अंश को पढ़ते ही ऐसा चित्र उभरने लगता है किसी रमणी के कपोल जिन पर लाली छिड़कने के कारण रक्तिम आभा से मण्डित हो गये हैं। 'आरक्त' और 'लाली' शब्दों के प्रयोग के कारण सान्ध्याकालीन आकाश की रक्ताभ कान्ति का चित्र मानस पटल पर अंकित हो जाता है।

1. स्वर्ण वर्ण से दिन लिख जाता
जब अपने जीवन की हार।[27]
2. आँखों में रात बिता जब
विधु ने पीला मुख फेरा।[28]
3. काले रजनी अंचल में
लिपटी लहरें सोती थी।[29]
4. पहन कर जब आँसू के हार
मुस्कुराती वे पुतली श्याम।[30]

प्रथम उदाहरण में सन्ध्या का चित्र है। दिन स्वर्ण - वर्ण से जीवन की हार लिख जाता है। स्वर्ण -वर्ण से जीवन की जीत लिखा जाना चाहिए किन्तु कवयित्री का विचार है कि यह हार भी इतनी महत्त्वपूर्ण है कि स्वर्ण – वर्णों में लिखी जानी चाहिए। इन पंक्तियों के अवलोकन के पश्चात् सन्ध्या की सुनहली आभा का दृश्य प्रत्यक्ष होता है।

द्वितीय उद्धरण में रात्रि के अंतिम पहर का चित्र है। कवयित्री की कल्पना कितनी सूक्ष्म है। आँखों में रात बिताकर विधु ने पीला मुख फेर लिया। रात्रि भर जागरण की थकान के कारण मुख का पीला होना सहज है। और रात्रि के अंतिम पहरों में चाँद भी पीला रहता है। प्रकृति की सूक्ष्म निरीक्षण शक्ति तथा रंगों का सटीक प्रयोग इसमें प्रस्फुटित हुआ है।

तृतीय उद्धरण में गहन अंधकारमय रात्रि का दृश्य है। काले रजनी के अंचल में लहरे लिपटकर सोती थीं। रात्रि के गहन अंधकार में लहरें अंतर्निहित हो गयीं। 'काले' रजनी से अंधकारमय रात्री का बोध होता है।

चतुर्थ उद्धरण में आँसू भरी आँखों की भंगिमा है। आँसूओं का हार पहन कर श्याम पुतली मुस्कुराती है। पुतली श्यामवर्णी होती है और आँखें आँसुओं से भारी हैं। मुस्कान भी आँखों से झलक रहा है।

इस संश्लिष्ट भावदशा का हृदयग्राही चित्रण, पुतली की श्यामता के वर्ण-बोध के कारण सम्पन्न हो सका है।

1. उधर क्यों हँसता दिन का बाल
अरुणिमा से रंजित कर गाल।[31]

2. गुलालों से रवि का पथ लीप
जला पश्चिम में पहला दीप।[32]

3. बुद् बुद् की लड़ियों में गूँथा
फैला श्यामल केश-कलाप।[33]

4. पाटलसे सुरभित रंगोंसे हिम – सा उज्ज्वल दुकूल।[34]

1. निशी के अवदात आँसुओं को जब हौले से समीर पोंछता (अर्थात रात्री में पत्तों पर पड़े ऑस की बिन्दु प्रभात बेला में ढुलक जाते हैं) तो उधर दिन का बाल अरुणिमा से रंजित गालों से हँसता है। प्रातः काल बालारूण की अरुणिमा दिगंत व्याप्त होने लगती है। जैसे हँसने से गालों पर अरुणिमा फैलने लगती है। इसी अरुण आभा का चित्रण किया गया है।

2. सन्ध्या का सुन्दर चित्र है। गुलालों से रवि का पथ लीप दिया गया और पश्चिम में पहला दीप प्रकाश विकीर्ण कर रहा है। सान्ध्या बेला में रवि अस्ताचलगामी होता है और दिगंत लालिमा से भर जाता है। उसी समय पश्चिम के आकाश में एकतारा भी उदित हुआ। गुलालों से लालिमा की सांद्रता का वर्ण-बोध होता है।

3. तारों से जड़ित काली रजनी का सरिता में प्रतिबिंबित रूप इस प्रकार अंकित है – सरिता की लहरियाँ श्यामल केश कलाप हैं, जिसमें बुद् बुद् की लड़ियाँ गूँथी हुई हैं। इस का चित्र इस प्रकार है कि तारों जड़ित रजनी में आकाश की परछाई सरिता में लक्षित हो रही है, तारे बुद् बुद् के समान प्रतीत हो रहे हैं और लोल लहरियों में प्रतिबिंबित विनील आकाश की प्रतिच्छाया ,श्यामल केश-कलाप के समान परिलक्षित हो रही है। श्यामल उसकी सघनता को स्पष्ट करता है।

4. कवयित्री ‘पाटल के सुरभित रंगों से’ और ‘हिम’ से श्वेत रंग से उनका दुकूल उज्ज्वल रंग देने की मनुहार करती है। ‘पाटल’ और ‘हिम-सा’ से श्वेत रंग की उज्ज्वलता और शुभ्रता का रंग –बोध होता है।

इन्हीं नीले तारों में मुग्ध
साधना सोती साकार।“[35]

इन पंक्तियों के अवलोकन से साधनारत दो विनील आँखों का मनोहर बिम्ब दृष्टिगोचर होता है। ‘नीले तारे’ आँखों के लिए प्रयुक्त होता है।

जो नव लज्जा जाती भर

प्रो. पी. माणिक्याम्बा 'मणि'

नभ में कलियों में लाली।[36]

लज्जा के उदय के साथ नारी के कलियों के समान गालों पर लाली छा जाती है। नभ में सन्ध्या का मानवीकृत चित्र है। नभ में सन्ध्या सुंदरी के कपोल रक्तिम हो उठे हैं और कलियाँ भी आरक्त हो उठती हैं। लज्जा नाम के स्मरण मात्र से आँखों में 'लाल' वर्ण ही प्रत्यक्ष होता है। इस रंग में चाक्षुष संवेदना को जाग्रत करने की जो शक्ति है, वह अपनी पूर्ण क्षमता के साथ व्यक्त हुई है।

गूँथे विषाद के मोती
चाँदी सी स्मित के डोरे।[37]

यहाँ स्मित को 'चाँदी –सी' कहकर उसकी स्वच्छता और श्वेत रंग की महत्ता दर्शायी गयी है। स्मित का चाँदी सी शुभ्र –श्वेत कहने से उस हँसी के साथ दन्त पंक्ति का जो सौन्दर्य उभर आया, वह दर्शनीय है।

महादेवी के काव्य में अनेक वर्णाश्रित बिम्ब उपलब्ध होते हैं। कुछ उदाहरण इस प्रकार हैं - सोने का पानी (यामा-46) हुई सोने की प्रतिमा क्षर (यामा–36) रजत-ओस (यामा -72) स्वर्ण-पराग (यामा-74) रजत –राशिमयों की छाया में (यामा-76) हिम के पुंज (यामा-81) दिन ढलता सोना बरसा (यामा-88) हिलते नीले कमलों पर (यामा-101) सित –घन – अवगुण्ठन (यामा-134) तरल – रजत की धार बहा दे (यामा-134) जुगुनू के स्वर्ण – फूल (यामा-144) नित सुनहली साँझ के पद से लिपट आता अँधेरा (यामा-255) आज कज्जल आँसु में (दीपशिखा-71) उड़ता नभ में अछोर तेरा नाव नील चीर (दीपशिखा-104) रजत –पल्लव (दीपशिखा-108) श्याम अञ्चल (दीपशिखा-122) हरित अञ्चल बिछाये (दीपशिखा-13) नीलम मंदिर (यामा-85) अरूण-बाण(यामा-81) प्रवाल का मृदुल कूल ,नव कुन्द कुसुम से मेघ – पुंज, स्वर्ण – प्रात (यामा-71) सुनहला पाटल सा (यामा-152) अन्जन-सा दुकूल (यामा-144) सजल धवल अलस चरण (यामा-165) कब छलकी विद्रुम सी हाला (यामा-167) पद्मराग कलियों से (यामा-184) रात के झीने सितांचल (यामा-239) गये स्वप्न के पीत पात झर (यामा-258) आदि महादेवी की रंग बोध की सूक्ष्मता के मनोहर उदाहरण हैं। इन उदाहरणों के अवलोकन के पश्चात् यह स्पष्ट हो जाता है कि महादेवी के वर्णाश्रित-बिम्ब लाल, नील और श्वेत रंगों के प्रचुर प्रयोग से सुन्दर हैं। रंग संवेदना से संवलित ये बिम्ब सहृदय की ऐन्द्रिय संवेदना को जाग्रत कर बिम्ब को प्रेषणीयता प्रदान करते हैं।

महादेवी के काव्य में बिम्ब - विधान

काव्य में रंगों का प्रयोग कवि की प्रकृति का परिचायक है। प्रसाद और पन्त के लिए लाल, निराला को नीला रंग विशेष प्रिय रहे। महादेवी की श्वेत प्रियता तो सर्वत्र दृष्टिगोचर होती है। लाल रंग अनुराग की, नील से सात्विक शांति की और श्वेत रंग से स्वच्छता तथा पवित्रता की अभिव्यक्ति होती है। महादेवी की कविताओं में रजत-ओस इंदुमणि से जुगुनू, रजत रश्मियाँ, नीहार, अवदात कुन्द कलियों का प्रचुर प्रयोग उनकी श्वेत प्रियता का परिचायक है उनके काव्य जगत में नख चरणों की ज्योति श्वेत है तथा कलियों के प्याले धोने वाली चाँदनी भी श्वेत है। प्रियतम के अभिनंदन की तैयारी में भी कवयित्री श्वेत वस्त्र ही धारण करना चाहती है जो उनके श्वेत रंग के प्रति विशेष मोह को प्रकट करता है।

(इ) वर्ण - मिश्रित बिम्ब :

वर्णाश्रित-बिम्ब में वर्ण की इकहरी अनुभूतियाँ सरस चित्रों के रूप में चित्रित किये जाते हैं। वर्णों के संयोजन के द्वारा भी सरस बिंबों का सृजन होता है। वर्णों का पारस्परिक संबंध होता है। एक वर्ण दूसरे वर्ण को प्रभावित करता है। कुशल तथा संवेदनशील कवि रंगों के इस पारस्परिक संबंध से अनभिज्ञ नहीं होता। इसलिए वह अनुकूल वर्णों के मिश्रण से अपने बिंबों को प्रेषणीय, चित्रात्मक एवं ऐन्द्रिय संवेदना युक्त बनाता है। महादेवी की यह विशेषता है कि वे कवि होने के साथ-साथ एक सफल चित्रकार भी हैं। यही कारण है कि उनके काव्य में रंगों की बारीकी के साथ प्रयोग मिलता है। रंगों के सम्मिश्रण में भी एक कलात्मक अभिजात्य स्पष्ट परिलक्षित होता है। प्रत्यक्ष जगत् में कोई भी रंग अपने समीपी रंगों के अस्तित्व से सर्वथा असंपृक्त नहीं होता। लाल प्रायः पीले को, पीला हरे को, और हरा नीले अथवा श्याम वर्ण को प्रभावित करता है। "रंगों का यह परस्पर अन्तरावलंबन दृश्य जगत् का एक अतिपरिचित व्यापार है।"[38] महादेवी ने रंगों के सम्मिश्रण की सहायता से चित्र बनाते समय रंगों की स्वाभाविक पारस्परिक संबंध का निर्वाह किया। यह उनके सूक्ष्म निरीक्षण तथा तूलिका की दक्षता का द्योतक है।

सामान्यतः सांसारिक अभाव जिसे कहते हैं वह महादेवी के जीवन में नहीं। ऐश्वर्य की गोद-पली महादेवी की रुझान वैभवपूर्ण और मूल्यवान रंगों पर ही अधिक रहा। मलिन और क्षुद्र रंग उनके काव्य में संभवतः ही प्रयुक्त हुए होंगे। प्रवाल-सी उषा, सुनहली साँझ, कनक से दिन, मोती सी रात, मरकत की प्याली, कांचन के प्याले, इन्द्र धनुषी चीर, इंदुमणि जैसे जुगुनू, नीलम के बादल – निशि वासर कनक और नीलम

यानों पर विचरते हैं। उन्हें आकाश के तारे ऐसे प्रतीत होते है जैसे रजनी ने नीलम – मन्दिर के वातायन खोल दिए हों। काले बादलों के बीच बिजली ऐसी प्रतीत होती है जैसे नीलम मंदिर की हीरक प्रतिमा हो। महादेवी मेघों की चूनर स्वर्ण – कुंकुम में रँगती हैं। इसी प्रकार पीत, रजत, अरुण और सित-असित रंगों के प्रति महादेवी को विशेष मोह है।

निम्नांकित पंक्तियों में दिन के परिवर्तित दृश्यों का अभिराम चित्र है-

    कनक से दिन, मोती सी रात,

    सुनहली साँझ गुलाबी प्रात।[39]

दिन कनक के समान आभामय है और रात मोती जैसे उज्ज्वल चाँदिनी से सिक्त है। सुनहली सन्ध्या और गुलाबी प्रात से मनोहर बिम्ब लक्षित होता है। इन रंगों के कारण दृश्य सहज कान्ति से दीप्त हो उठता है।

    गुलालों से रवि का पथ लीप

    जला पश्चिम में पहला दीप,

    विहँसती सन्ध्या भरी सुहाग,

    दृगों से झरता स्वर्ण पराग।[40]

अस्ताचलगामी सूर्य के चारों ओर लालिमा छा गयी है। गगन मण्डल पर प्रथम तारक का उदय हो गया है। सन्ध्या सुंदरी सौभाग्यवती ललना की भाँति शोभित हो रही है। उसके दृगों से स्वर्ण पराग झर रहा है। सन्ध्या – समय स्वर्णिम किरणों का प्रकाश झरता सा प्रतीत होता है। इस मनोहर दृश्य के अंकन में रंग बोध की सूक्ष्मता परिलक्षित होती है। इसमें एक सांस्कृतिक बिम्ब उभरता है- नारी दीपक जलाकर अपने सुहाग की कामना करती लक्षित होती है।

प्रातः बेला में कमनीय रंग -योजना से संवलित एक अभिराम चित्र दर्शनीय है-

    जब कपोल गुलाब पर शिशु प्रात के

    सूखते नक्षत्र जल के बिन्दु से

    रश्मियों की कनक धारा में नहा

    मुकुल हँसते मोतियों का अर्घ्य दे।[41]

प्रातः समय है। प्रात- शिशु के गुलाबी कपोलों पर जल के बिन्दु सूखने लगते हैं, ठीक उसी प्रकार गुलाबी आसमान पर नक्षत्र अंतर्लीन हो जा रहे हैं, कनक रश्मियों की धारा में नहाकर मुकुल ओस रूपी मोतियों का अर्घ्य दे रहे हैं। मोतियों से श्वेत रंग की व्यंजना है। कितना मानोज्ञ चित्र है।

1. नीलम मंदिर की हीरक
प्रतिमा सी हो चपला निस्पन्द,
सजल इंदुमणि से जुगनू
बरसाते हो छवि मकरंद।[42]

2. देखूँ हिम हीरक हँसते
हिलते नीले कमलों पर।[43]

3. बुनते नव प्रवाल कुंजों में
रजत श्याम तारों की जाली।[44]

4. अज्ञात पुलिन से उज्ज्वलतर
किरणें प्रवाल तरणी में भर,

5. तम के नीलम कूलों पर नित
जो ले आती अरूणा सस्मित।[45]

1. नीलम मंदिर की हीरक प्रतिमा-सी जब चपला निस्पन्द हो जाने लगती है तब स्निग्ध चंद्रमा के समान छवि का मकरंद बरसने लगता हैं। 'नीलम मंदिर' से नीले आकाश का 'हीरक – प्रतिमा' से चपला का 'सजल – इंदुमणि' से श्वेत कान्ति युक्त जुगनू का बोध उनकी रंग निर्भर कल्पना पर ही आधारित है।

2.नील कमलों पर हिम कण हीरक के समान प्रकाश युक्त है। नीले और श्वेत वर्ण के आधार पर यह बिम्ब मार्मिक बना गया है।

3. सान्ध्य बेला है। शेफाली, मौलश्री-डाली फूली हुई है जिन पर सान्ध्य रश्मियों के पड़ने से प्रवाल कुंज के समान लक्षित हो रहे हैं। इन सब पर रजत-श्याम तारों की जाली बुनायी जा रही है। सन्धि – बेला का हृदयंगम चित्रण है।

4. नीलम, प्रवाल, उज्ज्वल किरणें एवं अरुण – इस छंद में ये शब्द वर्ण – संकेतात्मक हैं, जो अपनी वर्ण बोधता के कारण एक दूसरे को प्रभावित करते हुए

प्रो. पी. माणिक्याम्बा 'मणि'

मनोहर चित्र प्रस्तुत करते हैं। अज्ञात पुलिनों से लाल रंग की प्रवाल – तरणि में उज्ज्वल करणें भर कर अंधकार के नीलम कूलों पर नित्य अरुणा (उषा या सन्ध्या) रूपी रमणी लाती है। एक अभिनव वर्ण – सामंजस्य से युक्त इस चित्र में अरुणा का मानवीकृत रूप का चित्रण हुआ है।

कुछ अन्य सुंदसर बिम्ब इस प्रकार हैं -

1. सज केसर पट तारक बेंदी
   दृग अंजन मृदु पद में मेहँदी।[46]

2. तरल सोने से धुली ये,
   पद्म रागों से सजी ये
   उलझ अलकें जायेंगी
   मत अनिल पथ में डोल री।[47]

3. स्मित से कर फीके अधर अरुण
   गति के जावक से चरण लाल।[48]

4. आज सुलहली रेणु मली गोधूली ने
   रजनीगंधा आँज रही है नयनों में सोना
   हुई विद्रुम बेला नीली।[49]

5. आज सुनहली बेला
   आज क्षितिज पर जाँच रहा है तूली कौन चितेरा!
   मोती का जल, सोने की रज, विद्रुम का रंग फेरा।[50]

प्रथम उद्धरण में केसर पट (केसरिया रंग का वस्त्र) से सुसज्जित होकर, तारक रूपी बिंदी लगाकर, दृगों में अंजन लगाकर, मृदु कोमल पदों में मेहँदी से सजी अभिनव रूपवती का चित्र है। केसर पट, तारक, अंजन, मेहँदी आदि रंग – बोध व्यंजित करने वाले शब्दों के प्रयोग से सन्ध्या समय का बिम्ब सहृदय के मानस पटल पर अंकित होता है।

द्वितीय उद्धरण में तरल सोना, पद्म राग, ये दो शब्द वर्ण संकेतात्मक हैं। इस स्वर्णिम कान्ति-मण्डित तथा पद्मराग मणियों से सज्जित अलकें –रात्रि की अंतिम प्रहर में रजनी की अँधियारी रूपी अलकें – प्राची में स्वर्णिम आभा तथा उस आभा से तारे

अरुण वर्ण युक्त होकर पद्मराग मणियों के समान शोभित हो रहे हैं।

तृतीय उद्धरण में स्मित की विभा से अधरों को अरुण कर लिया है। और गति रूपी जावक से चरणों को आलक्तक लगाया है। गति जैसे अमूर्त को जावक की उपमा से बिम्ब स्पष्ट नहीं होता, फिर भी पाठक अपने संस्कार के कारण 'जावक' शब्द से ही लाल रंग की कल्पना कर लेता है इस प्रकार बिम्ब मनोहर रूप में सहृदय के मनः पटल पर चित्रित होता है।

चतुर्थ उद्धरण में गोधूली का रंगीन चित्र है जिसमे बिम्ब फिल्मी रील के समान त्वरित गति से परिवर्तित होते हैं और इस परिवर्तन का आधार इन पंक्तियों का रंग बोध है। गोधूलि सुनहली रेणु मल रही है। तात्पर्य है – सन्ध्या की स्वर्णिम कान्ति में रेणु भी सुनहली कान्ति से दीप्त है। रजनीगंधा नयनों में सोने को अन्जन के समान आँज रही है और जैसे कि अंजन से आँजने के बाद आँखें नीलिमा से युक्त हो जाती हैं वैसे ही विद्रुम जैसी लालिमा नीलिमा में परिवर्तित हो गयी है। कितना सूक्ष्म रंगीन चित्र है यह।

पंचम उद्धरण में रंगों के संयोजन का एक सुन्दर चित्र है। सुनहली बेला है। तूली लेकर किसी चितेरे ने इस स्वर्ण बेला का चित्रण किया है। मोती जल सोने की रज और विद्रुम जैसे लाल रंग से इस चित्र को संयोजित कर मन-मोहक बनाया है। इन पंक्तियों की मोहकता इन वर्ण बोधमय ,शब्द-मोती , सोना और विद्रुम से हैं।

सन्ध्या का धुँधला विराग , अरुण, सुहाग, रंगीलापन, साधों का सुनहलापन ,विषाद का गहन तिमिर आदि जीवन – सन्ध्या के रूप- साम्य पर आधारित है। यह चित्र अत्यंत समृद्ध और सप्राण बना पड़ा है। रंगों के उचित संयोजन से महादेवी ने अपने जीवन को सन्ध्या में समाहित कर दिया है—

> प्रिय ! सान्ध्य गगन मेरा जीवन !
> यह क्षितिज बना धुँधला विराग,
> नव अरुण अरुण मेरा सुहाग,
> छाया सी काया वीतराग
> सुधी भीने स्वप्न रँगीले घन,
> साधों का आज सुनहलापन
> घिरता विषाद का तिमिर गहन।[51]

चित्रविधायिनी कल्पना के आधार पर बिंबों में अनुभूति जन्य सूक्ष्म भावों को चाक्षुष –बिम्ब के रूप में गोचर कराना महादेवी की अद्भुत क्षमता की परिचायक है। ऐसे बिंबों की सृष्टि के लिए वस्तु या वस्तु के व्यापार विशेष का आश्रय लिया गया है-

सुनहले सजीले रँगीले धबीले
हसित कंटकित अश्रु मकरंद गीले
बिखरते रहे स्वप्न के फूल अनगिन।[52]

भावात्मक स्वप्न को वर्ण बहुल फूलों के अप्रस्तुत में मूर्त बना दिया गया है। हिमालय तथा बादल के चित्र विभिन्न रंगों से संयोजित होने के कारण अत्यंत चित्ताकर्षक प्रतीत होते हैं –

तू भू के प्राणों का शतदल !
सित क्षीर फेन हीरक रज से
जो हुए चाँदनी में निर्मित
पारद की रेखाओं में चिर,
चाँदी के रंगों से चित्रित
खुल रहे दलों पर दल झलमल
... ...
सीपी से नीलम से द्युतिमय
कुछ पिंग अरूण ,कुछ सित श्यामल
कुछ सुख चंचल कुछ दुःख मंथर,
फैले तम से कुछ तूल विरल
मँडराते शत शत अलि बादल।[53]

काव्य -कला विशेषकर बिम्ब- विधान के लिए वर्ण परिज्ञान विशेष महत्त्वपूर्ण है। उपर्युक्त पंक्तियों के अवलोकन से रंग बोध की सूक्ष्म पर्यवेक्षण-शक्ति लक्षित होती है। सित क्षीर फेन, हीरक रज, पारद की रेखाओं , चाँदी की रंगों से चित्रित, सीपी तथा नीलम से द्युतिमान कुछ अरुण, कुछ श्यामल रंगों से हिमालय तथा बादलों का चित्रण है। इसमें ऐन्द्रियता एवं व्यंजनापूर्ण अभिव्यक्ति है।

1. अशित-श्वेत गंधर्व जो सृष्टि लय के।[54]
2. नीलम की निस्सीम पटी पर
   तारों के बिखरे सित अक्षर।[55]
3. कुम कुम से सीमांत सजीला
   केशर का आलेपन पीला,
   किरणों की अंजन रेखा
   फीके नयनों में आज लगा ले।[56]

1. दिन और रात को असित (श्याम) तथा श्वेत गन्धर्वों के रूप में बिम्बित किया है जो सृष्टि और लय के कर्त्ता है।

2. असीम आकाश का नील विस्तार निस्सीम पटी है – तारों के श्वेत अक्षर बिखर गए हैं।

3. कुम कुम से सीमांत सजाया गया है। केसर का पीला आलेपन लगाया गया है।

इस प्रकार महादेवी के वर्ण मिश्रित बिम्ब उनकी सूक्ष्म पर्यवेक्षण शक्ति, रंग बोध की बारीकी से अत्यधिक अभिराम बना गये हैं। रंगबोध की सूक्ष्मता का कारण उनका चित्रकार कवि होना। वे तो ऐसी कुशल चितेरी हैं कि कविता की पंक्तियों में एक के बाद एक अनेक सुंदर बिम्ब शृंखला के रूप में दृष्टिगोचर होते हुए परिवर्तित हो जाते हैं। रंगों के सटीक सम्मिश्रण तथा भावों की दीप्ति से इनके वर्ण – मिश्रित बिम्ब अत्यंत हृदय – संवेद्य बन गया हैं।

(ई) वर्ण परिवर्तन आधारित बिम्ब :

यह संसार परिवर्तनशील है। इस संसार में प्रत्येक वस्तु निरंतर परिवर्तन के चक्र में घूमता रहता है। सांसारिक परिवर्तन के अनुरूप ही प्रकृति भी निरंतर परिवर्तित होती रहती है। प्रकृति के रंगीन चित्र प्रतिदिन बदलते रहते हैं। रात्रि की समाप्ति के पश्चात् प्रभात की बेला में कनक रश्मियों की आभा से सारा संसार जगमग प्रकाशित होता है, दिनकर प्रकाश के पुंज-सा दीप्त हो उठता है और फिर सन्ध्या अनेक सुन्दर वर्णों को लेकर आती है तथा प्रकृति का प्रांगण रंगमय हो उठता है। छायावाद के पूर्व काव्य में इस सूक्ष्म परिवर्तन संबंधी प्रकृति – बिम्ब बहुत कम देखने को मिलते हैं। यह तो छायावादी काव्य की ही विशेषता है कि पहली बार प्रकृति के वर्ण – परिवर्तन संबंधी

प्रो. पी. माणिक्याम्बा 'मणि'

बिंबों को रूप एवं अभिव्यक्ति दी है। रंग परिवर्तन एक स्वाभाविक प्रक्रिया है किन्तु इसको शब्दों से बिंबों के रूप में मूर्तित करना सहज कार्य नहीं है।

निम्नलिखित पंक्तियों में वर्ण परिवर्तन के कारण जो बिंब मानस पटल पर उभरता है, वह चित्रित है। वर्ण – परिवर्तन के आधार पर इस कविता में बिंबों की शृंखला – सी बन जाती है-

> चुभते ही तेरा अरूण बान !
> इन कनक रश्मियों में अथाह
> लेता हिलोर तम सिंधु जाग,
>
> ... ...
>
> बनती प्रवाल का मृदुल कूल,
> जो क्षितिज रेखा थी कुहर म्लान।
> वन कुंद कुसुम से मेघ पुंज
> बना गये इन्द्र धनुषी बितान।[57]

अरूण रश्मियों का प्रकाश पड़ते ही अथाह तम – सिंधु जग उठा और हिलोरें उठ रही हैं। जो क्षितिज रेखा कुहरे से आच्छादित तथा म्लान थी वह प्रवाल के रंग से मृदुल कूल (किनारा) के रूप में परिवर्तित हो गयी है। नव कुंद कुसुमों के समान शुभ्र श्वेत मेघ – पुंज इन्द्र धनुषी वितान के समान बहु-विध वर्णों से नयनाभिराम बन गये हैं।

सान्ध्य कालीन दृश्य के वर्ण – संयोजन के आधार पर हृदयाकर्षक बिम्ब प्रस्तुत किया गया है। जिसका आधार प्राकृतिक वर्ण – परिवर्तन है -

> जब सन्ध्या ने आँसु में
> अंजन से हो मसि घोली,
> तब प्राची के अञ्चल में
> हो स्मित से चर्चित रोली।[58]

संध्या समय में पश्चिम के गगन में अंजन जैसी कालिमा छाने लगी है, उस समय प्राची दिशा-स्मित चर्चित रोली की कान्ति से भर गयी।

2. गत्यात्मक बिम्ब :

गत्यात्मक बिंबों की योजना में गतियुक्त वस्तुओं, दृश्यों, स्थितियों तथा व्यापारों का चित्रण प्रस्तुत किया जाता है। इस प्रकार गतियुक्त बिंबों का विधान अत्यधिक कठिन है। इसके लिए कवि में सूक्ष्म निरीक्षण की कला – कुशलता भी आवश्यक है। कवि को ऐसे अप्रस्तुतों की योजना करनी पड़ती है कि संकेतों से ही गति के गोचर प्रत्यक्षीकरण का आभास मिल सके। गति समय सापेक्ष है और समय को पकड़ना अधिक कठिन काम है। यही कारण है कि काव्यों में गत्वर-बिंबों के सफल उदाहरण कम मिलते हैं। किन्तु "छायावादी कवियों ने कल्पना-प्रवणता और सूक्ष्म सौन्दर्य चेतना के कारण गत्वर – बिम्ब की ओर विशेष रुचि प्रदर्शित की।"[59]

अनेक गत्वर बिंबों के सौन्दर्य का रहस्य उनका प्रिय सौष्ठव से युक्त व्यंजना है। एक विशिष्ट क्रिया अथवा विभिन्न प्रकार की सामान्य क्रियाओं के योग से काव्य की वस्तु, दृश्य या स्थिति में सहज ही गत्यात्मकता आ जाती है। "गतिबोधकता से पृथक् मात्र – क्रिया सौष्ठव पर निर्भर बिम्ब को हम व्यापार विधायक बिम्ब कह सकते हैं।"[60] महादेवी ने कुछ स्थलों में क्रिया सौष्ठव पर निर्भर बिंबों की सफल योजना की है।

बन गया सब कैसे चुपचाप
लाज भीनी सी मृदु मुस्कान,
तड़ित् सी जा अधरों की ओट
झाँक हो जाती है अन्तर्धान।[61]

इन पंक्तियों में वयः संधि में मुस्कान में होनेवाले परिवर्तनों का चित्र अंकित है। शैशव का तुम्हारा सरल हास भावभीनी मृदु मुस्कान में कैसे चुपचाप बदल जाती है ? वह लाजभीनी मुस्कान तड़ित् के समान चमक कर फिर अधरों की ओट में अन्तर्धान हो जाती है। इस प्रकार मृदु स्मित का गतियुक्त बिजली के रूप में चित्रण है।

इन स्निग्ध लटों से छा दे टन
पुलकित अंकों में भर विशाल,
झुक सम्मित शीतल चुंबन से
अंकित कर इसका मृदुल भाल,
दुलरा देना, बहला देना,

प्रो. पी. माणिक्याम्बा 'मणि'

यह तेरा शिशु जग है उदास।[62]

कवयित्री अंधकारमय रजनी को एक शामल के केश पाश युक्त रूपसी के रूप में मनोहारी कल्पना करती है। उससे अनुरोध करती है कि तुम्हारा जग रूपी शिशु उदास है। अतः उस शिशु के शरीर को स्निग्ध लटों से आच्छादित कर, अपने विशाल अंक में भर लेना तथा झुककर अपने शीतल चुम्बन उसके मृदुल भाल पर अंकित कर देना। इस प्रकार उदास शिशु को दुलार कर बहला देना।

सुदीर्घ सघन केश राशि युक्त माँ जब अपने शिशु को दुलारने के लिए उसे गोद में लेने जब झुकेगी उसकी काली केशराशि उस पर छा जाएगी। माँ अपने शिशु का भाल चुम्बनों से भर देगी, इस सजह मातृ वात्सल्यपूर्ण कार्य व्यापार को शब्दों में अंकित किया है। यह एक मनोज्ञ गत्यात्मक बिम्ब है जिसमें गतिशील चेष्टाओं का संग्रथन है।

उनके लघु उर में जग, अलसित
सौरभ शिशु चल देता विस्मित,
हौले – मृदु पद से डोल – डोल
मृदु पंखुरियों के द्वारा खोल
कुम्हाल जाति कलिका अजान
वह सुरभित करता विश्व धूम।[63]

उपर्युक्त पंक्तियों में 'सौरभ; को 'शिशु' रूप में चित्रित कर अत्यंत नयनाभिराम चित्र प्रस्तुत किया गया है – कली के अर्द्ध विकसित होने पर उसके लघु उर से जग कर, कुछ-कुछ अलसाया सौरभ – शिशु विस्मित होकर हौले हौले मृदु पदों से डोलते हुए मृदु पंखुरी रूपी द्वार को खोल कर चल देता है। इस प्रकार अनजान कलिका उसके जाने पर कुम्हाल जाती है और वह शिशु घूम-घूम कर विश्व को सुरभित करता है।

कितना रमणीय चित्र है, यह। कविता की पंक्तियों को पढ़ते ही मनः पटल पर नन्हें - नन्हें पैरों से डोलते हुए चलने वाले शिशु का बिम्ब उभरता है। "हौले मृदु पद से डोल डोल" में शिशु की जो गति अंकित है वह अत्यंत सहज और स्पृहणीय है। यह गत्यात्मक बिम्ब अन्यतम है। 'सौरभ' को 'शिशु' के रूप में कल्पना भी कवयित्री के हृदय की कोमलतम और सटीक कल्पना है। जैसे सौरभ से सारा विश्व भर जाता है वैसे

महादेवी के काव्य में बिम्ब - विधान

ही शिशु से सारा वातावरण आनंदमय हो जाता है। अगर वह शिशु कहीं ओझल भी हुआ तो माँ का हृदय, कलिका के समान कुम्हला जाना सजह ही है।

कुछ अन्य गत्यात्मक बिम्ब इस प्रकार हैं जो अधिकतर क्रिया – सौष्ठव पर निर्भर हैं।

1. कामना की पलकों में झूल,
नवल फूलों के छूकर अंग,
लिये मतवाला सौरभ साथ
लजीली लतिकाएँ भर अंक,
यहाँ मत आओ मत्त समीर
सो रहा मेरा एकांत।[64]

2. वेदना गगन से रजत ओस
चू चू भरती मन कुंज कोश।[65]

3. गर्जन के द्रुत तालों पर
चपला का बेसुध नर्तन।[66]

4. स्मित बनकर नाच रहा है
अपना लघु सुख अधरों पर
अभिनय करता पलकों में
अपना दुःख –आँसू बन कर।[67]

5. चाह शैशव सा परिचय हीन
पलक दोलों में पल भर झूल,
कपोलों पर जो ढुल चुपचाप
गया कुम्हला आँखों का फूल।[68]

6. झाँक, जला देती नीड़ों में
दीपक सी मुस्कान।[69]

प्रथम उद्धरण में मत्त समीर के क्रिया व्यापारों का सुन्दर बिम्ब अंकित है। ऐ मत्त समीर! कामना रूपी पलकों में झूलते हुए सद्यः विकसित फूलों को स्पर्श करते हुए, उन कुसुमों के सौरभ को साथ में लिए लजीली लतिकाओं को अंक में भरते हुए यहाँ मत्त आओ। यहाँ मेरा एकांत सो रहा है। इन पंक्तियों में कवयित्री की प्रकृति

निरीक्षण की क्षमता तथा अभिव्यक्ति की कुशलता अतुलनीय है। 'मत्त समीर' का गत्यात्मक चित्र अंकित है।

द्वितीय उद्धरण में ओस के बूँदों के टपकने का सुन्दर चित्र प्रस्तुत किया है। वेदना गगन से रजत - ओस की बूँद चू चू टपका रही हैं, और मन रूपी कंज कोश को भर रही हैं। 'चू चू भरती' से उस क्रिया का चित्र मानस पटल उभरता है – कंज कोश को भरनेवाली ओस बूँद का टपकना। इस अप्रस्तुत के माध्यम से कवयित्री ने वेदनातिशय से हृदय में भर जानेवाली आँसुओं की व्यंजना की है।

तृतीय उद्धरण में चपला (बिजली) के नर्तन का दृश्य है- चारों ओर घनघोर घाटाएँ छा गयी हैं। उनके घनघोर गर्जन के साथ चपला का बेसुध नर्तन अंकित है। चारों दिशाओं में व्याप्त घटाओं का गर्जन और क्षण भर कौंधकर विलीन हो कर फिर चमकने वाली बिजली का गत्यात्मक चित्रांकन है।

चतुर्थ उद्धरण में सुख-दुःख जैसी कोमल भावनाओं को मानवीय कार्य से संयोजित कर बिम्ब का जो आयोजन किया है वह अपनी मर्मस्पर्शिता में अतुलनीय है। कवयित्री कहती है - उसका लघु सुख स्मित बन कर नाच रहा है और उनका दुःख आँसू बन कर पलकों में अभिनय कर रहा है। अभिनय करना, नाचना - इनके क्रिया सौष्ठव पर बिम्ब का विधान हुआ है।

पंचम उद्धरण में अश्रु का गत्यात्मक वर्णन है। शैशव के समान परिचयहीन चाह लेकर पलक रूपी दोलिकाओं (झूलों) में पल भर झूल, कपोलों पर चुपचाप ढुलक कर 'आँखों के फूल' कुम्हला गये हैं। अश्रु भरे आयत नयनों से झरकर कपोलों पर बहनेवाली अश्रु बिंदुओं का अत्यंत कोमल चित्र प्रस्तुत किया गया है।

षष्ट उद्धरण में रश्मि का गतिमय चित्र है – रश्मि नीड़ों में झाँककर दीपक – सी मुस्कान जला देती है। अर्थात् नीड़ (घोंसला) प्रकाश से भर जाते हैं।

विधु की चाँदी की थाली
मादक मकरंद भरी सी,
जिसमें उजियारी रातें
लुटती घुलती मिसरी –सी।[70]

महादेवी के काव्य में बिम्ब - विधान

'घुलती मिसरी' से गत्यात्मकता का बोध होता है और चाँदनी में विलीन होती हुई रातों का बिम्ब लक्षित होता है।

"रजत रश्मियों की छाया में धूमिल घन सा वह आता"[71]

सौन्दर्य निरीक्षण की सूक्ष्मता एवं बिम्ब की गहन रुपात्मक पृष्ठभूमि से हम अवश्य प्रभावित होते हैं। किन्तु रजत रश्मियों की छाया और उसमें धूमिल घन की कल्पना पाठक के लिए सहजग्राह्य नहीं होती। प्रायः ऐसी कविताओं में बिम्ब – ग्रहण मानसिक स्तर पर पहले होता है और बाद में ऐन्द्रिय स्तर पर होता है। पहले मन उस अनुभूति को ग्रहण करता है और बाद में इंद्रियाँ उस अस्पष्ट अनुभूति को कल्पना में साकार कर लेती हैं। रजत रश्मियों की छाया में धूमिल घन सा अपनी आभा को छिपाते हुए कोई आने का बिम्ब कल्पना में साकार होता है।

कहीं- कहीं साम्य योजना इतनी सहज और परिचित रूप में भी व्यक्त हुई है। इतने परिचित अप्रस्तुत होते हुए भी छायावाद के पहले की कविता में ऐसे बिम्ब प्रायः नहीं मिलते। धूप में विलीन होते हुए कोहरे को सब ने देखा पर उसके सूक्ष्म सौन्दर्य के आधार पर महादेवी ने एक सुन्दर गत्यात्मक चित्र को रूप दिया –

कुहरा जैसे घन आतप में
यह संसृति मुझ में ले होगी "[72]

क्रिया –सौष्ठव पर आधारित एक व्यापार विधायक बिम्ब दृश्य है –

'मोम सा तन घुल चुका, अब दीप सा मन जल चुका।[73]

इस पंक्ति में मोम और दीपक के 'जलने' और 'घुलने' के दो व्यापारों से विरह की वेदना और व्यथा को मूर्त करने का प्रयास किया गया है।

1. सिहरता मेरा न लघु उर ,
   काँपते पग भी न मृदुतर।[74]

2. जो गया छवि रूप का घन
   उड़ गया घनसार कण बन।[75]

3. खोजाने फिर शिथिल पग
   निश्वास दूत निकल चुका है।[76]

4. लौटने जब धूलि, पथ में

> हो हरित अञ्चल बिछाये ,
> फूल मंगल घट सजाये,
> चरण छूने के लिए
> मृदुल तृण करते निहोरे।[77]

5. अलस पलकों से पता अपना मिटाकर
मृदुल तिनकों में व्यथा अपनी छिपाकर,
नयन छोड़े स्वप्न ने, खग ने बसेरा।[78]

इस प्रकार क्रिया-सौष्ठव पर अनेक व्यापार विधायक बिंबों की योजना की गयी है।

छायावादी काव्य की स्वच्छंद कल्पना के कारण विस्तृत भाव-भूमि प्राप्त हो गयी है। इस काव्य में विशेषकर महादेवी की कविता में केवल भावनाओं को विस्तृत फलक ही नहीं मिला अपितु अनुभूतियों की गहनता और तीव्रता का भी समावेश हुआ है।

महादेवी के बिम्ब – विधान की शैली में बाह्य वर्णन की अपेक्षा वस्तु में अधिक वस्तु के संपर्क जन्य मृदुल भावनाओं को अधिक महत्त्व दिया गया है। इसलिए कतिपय बिम्ब सूक्ष्म और अमूर्त हो गये हैं।

कवयित्री की अंतर्चेतना प्राकृतिक चित्रों में भी एक अनुरागपूर्ण व्यक्तित्व का आरोप कर लेती है और इस प्रकार के उनके आत्म निवेदन के लिए एक मूर्त कल्पना का आधार पर सहज मिल जाता है। यही कारण है कि बिम्ब छायात्मक हो जाते हैं। महादेवी के चाक्षुष बिम्ब भी सूक्ष्म कल्पना से संयोजित होने के कारण चक्षु से अधिक अनुभूति, भावना या सूक्ष्म संवेदना से हृदय संवेद्य बनाते हैं।

संदर्भ संकेत

1. डॉ. कुट्टन पिल्लै : पंत काव्य में बिम्ब-योजना, पृष्ठ 75
2. डॉ. बच्चन सिंह : बिहारी का नया मूल्यांकन पृष्ठ 7
3. डॉ. बलबीर सिंह 'रत्न' : हिन्दी की छायावादी कविता का कला विधान, पृष्ठ 152
4. डॉ. कृष्णदत्त पालीवाल : महादेवी की रचना प्रक्रिया, पृष्ठ 139
5. डॉ. सुरेन्द्र माथुर : काव्य बिम्ब और छायावाद, पृष्ठ 142
6. डॉ. कुट्टन पिल्लै : पंत काव्य में बिम्ब-योजना, पृष्ठ 70
7. डॉ. सुरेन्द्र माथुर : काव्य बिम्ब और छायावाद, पृष्ठ 175
8. महादेवी : यामा, पृष्ठ 40
9. महादेवी : दीपशिखा, पृष्ठ 107
10. महादेवी : यामा, पृष्ठ 217
11. महादेवी : दीपशिखा, पृष्ठ 99
12. महादेवी : यामा, पृष्ठ 1
13. महादेवी : यामा, पृष्ठ 101
14. महादेवी : दीपशिखा, पृष्ठ 87
15. महादेवी : दीपशिखा, पृष्ठ 87
16. महादेवी : यामा, पृष्ठ 210
17. महादेवी : दीपशिखा, पृष्ठ 116
18. महादेवी : दीपशिखा, पृष्ठ 152
19. महादेवी : यामा, पृष्ठ 141
20. महादेवी : दीपशिखा, पृष्ठ 91
21. महादेवी : यामा, पृष्ठ 142
22. श्री कृष्णलाल : आधुनिक हिन्दी साहित्य का विकास, पृष्ठ 6
23. डॉ. कुमार विमल : छायावाद का सौन्दर्य शास्त्रीय अध्ययन, पृष्ठ 200
24. डॉ. कुमार विमल : छायावाद का सौन्दर्य शास्त्रीय अध्ययन, पृष्ठ 199
25. महादेवी : यामा, पृष्ठ 138

26. महादेवी : यामा , पृष्ठ 64
27. महादेवी : यामा , पृष्ठ 6
28. महादेवी : यामा , पृष्ठ 9
29. महादेवी : यामा , पृष्ठ 22
30. महादेवी : यामा , पृष्ठ 58
31. महादेवी : यामा , पृष्ठ 73
32. महादेवी : यामा , पृष्ठ 74
33. महादेवी : यामा , पृष्ठ 75
34. महादेवी : यामा , पृष्ठ 217
35. महादेवी : यामा , पृष्ठ 24
36. महादेवी : यामा , पृष्ठ 86
37. महादेवी : यामा , पृष्ठ 79
38. डॉ. केदारनाथ सिंह : आधुनिक हिन्दी काव्य में बिम्ब-विधान, पृष्ठ 203
39. महादेवी : यामा , पृष्ठ 73
40. महादेवी : यामा , पृष्ठ 74
41. महादेवी : यामा , पृष्ठ 81
42. महादेवी : यामा , पृष्ठ 85
43. महादेवी : यामा , पृष्ठ 100
44. महादेवी : यामा , पृष्ठ 135
45. महादेवी : यामा , पृष्ठ 161
46. महादेवी : यामा , पृष्ठ 161
47. महादेवी : यामा , पृष्ठ 189
48. महादेवी : यामा , पृष्ठ 215
49. महादेवी : यामा , पृष्ठ 248
50. महादेवी : यामा , पृष्ठ 253
51. महादेवी : यामा , पृष्ठ 203
52. महादेवी : दीपशिखा, पृष्ठ 79

53. महादेवी : दीपशिखा, पृष्ठ 141-142
54. महादेवी : दीपशिखा, पृष्ठ 80
55. महादेवी : यामा, पृष्ठ 99
56. महादेवी : दीपशिखा, पृष्ठ 99
57. महादेवी : यामा, पृष्ठ 71
58. महादेवी : यामा, पृष्ठ 182
59. डॉ. कुमार विमल : छायावाद का सौन्दर्य शास्त्रीय अध्ययन, पृष्ठ 206
60. डॉ. कुमार विमल : छायावाद का सौन्दर्य शास्त्रीय अध्ययन, पृष्ठ 210
61. महादेवी : यामा, पृष्ठ 128
62. महादेवी : यामा, पृष्ठ 145
63. महादेवी : यामा, पृष्ठ 168
64. महादेवी : यामा, पृष्ठ 38
65. महादेवी : यामा, पृष्ठ 72
66. महादेवी : यामा, पृष्ठ 86
67. महादेवी : यामा, पृष्ठ 88
68. महादेवी : यामा, पृष्ठ 95
69. महादेवी : यामा, पृष्ठ 103
70. महादेवी : यामा, पृष्ठ 16
71. महादेवी : यामा, पृष्ठ 67
72. महादेवी : यामा, पृष्ठ 193
73. महादेवी : यामा, पृष्ठ 193
74. महादेवी : दीपशिखा, पृष्ठ 101
75. महादेवी : दीपशिखा, पृष्ठ 106
76. महादेवी : दीपशिखा, पृष्ठ 107
77. महादेवी : दीपशिखा, पृष्ठ 138
78. महादेवी : दीपशिखा, पृष्ठ 152

तृतीय अध्याय
अन्य ऐन्द्रिय बिम्ब

श्रव्य बिम्ब :

श्रव्य- बिंबों का आधार हमारी श्रुति- संवेदना तथा उस पर आधारित ध्वनियाँ हैं। श्रव्य बिम्ब भाव को संवेद्य बनाते हैं और उनका मानव हृदय पर विशेष प्रभाव रहता है। ऐन्द्रिय संवेदनाओं में चाक्षुष –संवेदना का धरातल अधिक स्थूल है, जिसकी अपेक्षा श्रुति संवेदना सूक्ष्म अनुभूति पर आधारित है। ध्वनियाँ गहरी अनुभूति जागृत करती हैं , और हृदय को झँकृत करती हैं। अतः कविगण अपने काव्यों में श्रुति-मधुर ध्वनियों का समावेश कर वर्ण्य विषय की ऐन्द्रिय – प्रेषणीयता को बढ़ाने का प्रयास करते हैं। काव्य में सदा ही करधनी की झंकार, बीन, मृदंग, मंजीर, तूर्य, सारंगी, आदि वाद्ययंत्र, वस्त्राभूषणों की ध्वनियाँ तथा पक्षी का कलरव का वर्णन होता रहा। इन ध्वनियों के सहारे श्रुति संवेदना को जागृत कर कविता को प्रेषणीय बनाया जाता था। "श्रवणिक-बिम्ब स्पष्टतः ध्वनियों के द्वारा कवि काव्य में एक विशेष वातावरण के परिवेश का निर्माण करता चलता है और प्रायः वर्ण –ध्वनि, छान्दस – लय, तुकान्त, अनुप्रास, अनुकरणात्मक, अनुरणनात्मक, एवं ध्वन्यार्थ-व्यंजक , शब्दों द्वारा श्रावणिक – बिंबों का निर्माण करता है।"[1] इसके आधार पर श्रव्य बिंबों के दो भेद हैं – अनुप्रास , तुकान्त , आदि पर आधारित श्रव्य-बिम्ब और अनुरणनात्मक, ध्वन्यर्थ-व्यंजक शब्दों पर आधारित श्रव्य बिम्ब। "ध्वनि अथवा नाद- कल्पना का उपयोग कविता में दो प्रकार से होता है। उसका एक प्रकार तो अलंकार – विधान के अंतर्गत आता है जिसे सामान्यतः अनुप्रास कहते हैं। इसी का एक अधिक विकसित रूप पाश्चात्य काव्य शास्त्र का 'अनामाटोपिया' या ध्वन्यर्थ व्यंजना है। उसका दूसरा रूप ध्वनि अथवा स्वर की ऐन्द्रिय – कल्पना के रूप में पाया जाता है।"[2] द्विवेदी युगीन कविता में प्रथम कोटि के श्रव्य बिंबों का आयोजन है। छायावादी काव्य-धारा में ध्वन्यर्थ –व्यंजक श्रव्य – बिंबों का प्रयोग अधिक है। छायावादी काव्य के श्रव्य –

महादेवी के काव्य में बिम्ब - विधान

बिंबों का एक आधार संगीतात्मक शब्दों का आयोजन है। "छायावादी कविता में प्रयुक्त श्रावणिक – बिम्ब ध्वनि कल्पना से उद्भूत हैं और नाद-सौन्दर्य की प्रेषणीयता के द्वारा इच्छित प्रभाव पैदा करते हैं। सामान्यतः ध्वन्यर्थ –चित्रण को प्रस्तुत करते समय छायावादी कवियों ने श्रावणिक –बिंबों का सहारा लिया है। किन्तु छायावादियों के अधिकांश श्रवणिक – बिम्ब अभिधाश्रित शब्द – संगीत से संवलित हैं।"[3] छायावादी काव्य में प्रस्तुत श्रव्य – बिम्ब अनुभूति के संस्पर्श से युक्त होने के कारण प्रभावोत्पादक हैं। किसी भाव-दशा या क्रिया व्यापार को मूर्त रूप में करने के लिए छायावादी कवियों ने श्रव्य – बिंबों की योजना की है। इनके बिम्ब नवीन तथा हृदय स्पर्शी हैं।

महादेवी के काव्य में श्रव्य – बिंबों की सुन्दर और सटीक योजना हुई है। इनके श्रव्य – बिंबों में चेतना को प्रभावित करने की क्षमता है। करुणा की पृष्ठभूमि में स्मृतिजन्य अनुभूतियों को अंकित किया गया है। ये वेदना पर आधारित रहने के कारण अत्यंत मर्मस्पर्शी हैं। इनके श्रव्य – बिंबों की आधारभूत ध्वनियाँ हैं – 1. मानव संभूत 2. प्रकृति संभूत और 3. वस्तु संभूत।

मानव संभूत :

गान में राग चेतना को उद्बुद्ध करने की अद्भुत क्षमता है। गायक के तान में, राग तंतुओं को झंकृत करने की अपार शक्ति निहित है। उसका गान सहृदय को बरबस खींच लेता है। वीणा की झंकृति के साथ स्वर का आरोह हो तदनंतर अवरोह उस सीमा पर पहुँच जाये, स्वर मूर्च्छना तक पहुँच जाय तब जिज्ञासा की प्रबलता की विशेष दशा होती है। गान तथा तान पर आधारित बिम्ब देखने योग्य है-

1. सुनाई किसने पल में आन
   कान में मधुमय मोहक तान।[4]
2. पल में रागों को झंकृत कर
   फिर विराग का अस्फुट स्वर भर,
   मेरी लघु जीवन – वीणा पर,
   क्या यह अस्फुट गाते ?[5]
3. अब धरा के गान ऊने ,

मचलते हैं गगन छूने।[6]

मधुर कंठ का स्वर-संगीत वीणा की ध्वनि के साथ अब अतीत की स्मृति मात्र रह गयी है। उस विशेष स्थान पर पहुँचकर जब स्मृति चेतना में वे सुमधुर ध्वनियाँ गूँजने लगती हैं, उस दशा का महादेवी ने मर्मस्पर्शी चित्र प्रस्तुत किया है -

यही वह विस्मृत संगीत
खो गयी जिसकी झंकार,
यही सोते हैं वे उच्छवास
जहाँ रोता बीता संसार।[7]

साँस की एक विशेष प्रकार की ध्वनि होती है , विभिन्न मनः स्थितियों में साँसों के स्वरूप में परिवर्तन होते रहता हैं। हृदय की मार्मिक बातों से परिचित महादेवी ने श्रव्य – बिंबों के आधार पर प्रसन्न, अवसाद –आच्छन्न एवं शयन काल की स्थिति का कुशल चित्रण उपस्थित किया है-

1. निश्वासों का नीड़ निशा का
   बन जाता जब शयनागार।[8]
2. किसलिए हर साँस तम में
   सजल दीपक राग गाती।[9]
3. आज तो हर साँस बनती शत शिला के भार सी है।[10]
4. सुरभित साँसे बाँट तुम्हारे पथ में हँस हँस बिछ जाऊँगी।[11]

सहृदय कवयित्री को हृदय-स्पंदन में स्वर-लहरी का आभास होने लगता है –

लघु हृदय तुम्हारा अमर छंद
स्पन्दन में स्वर –लहरी अमन्द।[12]

प्राण का बंदीखाना त्याग कर विश्व में छा जाने वाली 'छोटी आह' को वीणा के तारों को छोड़कर विश्व में छा जाने वाली राग का अप्रस्तुत देकर सूक्ष्म श्रव्य – बिम्ब का अंकन किया गया है।

कविता की पंक्तियाँ इस प्रकार हैं-

छोड़कर जो वीणा के तार ,

शून्य में लय हो जाता राग
विश्व छा लेती छोटी आह
प्राण का बन्दीखाना त्याग।[13]

कुछ अन्य श्रव्य – बिम्ब इस प्रकार है –

1. कौन वह है सम्मोहन राग
खींच लाया तुमको सुकुमार।[14]

2. गाता प्राणों का तार तार,
अनुराग भरा उन्माद राग।[15]

3. गा-गा उठते चिर मूक भाव।[16]

4. हृत्तन्त्री में स्वर भर जाता।[17]

5. स्वर लहरी मैं मधुर स्वप्न की , तुम निद्रा के तार।[18]

6. मेरे स्पन्दन से झंझा कर हर –हर लय- संधान बन गया।[19]

इस प्रकार मानव – संभूत ध्वनियों के आधार पर महादेवी ने सुन्दर श्रव्य – बिंबों की योजना की है।

प्रकृति – संभूत :

प्रकृति नादमय है। प्रकृति संभूत ध्वनियों में एक विशेष प्रकार का राग होता है। नैसर्गिक ध्वनि चेतना को तुरंत चमत्कृत करती है और श्रुति – संवेदना को आह्लादित कर देती है। 'भौरों की गुंजार', पत्तों की मर्मर ध्वनि' आदि से सम्पूर्ण प्रकृति शब्दायित है। इन शब्दों से हर्षोल्लास की व्यंजना होती है। किन्तु इन शब्दों को कवयित्री ने कुछ विशेष ढंग से प्रयोग किया। परिस्थिति विषमता वश ये जीवन की कारुणिक – दशा का रूप प्रस्तुत करते हैं-

'अब इन में क्या सार' मधुर जब गाती भौरों की गुंजार
मर्मर का रोदन कहता "कितना निष्ठुर है संसार।"[20]

अनंत प्रिय की प्रेमिका महादेवी उस असीम प्रिय के 'सोने के संसार' को शब्दों में चित्रित करती हैं। एक ध्वनिमय चित्र अवेक्षणीय है –

जहाँ के निर्झर नीरव गान
सुना करते अमरत्व दान,
सुनाता नभ अनन्त झंकार
बजा देते हैं सारे तार।[21]

महादेवी ने कुछ ऐसे श्रव्य बिंबों का आयोजन किया है जहाँ प्राकृतिक ध्वनियों की पूर्वानुभूति के संयोजन की कुशलता लक्षित होती है। ध्वनि संसार की सभी ध्वनियाँ मौन हो गयी, किन्तु संस्कारवश पूर्वानुभूत ध्वनियाँ श्रुति-चेतना में अनुगुंजित होने लगती हैं—

भ्रमर – नूपुर-रव गया थम
मूर्छिता भू- किन्नरी है,
मूक पिक की बंसुरी है,
आज तो वानीर वन के
भी गये निश्वास सो रे।[22]

भ्रमर की गुंजार, किन्नरी का गान, पिक का कल कूजन, वानीर वन के मर्मर का स्पष्ट स्पन्दन नहीं है। किन्तु सहृदय को अपने संस्कार के कारण उनकी प्रतीति सहज हो जाती है। जो ध्वनि आकाश में विलीन हो गयी। उसकी प्रतिध्वनि उसके अंतर में गूँजने लगती है।

'कल-कल' गतियुक्त निर्झर के बहने में एक विशिष्ट प्रकार का नाद –सौन्दर्य रहता है। निर्झर के इस संगीत के आधार पर महादेवी ने अत्यंत सुन्दर श्रव्य –बिंबों की योजना की है जो मन के तारों को झंकृत कर देती हैं –

अस्फुट मर्मर में, अपनी
गति की कल-कल उलझाकर
मेरे अनंत पथ में नित
संगीत बिछाते निर्झर।[23]

प्रकृति तथा विषम परिस्थितियों में भी सदा – सर्वदा गाने वाले निर्झर का बिम्ब इस प्रकार है—

महादेवी के काव्य में बिम्ब - विधान

पाषाणों की शैय्या पाता ,
उस पर गीले गान बिछाता
नित गाता, गाता ही जाता
जो निर्झर उसको देगा क्या मेरा जीवन लोल।[24]

'संगीत बिछाते' एवं 'नित गाता' , 'गाता ही जाता' में गतिशील निर्झर का ध्वनिमय चित्र प्रस्तुत हो जाता है।

अन्य कुछ प्रकृति – संभूत ध्वनियों के आधारभूत श्रव्य –बिम्ब इस प्रकार हैं –

1. गर्जन के द्रुत तालों पर
   चपला का बेसुध नर्तन।[25]

2. मलय पवन उसमें भर जाता
   मृदु लहरों के गान।[26]

3. मूक हो जाता वारिद घोष
   जगाकर जब सारा संसार
   गूँजती टकराती असहाय
   धरा से जो प्रतिध्वनि सुकुमार।[27]

4. वीचियों पर गा करूण विहाग,
   सुनाता किसको पारावार,
   पथिक –सा भटका फिरता वात
   लिये क्यों स्वर – लहरी का भार।[28]

उपर्युक्त उद्धरणों में मानवीकरण के आधार पर ध्वनि – चमत्कार – सृष्टि को विशेष आयाम दिया गया है।

निम्नलिखित उद्धरणों में उच्छवास, साँस , गर्जन, झोंके एवं आँधी, प्रलय के गाने के द्वारा वायु की साँय – साँय, तथा झंझा की हरहर –ध्वनि के बिम्ब ,चेतना में उद्बुद्ध होने लगते हैं –

1. खोजते हो खोया उन्माद
   मन्द मलयानिल के उच्छवास।[29]

2. क्षितिज-कारा तोड़कर अब
गा उठी उन्मत्त आँधी।[30]

3. स्वर- प्रकंपित कर दिशायें
मींड़ सब भू की शिरायें
गा रहे आँधी प्रलय
तेरे लिए ही आज मंगल।[31]

4. लाया झंझा दूत सुरभिमय साँसों का उपहार किसी का।[32]

5. गर्जन के शंखों से होके
आने दो झंझा के झोंके।[33]

6. भू की रागिनी में गूँज
गर्जन में गगन को माप।[34]

7. कंपित वानीरों के मन भी
रह रह करूण विहाग सुनाते।[35]

वेदना विह्वल कवयित्री को वायु से कंपित वानीर वन में भी करूण - विहाग(एक राग विशेष) की प्रतीति होने लगती।

वस्तु - संभूत :

मानव द्वारा अनेक उपकरण निर्मित होते हैं। उन उपकरणों से विविध प्रकार की ध्वनियाँ निकलती होती हैं। इन उपकरणों में स्त्रियों द्वारा धारण किये जाने वाले नूपुर, कंगन, किंकिणी आदि आभूषणों का श्रुति – माधुर्य अत्यंत मन मोहक होता है। महादेवी ने कुछ साधारण आभूषणों का इतना असाधारण वर्णन किया है –

1. अलि ! मिलन गीत बने मनोरम
नूपुरों की मदिर ध्वनि।[36]

2. नूपुरों का मूक छूना
सरव कर दे विश्व सूना।[37]

3. शिथिल चरणों के थकित इन नूपुरों की करूण रुनझुन।[38]

4. पथ बना उठे जिस ओर चरण

महादेवी के काव्य में बिम्ब - विधान

   दिश रचना जाता नूपुर स्वन।[39]
5. नूपुर से शत शत मिलन पाश
   मुखरित चरणों के आस पास।[40]
6. कर न तू मंजीर का स्वन
   अलस पग धर सँभल गिन गिन
   है अभी झपकी सजनि, सुधि क्रंद विकल कारिणी।[41]

उपर्युक्त उद्धरणों में प्रत्येक बिम्ब की अपनी विशिष्टता है।

काव्यों में परंपरा प्रचलित वाद्य-यंत्रों में वंशी और वीणा का विशिष्ट स्थान है। इन से अद्भुत ध्वनि लहरियाँ मानस की भाव लहरियों को द्रुत कर देती हैं। इनके वादन से मनुष्य की सुख –दुःखमयी दशा की सशक्त अभिव्यक्ति होती है।

   शून्यता तेरे हृदय की
   आज किसकी साँस भरती?
   प्यास को वरदान करती
   स्वर लहरियों में बिखरती,
   आज मूक अभाव किसने कर दिया, लयवान वंशी ?[42]

उपर्युक्त पंक्तियों में वंशी स्वर – लहरियाँ, बादक की हृदयगत शून्यता को अभिव्यक्ति दे रही है। इन पंक्तियों के अवलोकन के उपरांत संस्कारवश पाठक बंशी की स्वर लहरियों की ध्वनि की कल्पना कर लेता है।

महादेवी का प्रिय वाद्य वीणा है। उनकी कविताओं में उन्होंने वीणा ध्वनि का अनेकशः प्रयोग किया है-

1. आज किसी की मसले तारों
   की वह दूरागत झंकार,
   मुझे बुलाती है सहमी-सी
   झंझा के परदों के पार।[43]
2. किसी निर्मम कर का आघात
   छेड़ता जब वीणा के तार,
   अनिल के चल पंखों के साथ

दूर जो उड़ जाती झंकार।[44]

3. तुम्हीं रचते अभिनव संगीत,
कभी मेरे गायक इस पार,
तुम्हीं ने कर निर्मम आघात,
छेड दी यह बेसुर झंकार
उलझा डाले सब तार ![45]

4. पहली सी झंकार नहीं है
और नहीं मादक राग
अतिथि ! किन्तु सुनते जाओ
टूटे तारों का करूण विहाग।[46]

1. झंझा के परदों के उस पार रह-रह कर सुनायी पड़नेवाली किसी की वीणा के मसले तारों की दूरागत झंकार सहम कर निमंत्रण देना ,नायिका की विशेष मनोदशा का उदाहरण अन्यतम है।

2. किसी निर्मम कर आघात से उत्पन्न ऐसी जोरदार चोट से एकाएक उत्पन्न तीव्र झंकार का बिम्ब मन में उभरता है। श्रुति-संवेदना में इसके मन्द से मंदतर होती हुई स्वर –लहरी अंतर्हित हो जाति है। इसके वादक के हृदय के उद्वेग की व्यंजना होती है।

3. वादक के मनमानेपन से किये गये आघातों के कारण उत्पन्न बेसुरे झंकार तथा इन आघातों के कारण वीणा के तार अव्यवस्थित हो जाना , पाठक के मन को प्रभावित करता है। इससे वादक की उपेक्षा का प्रभाव वीणा के तारों के बहाने नायिका अपनी मन की विक्षिप्त दशा व्यंजित होती है।

4. प्रथम झंकार में माधुर्य होता है। उस राग की जो मादकता है वह अतीत का विषय बन गया है। इस बिम्ब के कल्पना के लिए पर्याप्त पटल है। 'मधुर झंकार' और 'मादक राग' को प्रमाता अपनी कल्पना के अनुसार करता है। 'टूटे तारों' से उत्पन्न ध्वनि से कर्ता की अवसन्न मनः स्थिति अभिव्यंजित होती है।

महादेवी के काव्य में बिम्ब - विधान

कुछ अन्य श्रव्य बिम्ब इस प्रकार है –

1. देखूँ **विहगों** का कलरव
   घुलता जल की **कल कल** में
   निस्पन्द पड़ी वीणा में
   या बिखरे मानस देखूँ ?[47]

2. और तारों पर ऊँगली फेर
   छेड़ दी मैंने जो **झंकार**।[48]

3. **मर्मर** की बंशी में गूँजेगा मधु - श्रुति का प्यार।[49]

4. इस जादूगरनी **वीणा** पर
   गा लेने दो क्षण भर गायक।[50]

5. तंद्रिल निशीथ में ले आये
   गायक तुम अपनी **अमर बीन**
   प्राणों में भरने स्वर नवीन।[51]

6. रजत-शंख घड़ियाल , स्वर्ण-बंशी वीणा स्वर,
   गये आरती बेला को शत शत लय से भर
   जब था कलकंठों का मेला।[52]

विहगों का कलरव, जल की कल कल, झंकृत तार, मर्मर की बंशी, अमर बीन, स्वर नवीन , शंख , बंशी , वीणा के स्वर , कलकंठों का मेला से सहृदय की श्रुति – संवेदना में ध्वनी की लहरियों का बिम्ब लक्षित होता है। छायावादी काव्य के ऐन्द्रिय बिम्ब स्थूल ऐन्द्रिय न होकर सूक्ष्म भाव- संवलित है। इनकी अनुभूति का धरातल सूक्ष्म है।

महादेवी ने अपने विकसित कला बोध के कारण काव्य में अनेक सूक्ष्म सौन्दर्य मण्डित बिंबों का सृजन किया है। उनकी सौन्दर्य चेतना सूक्ष्म है। महादेवी ने कलात्मक बिंबों की निर्मिति के लिए काव्येतर कलाओं से ग्रहीत शब्दावली का प्रयोग किया है। उन्होंने अपने बिंबों के सौन्दर्य को संवेद्य बनाने के लिए संगीत कला की शब्दावली –तार, स्वरग्राम, लय और रागिनी – प्रयोग किया है।

1. आज तार मिला चुकी हूँ !
सुमन में **संकेत लिपि**,
चंचल विहग **स्वर-ग्राम** जिसके,
वात उठता, किरण के
निर्झर झुके, **लयभार**, जिसके ,
वह अनामा , **रागिनी** अब साँस में ठहरा छिकी हूँ।[53]

2. मेरी साँस में **आरोह**,
उर **अवरोह** का संचार
प्राण में रही घूमती चिर **मूर्च्छना** सुकुमार !
चितवन ज्वलित **दीपक – गान,**
दृग में सजल **मेघ – मलार ,**
अभिनव मधुर उज्ज्वल स्वप्न शत-शत राग के शृंगार !
सम हर निमिष , प्रति पग **ताल**,
जीवन अमर स्वर – विस्तार
मिटती लहरियों ने रच दिये कितने अमिट संसार ![54]

उपर्युक्त उद्धरणों में उपरांत सहृदय पाठक अपने मानस में किसी पटु गायक के संगीत की ध्वनि – तरंगों से आह्लादित होते हैं। ये बिम्ब संगीत की शब्दावली से युक्त होने के कारण ध्वनि –संवेदना को पूर्णतः तृप्त करने की अपूर्व क्षमता रखते हैं। इन श्रव्य बिंबों की सहृदय ग्राह्यता उसकी शब्दावली पर आधारित हैं। एक प्रकार ये बिम्ब विशेष कलात्मक हैं।

स्पृश्य – बिम्ब :

स्पर्श ऐन्द्रिय – बोध का स्थूल और प्रत्यक्ष स्तर है। स्पर्श जन्य संवेदना के आधार पर जिन बिंबों की योजना होती है उन्हें स्पर्श – बिम्ब कहते हैं। छायावादी कविता सूक्ष्म भावनाओं तथा संवेदनाओं की कविता है, छायावादी कवियों का प्रिय हो प्रियतम, मनोजगत में विचरण करने वाले हैं। इसलिए छायावादी कवियों में मानवीय स्पर्श जन्य अनुभूति के चित्र नगण्य हैं। प्राकृतिक-व्यापारों के माध्यम से कहीं स्पृहणीय स्पृश्य बिंबों का आयोजन मिलता है। भाव प्रवण छायावादी कवियों की भावना शारीरिक प्रेम भावना न होकर मानसिक तादात्म्य की अधिक रही।

स्पृश्य बिम्ब में स्पर्श-जन्य–संवेदनों के समन्वय से बिम्ब का निर्माण होता है। पेशल, कोमल, कर्कश कठोर आदि विशेषण , इस प्रकार के स्पृश्य – बिंबों के वाचक शब्द हैं, जिनके बिंबात्मक रूप अति प्रयोग के कारण जड़ बन गये हैं।[55] महादेवी की कविता उदात्त तथा गरिमामय है। कविता में कवि के व्यक्तित्व की गहरी छाया लक्षित होती है। यह स्वाभाविक है कि महादेवी जैसे शालीन कवयित्री के बिम्ब विधान में स्पर्श – संबंधी बिम्ब भी उदात्त रूप से व्यंजित हों। इनके काव्य में स्पृश्य – बिम्ब बहुत कम मात्रा में पाये जाता है। जहाँ कहीं उन्होंने स्पृश्य – बिंबों की योजना की है वहाँ वर्ण्य – विषय को संवेद्यू बनाने में सफलता प्राप्त की है। चुंबन जनित पुलक – सिहरन आदि संवेदनाओं का सूक्ष्म वर्णन अनेक स्थलों पर हुआ हैं। वे अतीत के मिलन का इतना अधिक सांकेतिक तथा सूक्ष्म वर्णन करती हैं कि बिम्ब का स्पष्ट अवधारण सहज नहीं हो पाता।

वात्सल्य और रति के अवसरों में चुंबन जनित पुलक अपने चरमोत्कर्ष पर होता है महादेवी ने रति – जनित चुंबन – पुलक का तो खुलकर वर्णन नहीं किया किन्तु वात्सल्यमयी जननी के रूप में तथा जग को शिशु के रूप में बिम्बित करते हुए स्पर्श – बिम्ब की जो योजना की है, प्रभावोत्पादक है –

इन स्निग्ध लटों से छा दे तन
पुलकित अंकों में भर विशाल;
झुक सस्मित शीतल चुंबन से,
अंकित कर इसका मृदुल भाल ;
दुलरा देना बहला देना
यह तेरा शिशु जग है उदास ?
रूपसि तेरा घन केशपाश।[56]

अतिशय वात्सल्य के कारण अंक के पुलक का तथा चुंबन से अनुभूत शीतलता की स्पष्ट अभिव्यक्ति है किन्तु दुलराते – बहलाते समय होनेवाले सुखद कर - स्पर्श की संवेदना भी व्यंजित हो गयी है।

एक बिम्ब में अत्यंत कठोरव्रता मृत्यु को स्नेहमयी जननी के रूप में अंकित किया है जो दुःख संतप्त प्राणियों को शांति प्रदान करती है। प्राणी को 'जीवन – बाल' के रूप में प्रस्तुत कर वे कहती हैं-

प्रो. पी. माणिक्याम्बा 'मणि'

पलकों पर धर-धर अगणित शीतल चुंबन ;
अपनी साँसों से पोंछ वेदना के क्षण ,
हिम-स्निग्ध करों से बेसुध प्राण सुलाया।[57]

यहाँ स्पर्श – बिम्ब का आधार करूणा – जनित वत्सलता है जिससे प्रभावोत्पादकता बढ़ गयी है। अगणित शीतल चुंबन द्वारा साँसों से वेदना के क्षणों को पोंछना एवं हिम – स्निग्ध – करों से थपकी देकर सुलाना आदि क्रिया – व्यापारों से स्पर्श – संवेदना द्वारा बिम्ब का आयोजन किया गया है। वात्सल्य संबंधी ये दो बिम्ब उनके मातृ – वत्सल्य हृदय के परिचायक हैं और उनके नारी – मन की सहज अभिव्यक्ति है।

महादेवी का परम प्रिय सूक्ष्म है परंतु संवेदना के स्तर पर वे उससे सान्निध्य प्राप्त कर लेती हैं। कभी उसके चुंबन – जनित पुलकानुभूति से तन्मय हो जाती हैं और कभी उसके ज्वाला – चुंबनों के स्मृति मात्र से पुलकाकुल क्षण उड़ते – से प्रतीत होते हैं।

1. यह उड़ते क्षण पुलक भरे हैं ,
   सुधि से सुरभित स्नेह – धुले
   ज्वाला के चुंबन से निखरे हैं।[58]

2. जिसका चुंबन
   चौंकता मन
   बेसुध पन से भरता जीवन।[59]

प्राकृतिक चित्रों में भी व्यंजनापूर्ण अभिव्यक्ति द्वारा सहृदय की स्पर्श – संवेदना को जागृत करती है-

1. हिम शीतल अधरों को छूकर
   तप्त कणों की प्यास ;
   बिखराती मंजुल मोती से
   बुद्बुद् में उल्लास।[60]

2. शूलों का दंशन भी हो
   कलियों का चुंबन भी हो।[61]

3. रज में शूलों का मृदु चुंबन
नभ में मेघों का आमंत्रण,
आज प्रलय का सिंधु कर रहा
मेरी कंपन का अभिनंदन।[62]

महादेवी की कविता में उनकी प्रखर तथा सूक्ष्म स्पर्श – संवेदना व्यंजित होती है। उनकी कविता में केवल 'छूने' की क्रिया पर आधारित स्पर्श – बिम्ब इस प्रकार है-

1. मिश्री सा घुल जाता था
मन छूते ही आँसू कन।[63]

2. उस विस्मृति के सपने से
चौंकाया छूकर – जीवन।[64]

3. छू मादक निश्वास, पुलक
उठते रोओं के पात।[65]

4. चाह की मृदु ऊँगलियों ने छू हृदय के तार
जो तुम्हीं ने छेड़ दी मैं हूँ वही झंकार।[66]

5 कर गई शीत की निष्ठुर रात
छू कब तेरा जीवन तुषार ?[67]

एक अन्य स्थल पर श्वास किसी के पद चिह्न चूमते लौटते हैं, और रज मृदु पदों को चूम मुकुलों की माला हो जाते हैं।

1. चूमने पद चिह्न किस के
लौटते यह श्वास फिर –फिर।[68]

2. रजकण मृदु पद चूम
हुए मकुलों की माला।[69]

किसी की स्मृति ही उन पलकों को चूम - चूम जाती है –

जाने किसकी सुधी रूम – झूम
जाती पलकों को चूम चूम।[70]

महादेवी भावना-लोक में विचरण करने वाली कवयित्री हैं। प्रिय आगमन की संभावना – मात्र से ही रोम रोम में पुलक-जाल एवं देह सिहर-सिहर उठता है। उसकी सुधि इतनी मधुर और मादक है कि मंजरित आम्र शाखा के समान देह पुलक – जाल से युक्त हो जाता है।

1. गा गा उठते चिर मूक भाव
   अलि सिहर - सिहर उठता शरीर।[71]
2. पुलक पुलक उर, सिहर सिहर तन
   आज नयन, आते क्यों भर – भर।[72]
3. नयन श्रवणमय श्रवण नयनमय आज हो रही कैसी उलझन
   रोम रोम में होता री सखि। एक नया उर सा स्पंदन।[73]

प्रियतम के स्पर्श सुख से उनके अंगों में शीतलता छा जाती है –

अंगराग सी है अंगों में
सीमाहीन उसी की छाया ,
अपने तन पर भाता है अलि , जाने क्यों शृंगार किसी का।[74]

'अंगराग' और शृंगार के द्वारा शीतलता की तथा त्वचागत स्पर्शानुभूति की यहाँ वक्रतापूर्ण अभिव्यक्ति हुई है।

महादेवी ने प्रकृति के मानवीकरण द्वारा आवेगपूर्ण रोमांच की स्थिति के स्पर्श-बिम्ब का विधान किया है –

कंटकित मौलश्री हर सिंगार
रोके हैं अपने श्वास शिथिल।[75]

कुछ पदार्थों के स्मरण मात्र से उनके अपने विशेष गुणों के कारण कोमल-कठोर स्पर्श – संवेदना जाग्रत होती है। निम्नलिखित उदाहरण अवेक्षणीय है –

1. जब इन फूलों पर मधु की,
   पहली बूँदे बिखरी थी।[76]
2. मोम – सा तन घुल चुका अब दीप-सा मन जल चुका है।[77]
3. मोम हृदय जल के कण ले
   मचला है संसार में तपने।[78]

4. मोम – सी साधें बिछा दी
है इसी अंगार पथ में।[79]

उपर्युक्त उद्धरणों में 'फूल' और 'मोम' शब्दों से कोमलता का हल्का स्पर्श – बिम्ब सहृदय के सुखात्माक अनुभूति संवेदना में जागृत होती है, वैसे ही शूल पाषाण ज्वाला आदि से कठोर तथा दुःखात्मक अनुभूति की प्रतीति होती है।

1. शलभ अनय की ज्वाला में मिल
झुलस कहाँ हो पाया उज्ज्वल ![80]

2. द्रुम के हरित कोमल तम
ज्वाला को करते हृदयंगम।[81]

महादेवी के स्पृश्य बिम्ब अपनी सूक्ष्म संवेदना – शक्ति के कारण ऐन्द्रिय स्तर से अधिक मानसिक स्तर पर विशेष प्रभावशाली हैं।

घ्रातव्य बिम्ब :

घ्राण - विषयी बिम्ब गंध-विषयक अप्रस्तुतों के माध्यम से घ्राण – विषयक अनुभूति को उद्बुद्ध करते हैं। और उसके समग्र प्रभाव को संवेदना के आधार पर मूर्तिमत्ता प्रदान करते हैं। छायावादी कविता में घ्राण – विषयी बिंबों का प्रयोग कम हुआ है। यह निर्विवाद है कि दृश्य को प्राणवत्ता देने में गंध योजना सहायक सिद्ध होती हैं। महादेवी में घ्राण संबंधी बिम्ब विरल ही पाये जाते हैं। किन्तु जहाँ भी इन बिंबों का आयोजन हुआ है उनकी प्रभविष्णुता तथा प्रेषणीयता निर्विवाद है।

संसार में प्रत्येक पदार्थ का अपना एक गंध होता है। पृथ्वी गंधवती है। गंध के दो प्रकार हैं सुगंध और दुर्गंध। काव्य रसास्वादन आनंददायक और मन को हर्षोल्लास से भरनेवाला होता है। इसलिए उसमें सुगंधयुक्त पदार्थों का ही वर्णन प्रदान रहता है।

महादेवी एक सुरुचिपूर्ण व्यक्तित्व सम्पन्न कवयित्री हैं। उनके उदात्त काव्य में सुगंध परक बिंबों का ही आयोजन है। गंध की प्रतीति कराने के लिए उसके आश्रय – भूत पदार्थों के उल्लेख मात्र से सहृदय में तत्संबंधी गंध संवेदना उद्दीप्त होती है। सहृदय अनायास ही उस गंध – बिम्ब का अनुभव करता है। फूलों की सुगन्ध मन प्राण को एक विलक्षण उत्फुल्लता और तृप्ति प्रदान करती है। महादेवी ने कई स्थानों पर सुमन – सुरभित वातावरण को गंधमय बिम्ब प्रस्तुत किये हैं –

1. फूलों के मधु से लिखती जो

प्रो. पी. माणिक्याम्बा 'मणि'

मधु घड़ियों के नाम,
भर देती प्रभात का अंचल
सौरभ से बिन दाम।[82]

उपरिलिखित पंक्तियों में बिम्ब है- फूलों भरी वसंत ऋतु की रजनी ने प्रभात के अंचल को सौरभ से भर दिया है। इस उदाहरण के अवलोकन के पाश्चात् सुधी पाठक की चेतना में वसंत ऋतु की मिली – जुली फूलों की गंध का बोध होता है। एक अन्य बिम्ब अवेक्षणीय है –

कर जाता संसार सुरभिमय
एक सुमन झरता – झरता।[83]

इन पंक्तियों को पढ़ते ही सहृदय की चेतना में एक झरते हुए कुसुम जो अपने सुगंध से सारे वातावरण को सुगंधित करता है – बिम्ब उद्बुद्ध होता है। उससे उत्पन्न सौरभ की भावना पाठक स्वतः ही कर लेता है।

प्रभात बेला का सुरभित सुंदर वातावरण है। कलियाँ मकरंद भार से झूम रही हैं। वायु-संघात् से उनकी पंखुड़ियाँ खुल जाती हैं उनके सौरभ के झोंकों से सारा विश्व सुगंधमय हो जाता है।

जाने किसकी स्मिति रूम-झूम
जाती कलियों को चूम-चूम।[84]

इसी प्रकार कुछ निम्नलिखित उदाहरणों में सुरभित समीर, देश- देशान्तर में सुगंध बिखेरते हुए आये मलय – पवन का, तथा कैरब बन से उपजती तीव्र महमहाती गंध का फूलों के सौरभ को पीकर मत्त समीर, आदि के बिम्ब चेतना को सुरभिमय कर देते हैं -

1. मेरे बिरिक्त अंचल में
सौरभ समीर भर जाती है।[85]

2. किस मलय सुरभित अंक रह –
आया विदेशी गंधवह ?[86]

3. लाता भर श्वासों का समीर ,
जग से स्मृतियों का गंध धीर ,

महादेवी के काव्य में बिम्ब - विधान

सुरभित हाइओ जीवन मृत्यु तीर
रोमों में पुलकित कैरव –वन।[87]

4. फूलों का गीला सौरभ पी
बेसुध सा हो मन्द समीर।[88]

1. उनके विरिक्तमय आँचल को उनकी साँसें सौरभ समीर से भर जाती हैं।

2. याह विदेशी गन्धवह किस सुरभित अंक में रह कर आ रहा है।

3. इसमें कैरव – वन के महमहाती सुगंध के अप्रस्तुत के आधार पर सुधियों का गंध का भी वर्णन है। जिस गंध के कारण जीवन मृत्यु के दोनों किनारे सुरभित हैं। स्मृति को भी यहाँ गंधयुक्त प्रस्तुत किया है।

4. फूलों का सौरभ पीकर मद – मत्त होने वाले वायु का बिम्ब है जिससे सहृदय की चेतना में भीनी-भीनी गंधयुक्त पवन का अनुभव होता है, उसकी गंध संवेदना तृप्त होती है।

अनेक स्थानों पर महादेवी ने पदार्थाश्रित सुगंध की व्यंजना उन पदार्थों के नामोल्लेख के सहारे किया है। इस तरह उन्होंने अनेक गंध – बिंबों की मधुर और विलक्षण योजना की है।

1. वह सुनहला हास तेरा
अंक भर घन सार –सा।[89]

2. अगरू गंध बयार ला ला
विकच अलकों को बसाती।[90]

3. अगरू – धूम सी साँस सुधि गंध सुरभित।[91]

4. जो गया छवि रूप का घन
उड़ गया घन सार कण बन।[92]

5. चाँदीनी घन सार - सा क्या ?[93]

उपर्युक्त सभी गंध बिम्ब अपनी सूक्ष्मता और प्रभावोत्पादकता में अद्वितीय हैं। उनके पढ़ने से मन पहले उन समवेदनाओं का अनुभव करता है और पश्चात् उनका ऐन्द्रिय स्तर पर ग्रहण करते हैं।

निम्नलिखित पंक्तियों से 'गुलाब जल' के गंध की व्यंजना होती है -

तम ने धोया नभ पंथ
सुवासित हिम जल से।[94]

धूप की धूम बेला में सुखदायी सुगन्ध विद्यमान रहता है। कवयित्री ने इसका अभिराम बिम्ब प्रस्तुत किया है-

धूप-सा टन दीप – सी मैं
उड़ रहा नित एक सौरभ धूम लेखा में बिखर तन।[95]

महादेवी की गंध –संवेदना की प्रखरता का यह चमत्कार है कि 'स्वजन की सुरभि' को भी वे पहचानती हैं।

"सुरभि मैं पथ में सलोने स्वजन की पहचानती री।[96]

महादेवी की गंध – संवेदना अत्यंत मधुर एवं प्रखर है। कुछ बिम्ब द्रष्टव्य हैं-

1. हुआ सौरभ से नभ वपुमान।[97]
2. परिमल भर लावे नीरव घन।[98]
3. आज सुला दो चिर निद्रा में
   सुरभित कर इसके चल कुंतल।[99]
4. पहिन सुरभि का दुकूल
   बकुलहारी री !
   ओ विभावरी ![100]
5. हो गयी सुरभित यहाँ की
   रेणु मेरी चाह से।[101]
6. अनिल के चल पंख पर फिर
   उड़ गया अब गंध उन्मन।[102]
7. अमर सुरभित साँस देकर
   मिट गये कोमल कुसुम झर।[103]
8. लाया झंझा दूत सुरभिमय साँसों का उपहार किसी का।[104]

महादेवी के घ्रातव्य – बिम्ब सूक्ष्म और ऐन्द्रिय स्तर पर स्थूल न होते हुए भी अपनी प्रभविष्णुता में अतुलनीय हैं।

आस्वाद्य – बिम्ब :

"दृश्य को स्वाद के स्तर पर अनुभव करता तथा कराना कल्पना – व्यापार का सब से कठिन कार्य है।"[105] स्वाद-संवेदना रसनेन्द्रिय का विषय है। आस्वाद्य बिंबों का आयोजन बहुत कम होता है। छायावादी कवि स्थूल की अपेक्षा सूक्ष्म के प्रति विशेष आकृष्ट थे। छायावादी काव्य में आस्वाद्य बिम्ब बहुत कम मात्रा में मिलते हैं। महादेवी की कविता में आस्वाद्य – बिम्ब विरल ही पाये जाते हैं।

पदार्थगत की अस्वादगत विशेषताओं (मधुरता , आम्लता आदि) का ज्ञान रसना से ही प्राप्त होता है। रसना से प्राप्त आस्वाद की अवधि अल्पकालिक होती है। महादेवी के काव्य में इस प्रकार के आस्वाद्य – बिंबों का नितांत अभाव है। उनके आस्वाद्य –बिंबों का स्तर ऐन्द्रिय अनुभूति न होकर काल्पनिक अधिक है। इनका आधार मानसिक आस्वाद। उन्होंने अनेक स्थलों पर मदिरा पान पर आधारित बिंबों की योजना की है। पेय पदार्थों में प्रायः मदिरा का ही वर्णन है। मदिरा का स्वाद कडु होता है परंतु उसकी चर्चा इतनी रस – प्रवणता से ही होती है कि लगता है कि वह अत्यंत मधुर है। मदिरा का पर्याय मधु भी है। उसके आस्वादन से चेतना को तंद्रिल कर देनेवाली मादकता उद्भूत होती है और मन में एक विशेष प्रकार के आनंद का संचार अनुभूत होता है। इस प्रकार बिंबों की योजना महादेवी अपनी आध्यात्मिक अनुभूतियों को अभिव्यक्त करने के लिए करती हैं। वस्तुतः मदिरा-पान संबंधी बिंबों के आयोजन का श्रेय सूफी काव्य धारा को है। महादेवी पर भी इसका प्रभाव है। ऐसे प्रसंगों के आधार पर सूक्ष्म भावनाओं को सहृदय संवेद्य बनाया गया है-

1. इन हीरक से तारों को
   कर चूर बनाया प्याला,
   पीड़ा का सार मिलाकर ,
   प्राणों का आसव ढाला।[106]
2. सुनहली प्याली में दिनमान
   किसी का पीता हो अनुराग।[107]
3. छलकती जाती दिन रैन

लबालब तेरी प्याली मीत।[108]

4. सुख दुख की मरकत प्याली से
मधु अतीत कर पान।
मादकता की आभा से छा
लेती तम के प्राण।[109]

5. प्याले में मधु है या आसव
बेहोशी या जागृति नव,
बिन जाने पीना पड़ता है
ऐसा विधि प्रतिकूल।[110]

6. जड़ कण कण के प्याले झलमल
छलकी जीवन मदिरा छल छल।[111]

7. हँस हालाहल ढाला हो, अपनी मधु की हाला में।[112]

अन्य अनेक स्थानों पर आँसुओं के 'पीने' का बिम्ब प्रस्तुत किया है। अपनी मर्म स्पर्शिता के कारण ये आस्वाद्य बिम्ब अभिप्रेत अर्थ –सम्प्रेषण में समर्थ हैं-

1. मुस्कुराकर राग मधुमय
वह लुटाता पी तिमिर विष ,
आँसूओं का क्षार पी मैं
बाँटती नित स्नेह का रस।[113]

2. माँगती हो आँसू के बिन्दु
मूक फूलों की सोती प्यास,
पिला देने धीरे से देव !
उसे नेरे आँसू सुकुमार ![114]

3. पलक प्यालों से पी पी
मधुर आसव सी तेरी याद ![115]

महादेवी ने कुछ विलक्षण आस्वाद्य बिंबों का विधान किया है। 'उजाली पीना', स्मित पिलाती' 'चिंगारी का पी मधुरस' आदि।

1. पी उजाला तिमिर पल में
फेंकता रवि –पात्र जाल में।[116]
2. तृषीत भू को क्षीर फेनिल स्मित पिलाती आ
कण-तृण जिलाती आ।[117]
3. उन्मद हँस तू
मिट मिट बस तू
चिनगारी का मधु रस पी तू।[118]

महादेवी कुछ स्थलों में प्रकृति के कार्य व्यापारों में पान –प्रसंग की छाया दिखलायी देती है। उदाहरणार्थ लहरों द्वारा मधु मिश्रित ओस तथा समीर द्वारा गीला सौरभ एवं मकरंद का पान इस प्रसंग के सुंदर उदाहरण है।

1. अलसाती थी लहरें पीकर
मधु मिश्रित तारों की ओस।[119]
2. फूलों का गीला सौरभ पी
बेसुध सा हो मन्द समीर।[120]

आस्वादन संबंधी बिम्ब संख्या में अल्प होते हुए भी अपनी संप्रेषणीयता के कारण विलक्षण सौन्दर्य से मण्डित हैं।

संश्लिष्ट - बिम्ब :

मिश्रित या संश्लिष्ट बिंबों में विभिन्न ऐन्द्रिय संवेदनाओं का सम्मिश्रण रहता है। डॉ . कुमार विमल इन मिश्रित बिंबों के 'सह संवेदनात्मक बिम्ब' केनाम से अभिहित करते हुए कहते हैं – "सह संवेदनात्मक बिम्ब विधान में शारीरिक अथवा मानसिक अनेक प्रकार के संवेगों, संवेदनाओं या अनुभूतियों का मिश्रण रहता है।"[121] इस प्रकार के बिंबों का विधान अतिशय भावप्रवण तथा अनुभूतिशील कवि के लिए संभव रहता है। वर्ण , ध्वनि , चाक्षुष – संवेदना का तथा अन्य ऐन्द्रिय – बोधों से अनुभूति प्रवण बिम्ब योजना होती है। इससे पाठक प्रभावित होता है तथा कविता अधिक प्रेषणीय होती है। इसमें विभिन्न ऐन्द्रिय संवेदनाओं का समीकरण होता है। "ये बिम्ब स्वभाव से ही मिश्रणशील और समीकरण प्रधान हुआ करते हैं। ...... साथ ही इसमें अनेक प्रकार के संवेदनों अथवा इंद्रिय बोधों के बीच किसी एक की प्रधानता

रहती है और शेष बोध या संवेदन गौण रहकर उसके उपकारक बन जाते हैं।"[122] इस तरह ये संश्लिष्ट या मिश्र –बिम्ब अनेक इंद्रिय अनुभूतियों की प्रगाढ़ता के कारण अत्यंत प्रभावोत्पादक होते हैं।

सत्य तो यह है कि सौन्दर्य उद् बोध खण्डित रूपों में नहीं होता और न किसी इंद्रिय विशेष की परिधि के बंधन में बांधा ही जा सकता है। कविता में जहाँ एक इंद्रिय विशेष की अनुभूति की अभिव्यक्ति होती है तो वहाँ अन्य ऐन्द्रिय बोध भी अप्रत्यक्ष रूप से व्यंजित होते हैं। काव्यागत बिंबों की यह विशिष्टता है कि वे तत्वतः संश्लिष्ट या मिश्रित होते हैं। इनकी प्रतीति से एकाधिक इंद्रियों की संवेदना जागृत होती है।

कविता में अधिक से अधिक विशेषताएँ जहाँ व्यक्त होती हैं वहाँ मिश्रित बिंबों का प्राचुर्य पाया जाता है। कवि के बिम्ब रचाना की प्रक्रिया में पहले एक ही संवेदना के आधारभूत इंद्रिय विशेष का अश्लिष्ट बिम्ब ही प्रादुर्भूत होता है। किन्तु बिम्ब को प्रभावोत्पादक एवं मार्मिक बनाने के लिए कवि की प्रतिभा तत्ससंबंधी अनुबिम्बों की योजना कर लेती है। इस तरह बिम्ब का रूप संशिष्ट हो जाता है। प्रतिभा सम्पन्न महान कवियों के समान महादेवी के काव्य में भी संश्लिष्ट – बिम्ब अधिक मात्रा में पाये जाते हैं।

चाक्षुष + श्रव्य :

महादेवी के काव्य में चाक्षुष और श्रव्य संवेदनों के मिश्रित बहुत सुंदर बिम्ब प्रस्तुत किये गये हैं। प्रायः रूप के साथ शब्द का सहभाव रहता है। प्राकृतिक दृश्य, मानव तथा अन्य वस्तुएँ उपयुक्त ध्वनियों से युक्त होकर विशेष प्रभावोत्पादक बन जाते हैं। इसलिए काव्य में रूप और संवेदनाओं का मिश्रित बिम्ब –विधान अधिक लक्षित होता है। महादेवी ने प्रकृति के ऐसे अभिराम चित्र प्रस्तुत किये हैं जो सहृदय की चेतना में एकाधिक संवेदनाओं को जागृत कर आनंद विभोर कर देते हैं।

आकाश में श्वेत वर्ण लघु आकृति आले मेघपुंज छाये हुए हैं, जो प्रातः कालीन गुलाबी आभा में इन्द्रधनुषी वितान के समान बन गये हैं। वनस्पतियों के पत्तों पर हिम बिन्दु ढुलक रहे हैं खलियाँ खिल रही हैं। भ्रमर गुंजार कर रहे हैं। ध्वनियों की श्रुति मधुरता रंगों के संयोजन से दृश्य को नयनाभिराम बना दिया है। यह चाक्षुष श्रव्य –बिम्ब कितना स्पृहणीय है –

नाव कुन्द कुसुम से मेघ पुंज,
बन गये इन्द्र धनुषी वितान,
दे मृदु कलियों की चटक, ताल,
हिम बिन्दु नचाती तरल प्राण
धो स्वर्ण प्रात में तिमिर गात
दुहराते अलि निशि मूक तान।[123]

निम्नलिखित उद्धरण में ऐसे विराट् – बिम्ब का विधान किया गया है जिसमें दृश्य और श्रव्य संवेदनाओं का संयोजन है-

घोर तम छाया चारों ओर
घाटाएँ घिर आयी घनघोर
वेग मारुत का है प्रतिकूल
हिले जाते हैं पर्वत मूल
गरजता है सागर बारंबार
कौन पहुँचा देगा उस पार।[124]

घनघोर घाटाएँ घिर आयी हैं। चारों ओर गहन तम छा गया है। मारूत के भयंकर प्रतिकूल वेग के कारण पर्वतमूल तक हिले जा रहे हैं। सागर के गर्जन से दिशाएँ प्रतिध्वनित हैं।

इन पंक्तियों में अभिधा के द्वारा समुद्री तूफान की भयंकरता और असहाय नाव का बिम्ब है और व्यंजना के आधार पर महादेवी ने विपरीत भयानक परिस्थितियों में आपत्ति ग्रस्त संसार यात्री की विपन्न-दशा का मर्मस्पर्शी बिम्ब प्रस्तुत किया गया है।

गर्जन के द्रुत तालों पर
चपला का बेसुध नर्तन,
मेरे मन बाल शिखी में
संगीत मधुर जाता बन।[125]

प्रो. पी. माणिक्याम्बा 'मणि'

गगन-मण्डल पर लगातार बादलों, का गर्जन हो रहा है और बिजली तीव्र गति से चमकती है। यह दृश्य देख कर और गरज की ध्वनि सुनकर मन रूपी मोर शिशु भाव –विभोर हो कर संगीत की मधुर धारा में लीन हो जाता है।

भारतीय संस्कृति भावना प्रधान है। महादेवी ने अपने मानवीय बिंबों में सांस्कृतिक पुट देकर विशेष सौन्दर्य से मण्डित किया है। भारतीय सांस्कृतिक परंपरा में सुदूर स्थिति प्रिय के पथ को प्रकाश युक्त करने के लिए अपने आराध्य देवता को प्रसन्न करने के लिए 'दीपदान' की प्रथा सर्व विदित है। निम्नलिखित पक्तियों में ऐसी सौन्दर्यवती नारी का बिम्ब है जो अपने हृदय में सजीले सपने सँजोयी हुई है। अधरों पर मधुर मुस्कान तथा जिसकी चितवन गुलाबी चपलता से सराबोर है और उसने झिलमिलाती अवगुण्ठन डाल रखा है और भाव विह्वल हो कर गाती है। दीप जलानेवाली रमणी के व्यक्तित्व एवं गान में इतनी प्रभावोत्पादकता है किसी का एकांत सहज ही भंग हो सकता है और उसका ध्यान आकृष्ट होता है। वे सुंदर पंक्तियाँ इस प्रकार हैं-

> गुलाबी चितवन में बोर,
> सजीले सपनों की मुस्कान
> झिलमिलाती अवगुण्ठन डाल,
> सुनाकर परिचित भूली तान
> जला मत अपना दीपक आश !
> न खो जाये मेरा एकान्त।[126]

चाक्षुष और श्रव्य – संवेदनाओं के कुछ मिश्रित – बिम्ब इस प्रकार है –

1. मर्मर की सुमधुर नूपुर ध्वनि
   अलि गुंजित पद्मों की किंकिणि
   भर पद गति से अलस तरंगिणी,
   तरल रजत की धार बहा दे
   मृदु स्मित से सजनी ![127]

2. धर कनक थाल में मेघ
सुनहला पाटल - सा
कर बालारूण का कलश,
विहग – रब मंगल –सा,
आया प्रिय पथ से प्रात ![128]

3. नव इन्द्र धनुष सा चीर
महावर अंजन ले
अलि गुंजित मीलित पंकज
नूपुर रूनझुन ले
फिर आयी मनाने साँज।[129]

4. तम मय तुषारमय कोने में
छेड़ा जब दीपक – राग एक
प्राणों – प्राणों के मन्दिर में
जाल उठे बुझे दीपक अनेक।[130]

प्रथम उद्धरण में 'मर्मर की सुमधुर नूपुर ध्वनि', अलि गुंजित पद्मों की किंकिणी से ध्वनि –संवेदना चेतना को झंकृत करती है और तरल रजत की धारा जैसी स्मित से हँसी की श्वेताशुभ्रता का चाक्षुष – बिम्ब उभरता है। इसमें दोहरी बिम्ब – योजना है प्रथम बिम्ब प्रकृति परक है। चारों ओर वस्पतियों की मर्मर, कमलों पर अलियों का गुंजार एवं चंचल लहरियों की मधुर ध्वनि युक्त वसंत रजनी का दृश्य है। दूसरा बिम्ब नारी – रूप का हैं – मृदु मुस्कान की रसधारा बहाती हुई , किंकिणी और नूपुरों की रूनझुन से वातावरण को ध्वनिपूर्ण करती हुई , लय युक्त मंथर गति से उतरती हुई लावण्यवती का अतीव रमणीय बिम्ब है।

द्वितीय उद्धरण में प्रातः बेला का वर्णन है। प्रातः काल की सुनहली आभा से भरा आकाश कनक थाल के समान है। इसमें मेघ खण्ड सुनहला पाटल सा है। बालारूण का कलश बनाकर विहग –रव रूपी मंगल गान से प्रिय के पथ से प्रात आया।

तृतीय उद्धरण में मालिनी नायिका को मनाने सद्यः प्रकाशित इन्द्र धनुष के समान उज्ज्वल चीर लेकर, महावर, अंजन, अलिगुंजित मीलित पंकज, नूपुर रूनझुन आदि प्रसाधन लेकर संध्या सुंदरी आयी। किन्तु नायिका का मान दूर नहीं हुआ। इंद्रधनुष, महावर और अंजन से वर्ण –बोध के कारण चाक्षुष-बिम्ब, अलि –गुंजन और नूपुर रूनझुन से श्रव्य –बिम्ब के विधान के द्वारा ये पंक्तियाँ विशेष अर्थ – युक्त हो गयी हैं।

चतुर्थ उद्धरण में मनः पटल पर तमसाच्छन्न विशाल कक्ष का चित्र उभरता है और फिर तुरंत ही छेड दिये गये दीपक राग की स्वर लहरियाँ चेतना को झंकृत करती हैं। तत् पश्चात् एक के बाद एक जल, उठनेवाले दीपकों के प्रकाश से आलोकित कक्ष का बिम्ब सहृदय के मानस पटल पर स्पष्ट उभरता है।

पूजा असाधारण के समय मंदिर में निष्कंप जलते दीपक के बिम्ब के साथ प्रमाता के चित्त में विभिन्न प्रकार की ध्वनियों की अनुगूँज होती है, मानसिक उल्लास छा जाता है और सब तन्मय हो जाते हैं। महादेवी 'नीरव दीप' तथा 'कलकंठों के मेले' का एक मनमोहक बिम्ब इस प्रकार प्रस्तुत करती है –

यह मंदिर का दीप इसे नीरव जलाने दो !
रजत शंख –घड़ियाल स्वर्ण वंशी – वीणा स्वर,
गये आरती बेला को शत शत लय से भर
जब था कलकंठों का मेला
विहँसे उपल तिमिर था खेला
अब मंदिर में इष्ट अकेला,
इसे अजिर का शून्य गलाने को गलने दो ![131]

उपरिलिखित पंक्तियों में पूजन के समय मंदिर का कोलाहल पूर्ण दृश्य अंकित है। शंख , घड़ियाल , बंशी , वीणा आदि वाद्य-मंत्रों की ध्वनियों के साथ आरती बेला में विविध कंठों से गाये जानेवाले गीत मंदिर में प्रतिध्वनि हो रहे हैं। अर्चना, आरती के बाद वातावरण शान्त हो गया और दीपक ही नीरव जल रहा हैं। वातावरण विशेष पर आधारित यह संश्लिष्ट बिम्ब अत्यंत प्रभावशाली है।

चाक्षुष-स्पृश्य :

वर्षा ऋतु में रजनी को एक साद्यः स्नाता नायिका के रूप में एक संश्लिष्ट बिम्ब की योजना की गयी है-

नभ गंगा की रजत धार में
धो आई क्या इन्हें रात,
कंपित है तेरे सजल अंग
सिहरा सा तन है सद्यः स्नात
भीगी अलकों की छोरों से
चूती बूँदे कर विविध लास,
रूपसि ! तेर घन केश पाश।[132]

इन पंक्तियों में व्यंजना द्वारा स्पर्श संवेदना को भी उद्दीप्त किया गया है।

अतीत की मधुर स्मृतियों के प्रसंग के स्मरण मात्र से शरीर पुलकित हो उठता है। विरह दशा में इस स्थिति के लिए अनेक अवसर आते हैं। प्रियतम की स्मृति में लीन विरहणी नारी एकान्त में दीप जलाकर प्रियतम के आगमन का शुभ शकुन माना रही है –

कल्प युग व्यापी विरह को एक सिहरन में सँभाले
शून्यता भर तरल मोती से मधुर सुधि – दीप बाले ,
क्यों किसी के आगमन को
शकुन स्पन्द में मनाती ?[133]

इन पंक्तियों में विरहणी की वेदना बिह्वल दशा का सजीव अंकन हुआ है। रोमांच, पुलक, वेपथु आदि मनोभावों की व्यंजना हुई है और प्रेषित – पतिका का रतिभाव सहृदय को प्रभावित करता है। परमात्मा से मिलने के लिए व्याकुल जीवात्मा की रहस्यानुभूति की भी व्यंजना होती है –

एक अन्य बिम्ब दर्शनीय है जो दृश्य और स्पृश्य और संवेदनाओं पर आधारित है –

लौटना जब धूलि, पथ में
हो हरित अंचल बिछाये

फूल मंगल घट सजाये,
चरण छूने के लिए, हो
मृदुल तृण करते निहारे।[134]

चाक्षुष - घ्रातव्य :

महादेवी ने आरती बेला का बड़ा ही मनोज्ञ बिम्ब प्रस्तुत किया है। आरती का समय है थाल में धूप जल रही है, जिसके सौरभ से सारा वातावरण सुगंधित हो रहा है और दूसरी ओर अकल्पित लौ से युक्त दीपक जल रहा है। जो रमणी आरती कर रही है उसके नयन अश्रुभक्ति हैं जो अभिषेक जल के समान हैं। उसकी साँसे स्मृतियों की सुगंध से सुगंधित हैं। उसके हृदय का स्नेह ही आरती की निष्कंप लौ बना गयी है। इस प्रकार भावनाओं का सुमधुर चित्र अंकित है जो चाक्षुष एवं घ्रातव्य संवेदनाओं के आधार पर बना है। चित्र दर्शनीय है –

अगरू धूप – सी साँस सुधि गंध सुरभित
बनी स्नेह लौ आरती चिर अकंपित
हुआ नयन का नीर अभिषेक जल – कण।[135]

चाक्षुष – आस्वाद्य :

प्रकृति का रमणीय दृश्य है। कलियों से मकरंद ढुलक गया है। वकुल प्रवाल के समान धरती पर बिछ गये हैं। चंचल वायु भी निस्पन्द हो गयी है। कवयित्री के इस बिम्ब के अवलोकन के पश्चात् एक और बिम्ब व्यंजना के आधार पर स्पष्ट होता है कि कोई चपला नारी मधुपान करते करते शिथिल होकर शय्या पर निढाल हो कर गिर गयी हो –

सौरभ मद ढाल शिथिल ,
मृदु बिछा प्रवाल वकुल,
सो गई सी चपल बात।[136]

श्रव्य – स्पृश्य :

कवयित्री ने श्रव्य एवं स्पृश्य संवेदना के आधार पर जिन बिंबों का आयोजन किया वे हृदय की वेदनातिशय दशा को व्यक्त करने में सफल हुए हैं-

अब नीरव **मानस अलि गुंजन**

कुसुमित मृदु भावों का स्पंदन
विरह वेदना आयी बन
तम-तुषार की रात।[137]

मानस में चंचल भाव रूपी अलि –गुंजन नीरव हो गया। हृदय कुसुम के समान मृदुल भावनाओं से स्पंदित है। विरह – वेदना अंधकारमय तथा तुषारमय रात के रूप में आयी है।

कुछ अन्य मिश्रि बिम्ब इस प्रकार हैं -

1. मुखरित कर देता मानस पिक
तेरा चितवन प्रात
छू मादक निश्वास पुलक
उठते रोओं से पाँत।[138]

2. सिहर सिहर उठता सरिता उर
खुल खुल पड़ते सुमन सुधा भर
मचल मचल आते पल फिर फिर
सुन प्रिय की पदचाप हो गयी
पुलकित यह अवनी।[139]

3. नूपुर बंधन में लघु मृदु पग।[140]

4. संकेतों में पल्लव बोले
मृदु कलियों ने आँसू तोले।[141]

5. जब मुरली का मृदु पंचम स्वर
कर जाता मन पुलकित अस्थिर ,
कंपित हो उठता सुख से भर
नव लतिका सा गात।[142]

घ्रातव्य – स्पृश्य :

निम्नलिखित पंक्तियों में एक प्राकृतिक बिम्ब है। मतवाला समीर कामना की पलकों में झूलता हुआ, सद्यः विकसित फूलों के अंग छूकर सौरभ को साथ लिये, लजीली लतिकाओं को अंग में भरते हुए बह रहा है। बिम्ब दर्शनीय है –

कामना की पलकों में झूल
नवल फूलों के छू कर अंग
लिये मतवाला सौरभ साथ
लजीली लतिकाएँ भर अंक
यहाँ मत आओ मत्ता समीर।[143]

शरद ऋतु का पवन सम शीतोष्ण होता है। उसके मन्द मन्द बहाने में भी चारों दिशाओं में एक विशेष प्रकार की ध्वनि व्याप्त हो जाती है। बिम्ब इस प्रकार है-

सुरभि बन जो थपकियाँ देता मुझे।
नींद के उच्छवास सा वह कौन है ?[144]

कुछ उदाहरण द्रष्टव्य हैं-

1. कलियों में सुरभित कर अपने मृदु आँसू अवदात।[145]
2. इसमें उपजा नीरज सित
   कोमल कोमल लज्जित मीलित
   सौरभ सी लेकर मधुर पीर।[146]
3. सौरभ फैला विपुल घूप बन
   मृदुल मोम – सा घुल रे मृदु तन।[147]
4. जिन प्राणों से लिपटी हो
   पीड़ा सुरभित चन्दन सी।[148]
5. गन्धवाही गहन कुंतल
   तूल से मृदु धूम – श्यामल।[149]

6. सुधि से सुरभित स्नेह धुले
    ज्वाला के चुम्बन से निखरे।[150]
7. पारद - सी गल हुई शिलाएँ दुर्गम नभ चन्दन

आँगन–सा

अंगराग गनसार बनी रज, आतप **सौरभ**
आलेपन सा,
शूलों का विष मृदु कलियों के नव मधुपर्क
समान बन गया।[151]

इस उदाहरणों की बिंबात्मक स्पृहणीय है। शब्द – योजना अत्यंत मधुर एवं बिम्ब विधायक है।

महादेवी की कुशल लेखिनी से दो से अधिक इंद्रियों के संयोजन से चित्रित बिम्ब भी हैं। महादेवी के भावानुरूप ही ये बिम्ब अत्यंत सहज एवं मार्मिक हैं। उनके काव्यों में प्राकृतिक चित्रों का प्राचुर्य है। ये मानवीय चेष्टाओं के आरोप के कारण गतिशील एवं मोहक बन पड़े हैं।

चाक्षुष – स्पर्श्य – गत्यात्मक :

चाक्षुष तथा स्पर्श संवेदनाओं के ऐन्द्रिय सन्निकर्ष के साथ गत्यात्मकता का भी सुंदर संयोजन द्वारा मुग्धा नायिका के पदों का मन मोहक रूप अंकित है और गति का विलक्षण अंकन हैं।

सजनी ! वे पद सुकुमार
तरंगों से द्रुत पद सुकुमार
सीखते क्यों चंचल गति भूल
भरे मेघों की धीमी चाल ?
तृषित कन कन को क्यों अलि चूम
अरूण आभा सी देती ढाल ?[152]

चाक्षुष + श्रव्य + आस्वाद्य :

प्रकृति वर्णन में प्रायः बसंत का उद्दीपन रूप में चित्रण प्रचलित है। उसके अंतर्गत कोयल का कूजन, कलियों का उन्मीलन, भ्रमरों का मधुपान, आम बौराने आदि का वर्णन होता रहता है। इन सब के मानवीकृत रूप के द्वारा चित्रात्मक बिम्ब विधान महादेवी की अनोखी कल्पना है –

मुखर पिक हौले बोल !
हठीले हौले हौले बोल !
जाग लुटा देंगी मधु कलियाँ , मधुप कहेंगे 'और',
चौंक गिरेंगे पीले पल्लव अंब चलेंगे मौर,
समीरण मत्त उठेगा डोल ![153]

इन उदाहरणों के अतिरिक्त महादेवी के ऐन्द्रिय बिम्ब – योजना में बिंबों के साक्षात्कार के लिए चार-चार , पाँच –पाँच इंद्रियों को सक्रिय होना पडता है।

1. फूलों के उच्छवास बिछाकर
फैला फैला स्वर्ण पराग
विस्मृति सी मादकता सी
गाती हो मदिरा सा राग।[154]

2. सौरभ का फैला केश जाल
करती समीर पारियाँ विहार,
गीली केसर मद झूम झूम
पीते तितले के नाव कुमार ,
मर्मर का मधुर संगीत छेड़
देते हैं हिल पल्लव अजान ?[155]

3. हिम स्नात कलियों पर जलाये,
जुगनुओं ने दीप से,
ले मधु पराग समीर ने
वन पथ दिये हैं लीप से,

गाती कमल कक्ष में
मधु गीत मतवाली अलिनी।[156]

प्रथम उद्धरण में फूलों ने उच्छववास बिछाया जिससे चारों दिशाओं में स्वर्ण पराग भर गया। वातावरण सुगंधित हो उठा। ऐसे में तुम ऐसा राग छेड़ रहे हो जो विस्मृति के समान है, मादकता जैसी है और मादकता के समान बेसुध करने वाला है।

द्वितीय उद्धरण में प्रथम पंक्तियों मे गंध –बिम्ब , तृतीय , चतुर्थ पंक्तियों में आस्वाद्य-बिम्ब का, अन्य पंक्तियों में श्रव्य बिम्ब का, पूरे उद्धरण का समिष्ट रूप से चाक्षुष-बिम्ब सहृदय के मानस पटल पर प्रतिभासित होता है।

तृतीय उद्धरण में हिम स्नात शरद निशा का वर्णन है। कलियाँ हिम स्नात है और उन पर हिम बिन्दु चमक रहे हैं। जुगनू दीप के समान प्रकाशित हो रहे हैं। समीर ने मधु पराग लेकर वन पथ को लीप दिया है। कमल कक्ष में मतवाली अलिनि मधुर गान गा रही है। हिम स्नात 'कलियों' , 'जुगनू' से वर्ण तथा स्पर्श का, मधुर पराग से गंध का, अलिनि के मधु गान से श्रव्य – बिम्ब का आभास होता है। इन सब के सम्मिलित प्रभाव से सुंदर प्राकृतिक चित्र नयन पटल पर प्रत्यक्ष होता है।

महादेवी के ऐसे कुछ अन्य बिम्ब अवेक्षणीय हैं, जो अत्यंत अभिराम है –

1. सौरभ भीना झीना गीला
लिपटा मृदु अंजन सा दुकूल
चल अंचल से झर झर झरते
पथ में जुगनू के स्वर्ण फूल
दीपक से देता बार-बार
तेरा उज्ज्वल चितवन विलास
रूपसि ! तेरा घन केश –पाश ? [157]

2. गुदगुदाता वात मृदु उर
निशि पिलाती ओस मद भर
आ झुलाता पात – मर्मर
सुरभि बन प्रिय जाएगा, पट –
मूँद लो दृग –द्वार के।[158]

प्रथम उद्धरण में वर्षा ऋतु की रजनी का सद्यः स्नाता नायिका रूप, मानवीकरण के आधार पर मन मोहक एवं शोभा युक्त है।

सद्यः स्नाता की छवि अपूर्व है उसका श्यामल सुरभित केश पाश वायु के झोंकों से लहरा रहा है। उसके अंग सजल हैं, उनमें सिहरन हो रही है। मृदुल-श्यामल, झीना तथा नीला दुकूल उसके अंगों से लिपटा है। उसके अंचल से जुगुनू रूपी स्वर्ण फूल झर रहे हैं। उसके चितवन विलास में ऐसी दीप्ति है कि जिधर देखती है उधर दीपकों के प्रकाश –सा फैला जाता है।

द्वितीय उद्धरण में चित्र इस प्रकार है – वायु मृदु उर को गुदगुदाता है, निशि मद भरी ओस भर-भर कर पिलाती है, पत्तों का मर्मर झूला झुलाएगा, किन्तु ये शेफालिके ! तुम सावधान रहना ! तुम अपने दृग-द्वार बन्द कर लो ! तुम्हारा प्रिय सुरभि बन कर चला जाएगा। गुदगुदाता से स्पर्श, 'पिलाती ओस मद', से स्वाद का, 'पात मर्मर' में श्रुति संवेदना का 'सुरभि' से गन्ध का बिम्ब उद् बुद्ध होता है।

महादेवी के ऐन्द्रिय बिंबों की योजना स्थूल ऐन्द्रिय स्तर की न होकर भावना स्तर की अधिक है। यही कारण है कि ऐन्द्रिय बिंबों की मांसलता और उष्णता का इनमें सर्वथा अभाव है। किन्तु मानसिक धरातल पर, अप्रस्तुतों के आधार पर जब इस रस सागर में अवगाहन करता है तो सहृदय का मन संतुष्ट हो जाता है। उनकी बिम्ब योजना में एक संयमित नारी व्यक्तित्व की झलक मिल जाती है। इसी नारी व्यक्तित्व के अभिजात्य के कारण खुले ऐन्द्रिय संस्पर्श का अभाव है। सत्य तो यह है कि यह सीमा ही महादेवी के काव्य की विशिष्टता है। सूक्ष्म रहस्यमयी, मर्मस्पर्शी अनुभूतियों का ऐसा विलक्षण माधुर्य , महादेवी की अभिव्यक्ति कौशल की विशिष्टता है, चित्रकर्त्री होने के कारण इनके बिम्ब रंग–बोध की बारीकी से संयोजित हैं। रंगों के सम्मिश्रण से उनके कला निपुण होने की प्रतीति हो जाती है। उनके बिम्ब अनेक स्थानों पर चलचित्र की गति और स्पष्टता अपनाए हुए हैं। रेखाओं में स्पष्टता के कारण उनके बिम्ब चित्रकला के समीप लगते हैं। डॉ . कुमार विमल के शब्दों में – "वर्ण – बोध चाक्षुष – बिंबों को कला पूर्ण चित्रात्मक सौन्दर्य प्रदान करता है। ... चित्रकला से प्रभावित रहने के कारण महादेवी के चाक्षुष – बिम्ब,बिम्ब-विधान में रंगामेजी का पुट या वर्ण परिज्ञान का निदर्शन अन्य छायावादी कवियों की अपेक्षा अधिक मिलता है।"[159] अन्य ऐन्द्रिय बिम्ब भी अनुभूति संवलित हैं। इस प्रकार महादेवी के ऐन्द्रिय बिम्ब कला – सौष्टव, के कारण विशेष सौन्दर्य मण्डित हैं।

संदर्भ संकेत

1. डॉ.सुरेन्द्र माथुर : काव्य बिम्ब और छायावाद, पृष्ट 116

2. डॉ.केदारनाथ सिंह : आधुनिक हिन्दी कविता में बिम्ब-विधान, पृष्ट 145

3. डॉ.कुमार विमल : छायावाद का सौंदर्य शास्त्रीय अध्ययन , पृष्ट 175

4. महादेवी : यामा पृष्ट 19

5. महादेवी : यामा पृष्ट 75

6. महादेवी : दीपशिखा पृष्ट 103

7. महादेवी : यामा पृष्ट 36

8. महादेवी : यामा पृष्ट 6

9. महादेवी : दीपशिखा, पृष्ट 96

10. महादेवी : दीपशिखा पृष्ट 118

11. महादेवी : दीपशिखा पृष्ट 138

12. महादेवी : दीपशिखा पृष्ट 127

13. महादेवी : यामा पृष्ट 35

14. महादेवी : यामा पृष्ट 63

15. महादेवी : यामा पृष्ट 65

16. महादेवी : यामा पृष्ट 72

17. महादेवी : यामा पृष्ट 100

18. महादेवी : यामा पृष्ट 104

19. महादेवी : दीपशिखा पृष्ट 135

20. महादेवी : यामा पृष्ट 6

21. महादेवी : यामा पृष्ट 19

22. महादेवी : दीपशिखा पृष्ट 138

23. महादेवी : यामा पृष्ट 88

24. महादेवी : यामा पृष्ट 125

25. महादेवी : यामा पृष्ट 86
26. महादेवी : यामा पृष्ट 99
27. महादेवी : यामा पृष्ट 95
28. महादेवी : यामा पृष्ट 123
29. महादेवी : यामा पृष्ट 21
30. महादेवी : दीपशिखा पृष्ट 77
31. महादेवी : दीपशिखा पृष्ट 69
32. महादेवी : दीपशिखा पृष्ट 124
33. महादेवी : दीपशिखा पृष्ट 144
34. महादेवी : दीपशिखा पृष्ट 121
35. महादेवी : दीपशिखा पृष्ट 135
36. महादेवी : यामा पृष्ट
37. महादेवी : यामा पृष्ट 118
38. महादेवी : यामा पृष्ट 221
39. महादेवी : दीपशिखा पृष्ट 73
40. महादेवी : दीपशिखा पृष्ट 120
41. महादेवी : यामा पृष्ट 237
42. महादेवी : दीपशिखा पृष्ट 126
43. महादेवी : यामा पृष्ट 14
44. महादेवी : यामा पृष्ट 14
45. महादेवी : यामा पृष्ट 95
46. महादेवी : यामा पृष्ट 107
47. महादेवी : यामा पृष्ट 102
48. महादेवी : यामा पृष्ट 114
49. महादेवी : यामा पृष्ट 154
50. महादेवी : यामा पृष्ट 156

51. महादेवी : यामा पृष्ट 146
52. महादेवी : दीपशिखा पृष्ट 91
53. महादेवी : दीपशिखा पृष्ट 79
54. महादेवी : दीपशिखा पृष्ट 140
55. डॉ. नगेन्द्र : काव्य बिम्ब पृष्ट 9
56. महादेवी : यामा पृष्ट 145
57. महादेवी : दीपशिखा पृष्ट 95
58. महादेवी : दीपशिखा पृष्ट 90
59. महादेवी : यामा पृष्ट 170
60. महादेवी : यामा पृष्ट 103
61. महादेवी : यामा पृष्ट 182
62. महादेवी : दीपशिखा पृष्ट 124
63. महादेवी : यामा पृष्ट 87
64. महादेवी : यामा पृष्ट 87
65. महादेवी : यामा पृष्ट 104
66. महादेवी : यामा पृष्ट 92
67. महादेवी : यामा पृष्ट 126
68. महादेवी : यामा पृष्ट 139
69. महादेवी : यामा पृष्ट 229
70. महादेवी : यामा पृष्ट 196
71. महादेवी : यामा पृष्ट 72
72. महादेवी : यामा पृष्ट 135
73. महादेवी : यामा पृष्ट
74. महादेवी : दीपशिखा पृष्ट 125
75. महादेवी : यामा पृष्ट 216
76. महादेवी : यामा पृष्ट 45

77. महादेवी : दीपशिखा पृष्ट 107
78. महादेवी : यामा पृष्ट 226
79. महादेवी : दीपशिखा पृष्ट 78
80. महादेवी : यामा पृष्ट 14
81. महादेवी : यामा पृष्ट 149
82. महादेवी : यामा पृष्ट 106
83. महादेवी : यामा पृष्ट 124
84. महादेवी : यामा पृष्ट 168
85. महादेवी : यामा पृष्ट 89
86. महादेवी : यामा पृष्ट 225
87. महादेवी : यामा पृष्ट 209
88. महादेवी : यामा पृष्ट 85
89. महादेवी : यामा पृष्ट 231
90. महादेवी : यामा पृष्ट 244
91. महादेवी : दीपशिखा पृष्ट 79
92. महादेवी : दीपशिखा पृष्ट 106
93. महादेवी : दीपशिखा पृष्ट 126
94. महादेवी : यामा पृष्ट 152
95. महादेवी : दीपशिखा पृष्ट 96
96. महादेवी : दीपशिखा पृष्ट 101
97. महादेवी : यामा पृष्ट 114
98. महादेवी : यामा पृष्ट 158
99. महादेवी : यामा पृष्ट 166
100. महादेवी : यामा पृष्ट 173
101. महादेवी : यामा पृष्ट 170
102. महादेवी : यामा पृष्ट 180

103. महादेवी : यामा पृष्ट 214

104. महादेवी : दीपशिखा पृष्ट 124

105. डॉ. केदारनाथ सिंह : आधुनिक हिन्दी काव्य में बिम्ब –विधान , पृष्ट 210

106. महादेवी : यामा पृष्ट 22

107. महादेवी : यामा पृष्ट 21

108. महादेवी : यामा पृष्ट 43

109. महादेवी : यामा पृष्ट 105

110. महादेवी : यामा पृष्ट 110

111. महादेवी : यामा पृष्ट 200

112. महादेवी : यामा पृष्ट 175

113. महादेवी : यामा पृष्ट 236

114. महादेवी : यामा पृष्ट 20

115. महादेवी : यामा पृष्ट 58

116. महादेवी : यामा पृष्ट

117. महादेवी : यामा पृष्ट 122

118. महादेवी : दीपशिखा पृष्ट 133

119. महादेवी : यामा पृष्ट 13

120. महादेवी : यामा पृष्ट

121. डॉ. कुमार विमल छायावाद का सौन्दर्य शास्त्रीय अध्ययन, पृष्ट 212

122. डॉ. कुमार विमल छायावाद का सौन्दर्य शास्त्रीय अध्ययन, पृष्ट 213

123. महादेवी : यामा पृष्ट 71

124. महादेवी : यामा पृष्ट 18

125. महादेवी : यामा पृष्ट 86

126. महादेवी : यामा पृष्ट 39

127. महादेवी : यामा पृष्ट 139

128. महादेवी : यामा पृष्ट 152

129. महादेवी : यामा पृष्ठ 188
130. महादेवी : यामा पृष्ठ 246
131. महादेवी : दीपशिखा पृष्ठ 91
132. महादेवी : दीपशिखा पृष्ठ 144
133. महादेवी : दीपशिखा पृष्ठ 96
134. महादेवी : दीपशिखा पृष्ठ 138
135. महादेवी : दीपशिखा पृष्ठ 79
136. महादेवी : यामा पृष्ठ 165
137. महादेवी : यामा पृष्ठ 94
138. महादेवी : यामा पृष्ठ 104
139. महादेवी : यामा पृष्ठ 134
140. महादेवी : यामा पृष्ठ 126
141. महादेवी : यामा पृष्ठ 135
142. महादेवी : यामा पृष्ठ 99
143. महादेवी : यामा पृष्ठ 38
144. महादेवी : यामा पृष्ठ 81
145. महादेवी : यामा पृष्ठ 118
146. महादेवी : यामा पृष्ठ 133
147. महादेवी : यामा पृष्ठ 144
148. महादेवी : यामा पृष्ठ 174
149. महादेवी : यामा पृष्ठ 237
150. महादेवी : दीपशिखा पृष्ठ 90
151. महादेवी : दीपशिखा पृष्ठ 135
152. महादेवी : यामा पृष्ठ 128
153. महादेवी : यामा पृष्ठ 151
154. महादेवी : यामा पृष्ठ 51

155. महादेवी : यामा पृष्ट 71

156. महादेवी : यामा पृष्ट 130

157. महादेवी : यामा पृष्ट 144

158. महादेवी : यामा पृष्ट 232

159. डॉ. कुमार विमल छायावाद का सौन्दर्य शास्त्रीय अध्ययन, पृष्ट 180-181

चतुर्थ अध्याय
प्रकृति – बिम्ब

छायावादी काव्य में प्रकृति के अनेक हृदयहारी चित्र अंकित किये गये हैं। महादेवी का काव्य विशेष रूप से प्रकृति से जुड़ा हुआ है। प्रकृति से विच्छिन्न करके उनके काव्य की कल्पना ही नहीं हो सकती। प्रकृति उनकी सखी सहचरी ही नहीं, अपितु कहीं-कहीं महादेवी प्रकृति के साथ तादात्म्य की स्थिति तक पहुँच गयी है। प्रकृति के तटस्थ रूप से महादेवी ने देखा ही नहीं | कालिदास के प्रकृति – चित्रण के बारे में लिखते हुए आचार्य हजारी प्रसाद द्विवेदी जी ने लिखा है – "कालिदास ने प्रकृति को तटस्थ की भाँति नहीं देखा। वह अलंकरण की या मनुष्य को भाव विह्वल करनेवाले आलंबन का ही काम नहीं करती। वह एक जीवंत संगिनी है। उसे हटा दिया जाय तो मनुष्य का भाव - जगत मरुकान्तार के समान सूना और नीरस हो उठेगा।"[1] यह कथन महादेवी के काव्य पर भी लागू हो सकता है। प्रकृति उनके काव्य पथ की चिर – संगिनी है। उनकी भावनाओं की सशक्त अभिव्यक्ति का सबल माध्यम है।

महादेवी का काव्य प्रेम और साधना के सामंजस्य का काव्य है। उनके प्रेम में औदात्य है। साधना का बल है तथा तपस्या से उसमें अलौकिक दीप्ति आ गयी है। मगर अभिव्यक्ति में असंयम या उच्छृंखलता का दर्शन नहीं होता है। इसका कारण शायद उनका शालीन नारी – व्यक्तित्व ही है। डॉ. नगेन्द्र के शब्दों में "पुरुष कवियों का प्रणयनिवेदन अधिक व्यक्त, अतएव ऐन्द्रिय एवं रोमानी होगा। स्त्री का प्रणय - निवेदन संयत एवं गार्ह्यस्थिक होगा। पुरुष में रोमांस की उन्मुक्तता होगी, नारी में स्थायित्व का बन्धन। अतएव स्वीकृत रूप से लौकिक धरातल पर स्त्री कवि का प्रणय एक मात्र स्वकीया या घरेलू प्रणय ही हो सकता है। स्त्री अपनी प्रकृति के कारण न तो असंयत उद् गारों को ही व्यक्त कर सकती है न स्वकीया की सौमित्र–रेखा से बाहर ही जा सकती है।"[2] महादेवी ने भी अपने प्रेम की अभिव्यक्ति चाहे वह लौकिक हो या अलौकिक , प्रकृति के माध्यम से किया है। प्रकृति उनके अलौकिक प्रियतम से मिलन की संदेश–वाहिका के रूप में प्रस्तुत होती है। कहीं – कहीं प्रकृति के विराट् – सौन्दर्य

में उनके असीम – प्रिय का रूप लक्षित होता है। उनके काव्य में प्रकृति का इन रूपों में चित्रण मिलता है- आलंबन रूप में, प्रणय- निवेदन के माध्यम के रूप में, प्रकृति के मानवीकृत रूप में और प्रियतम का विराट् – सौन्दर्य अभिव्यक्त करनेवाली के रूप में। इस प्रकार प्रकृति के विविध सुन्दर बिम्ब महादेवी के काव्य में उपलब्ध होते हैं।

आलम्बन रूप में महादेवी ने प्रकृति के मनोरम चित्रों का मानोमुग्धकारी अंकन किया है। इन चित्रों के अवलोकन के पश्चात् बिम्ब का सौन्दर्य साथ ही कवयित्री की गहन अनुभूति का भी परिचय मिलता है। निम्नांकित पंक्तियों में उन्होंने सुमन की सुंदर छवि का चित्रांकन किया है –

खिल गया जब पूर्ण तू
मंजुल सुकोमल पुष्प वर,
लुब्ध मधु के हेतु मँडराने
लगे आने भ्रमर .
स्निग्ध किरणें चंद्र की
तुझ को हँसाती थी सदा,
रात तुझ पर वारती थी
मोतियों की संपदा ।[3]

सूखे सुमन की दयनीय दशा देखकर कवयित्री उस फूल के अतीत सौन्दर्य में खो जाती है। जो फूल आज सूखा है वह कभी अपने सुकोमल सौन्दर्य के कारण सब को आकर्षित करता था । उसके सौन्दर्य का कवयित्री इस प्रकार वर्णन करती है कि सहृदय के मानस – पटल पर उस फूल का बिम्ब उभरने लगता है – जो वृन्त पर पवन के झोंकों के कारण हिल रहा है , चाँद की स्निग्ध किरणों से उसकी सुंदरता द्विगुणीकृत हो रही है उस पर मोतियों जैसी ओस की बूंदें चमक रही हैं, तथा उसके चारों ओर लोभी भौरे मँडरा रहे हैं। इस प्रकार फूल के अतीत - सौन्दर्य का मार्मिक दृश्य –बिम्ब प्रस्तुत करती हैं। अब वही फूल अपनी निस्सारता एवं शुष्कता के कारण संसार की उपेक्षा का पात्र बना है –

जब न तेरी ही दशा पर
दुख हुआ संसार को,

प्रो. पी. माणिक्याम्बा 'मणि'

> कौन रोयेगा सुमन !
> हम से मनुज निस्सार को ।[4]

एक ओर अतीत का सौन्दर्य, सरसता और आकर्षक है तो दूसरी ओर वर्तमान की नीरसता, शुष्कता एवं उपेक्षा की स्थिति है।

फूल का एक और सुंदर चित्र दर्शनीय है-

> स्निग्ध रजनी से लेकर हास,
> रूप से भरकर सारे अंग,
> नये पल्लव का घूँघट डाल,
> अछूता ले अपना मकरंद,
> ढूँढ पाया कैसे यह देश
> स्वर्ग के हे, मोहक संदेश ![5]

इन पंक्तियों के पढ़ने के पश्चात् पत्तों के बीच अपने स्निग्ध – सौन्दर्य के कारण आकर्षित करने वाले फूल का बिम्ब मनः पटल पर उदित होता है।

जीवन को सरिता और मिलन – विरह को दो फूलों के रूप में मनोहर बिम्ब की कल्पना की है –

> चिर मिलन विरह पुलिनों की
> सरिता हो मेरा जीवन,
> प्रतिफल होता रहता हो
> युग कूलों का आलिंगन ।[6]

अन्यत्र जीवन को सरिता और नयन को उसमें उपजे कमल के रूप में चित्रित किया है-

> उलझते नित बुद् बुदें शत
> घेरते आवर्त आदृत
> पर न रहता लेश, प्रिय की
> स्मित रँगे यह नयन,
> जीवन-सरित-सरसिज –नयन ।[7]

स्वर्ण वर्ण से दिन लिख जाता जब अपने जीवन की हार
गोधूली , नभ के आँगन में देती अगणित दीपक बार,
हँसकर तब उस पार तिमिर का कहता बढ़ बढ़ पारावार
बीते युग पर बना हुआ है अब तक मतवाला संसार ।[8]

उपरिलिखित उद्धरण में सन्ध्या के सौन्दर्य का चित्रण हुआ है। अस्ताचलगामी सूर्य अपनी स्वर्णिम – रश्मियों के प्रकाश से विश्व को भर देता है तो महादेवी कल्पना करती हैं कि वह स्वर्णिमा अक्षरों से अपने पराजय की कथा लिख रहा है। उधर गोधूली रूपी गृहिणी नभ के आँगन में अगणित दीपकों को जला देती। रंगों के उचित सामंजस्य के कारण चित्र अत्यंत मोहक और सुंदर बन पड़ा है।

महादेवी ने कहीं-कहीं विराट् – बिंबों का आयोजन भी किया है। बिंबों में विराट्ता एवं विशालता के साथ सुकुमारता के समावेश ने इन बिंबों को मनमोहक बनाया है। प्रायः इनके विराट् – बिंबों के आयोजन में भयंकरता की अनिवार्य स्वीकृति नहीं है। विराटता एवं कोमलता के सामंजस्य के द्वारा बिम्ब - योजना छायावादी कवियों की कोमल प्रवृत्ति का परिचायक है।

अवनि अम्बर की रूपहली सीप में
तरल मोती सा जलधि जब काँपता ,
तैरते घन मृदुल हिम के पुंज से
ज्योत्स्ना के रजत पारावार में।[9]

उपर्युक्त पंक्तियों में कवयित्री कल्पना करती है – धरती और आकाश की रूपहली सीप के दो संपुटों में सागर तरल मोती के समान है। शारदीया ज्योत्स्ना–स्नात रात्रि के रजत – पारावार में मेघ-खण्ड नीहारिका के समान तैर रहे हैं। यहाँ दोनों खण्डित – बिम्ब कितने भव्य , विशाल एवं मसृण हैं।

महादेवी ने ‘अप्सरि’ का रूपांकन करते हुए प्रकृति का एक विराट् – बिम्ब प्रस्तुत किया है –

रवि शशि तेरे अवतंस लोल,
सीमान्त – जटित तारक अमोल,

प्रो. पी. माणिक्याम्बा 'मणि'

> चपला विभ्रम, स्मित इन्द्र धनुष
> हिमकण बन झरते स्वेद- निकर,
> अप्सरि ! तेरा नर्त्तन सुन्दर ![10]

महादेवी जी ने आकाश को समाधिस्थ महापुरुष के रूप में उपस्थित किया है–

> सान्त दीपों में जगी नभ
> की समाधि अनंत,
> बन गये प्रहरी , पहन
> आलोक – तिमिर दिगन्त ।[11]

सन्ध्या समय सर्वत्र अंधकार छा जाने लगा और आसमान में तारे उदित हो गये जो चतुर्दिक प्रकाश-दान दे रहे हैं। मनः पटल पर अनन्त समाधि में लीन तेजस्वी महापुरुष का बिम्ब उभरता है। उसका पहरा देने के लिए प्रकाशधारी प्रहरी लगे गुए हैं।

> एक अन्य विराट्-बिम्ब दर्शनीय है-
> परिधिहीन रंगों भरा व्योम मंदिर
> चरण पीठ भू का व्यथा सिक्त मृदु उर,
> ध्वनित सिन्धु में है रजत शंख का स्वन ।[12]

महादेवी कहती हैं - निस्सीम व्योम ही मंदिर है , धरती का व्यथा सिक्त उर ही चरण-पीठ है और सागर गर्जन ही रजत-शंख की ध्वनि है। कितनी उदात्त एवं भव्य कल्पना है

महादेवी ने प्रकृति में मानवीय कार्य – व्यापारों का आरोप कर प्रकृति के मानोज्ञ चित्र अंकित किये हैं। इन चित्रों में इनकी सूक्ष्म निरीक्षण – शक्ति का परिचय मिलता है। निम्नांकित पंक्तियों में वर्ष ऋतु की रात्रि का चित्र है।

> फूलों का गीला सौरभ पी,
> बेसुध सा ही मन्द समीर,
> भेद रहे हैं नैश तिमिर को
> मेघों के बूँदों के तीर ।[13]

महादेवी के काव्य में बिम्ब - विधान

फूलों का गीला सौरभ पीने के कारण समीर बेसुध होकर मन्द –मन्द चल रहा था और मेघों के बूँदें रूपी तीर रात्रि के अन्धकार को भेद रहे हैं। घ्राण और स्पर्श संवेदना से युक्त यह प्रकृति – बिम्ब कितना रमणीय है -

वर्षा ऋतु की ही रात्रि का और एक मानवीकृत चित्रांकन है। इसमें रजनी का एक नारी के रूप में चित्रण है-

चौंकी निद्रित
रजनी अलसित,
श्यामल पुलकित कंपित कर में,
दमक उठे विद्युत के कंकण।[14]

निद्रा में डूबी हुई, अलसाई हुई रात्रि रूपी रमणी चौंक उठती है। उसके पुलकाकुल श्यामल करों में विद्युत रूपी कंकण दमक उठते हैं। कितना मनोज्ञ बिम्ब है।

अस्फुट मर्मर में अपनी
गति की कलकल उलझाकर,
मेरे अनन्त पथ में ,
संगीत बिछाते निर्जर ![15]

उपर्युक्त उद्धरण में 'निर्झर' का बिम्ब है जो दृश्य एवं श्रव्य – संवेदनाओं को प्रभावित करता है।

गिरी और सागर का बिम्ब इस प्रकार है-

वह अचल धरा को भेंट रहा
शत शत निर्झर में हो चंचल,
चिर परिधि बना भू को घेरे
इसका नित ऊर्मिल करूणा – जल।[16]

उफनते हुए 'पारावार' का एक बिम्ब दर्शनीय है-

शतधा उफन पारावार
लेता जब दिशायें लील ![17]

और 'झंझा' का गत्यात्मक – बिम्ब द्रष्टव्य है –

लाता खींच झंझावात
तम के शैल कज्जल नील ।[18]

हिमालय से कवयित्री कहती हैं—

तू भू के प्राणों का शतदल !
सित क्षीर फेन हीरक – रज से
जो हुए चाँदनी में निर्मित ,
पारद की रेखाओं में चिर
खुल रहे दलों पर दल झलमल ![19]

इन पंक्तियों को पढ़ते ही शुभ्र पंखुरियों से युक्त श्वेत कमल का बिम्ब आँखों के सामने प्रत्यक्ष हो जाता है और सहृदय हिमालय के हिमाच्छादित – शिखर पर मँडराने वाले श्वेत मेघखण्डों की कल्पना अनायास कर लेता है।

महादेवी को प्रकृति के चेतन – रूप ने विशेष रूप से आकर्षित किया है। संवेदनशील कवि प्रकृति में मानवीय-रूपों एवं चेष्टाओं का दर्शन करने लगता है। प्रकृति से तादात्म्य स्थापित करने के कारण वह उसके मानवीय – चेतना से स्पन्दित चित्रण करने लगता है। महादेवी ने भी प्रकृति का मानवीकरण द्वारा सुन्दर बिंबों की योजना की है।

महादेवी की प्रथम कविता ही प्रकृति पर मानवीय कार्य-व्यापारों के आरोप पर आधारित है –

निशा की, धो देता राकेश ,
चाँदनी में जब अलकें खोल,
कली से कहता था मधुमास,
बता दो मधु मदिरा का मोल ![20]

'निशा' और 'राकेश' का पारस्परिक व्यवहार, अलकों को खोल कर धो देना तथा कली एवं मधुमास के वार्तालाप के द्वारा नायक एवं नायिका की शृंगार – चेष्टाओं का चित्रण किया गया है।

1. रजनी ओढ़े जाती थी ,
झिलमिल तारों की जाली,
उसके बिखरे वैभव पर
जब रोती थी उजियाली ।[21]

2. शशि की छूने मचली-सी,
लहरों का कर कर चुम्बन
बेसुध तम की छाया का
तटनी करती आलिंगन ।[22]

3. पल्लव के डाल हिंडोले
सौरभ सोता कलियों में
छिप छिप किरणें आती जब
मधु से सींची गलियों में।[23]

4. आँखों में रात बिता जब
विधु ने पीला मुख फेरा
आया फिर चित्र बनाने
प्राची में प्रात चितेरा ।[24]

उपर्युक्त उद्धरण में चार पृथक् - पृथक् बिम्ब हैं –

1. प्रथम उद्धरण में रात्रि के समाप्त होने और प्रातः काल के आने की कल्पना की गयी है। रजनी एक सुन्दर रमणी है जो झिलमिल तारों की जाली ओढ़कर जा रही है और उजियाली रूपी नायिका ओस के मिस आँसू बहा रही है। पहले दो पंक्तियों की कल्पना सरस एवं सुग्राह्य थी किन्तु उजियाली का हँसना तो सभी ने देखा मगर रोना एक विचित्र कल्पना लगती है। शायद महादेवी शरद ऋतु के प्रातः काल की चर्चा कर रही थीं जब सबेरे ओस की बूँदें टपकती हैं। कवयित्री ने उसे उजियाली के रोने के रूप में कल्पना की है।

2. इस उद्धरण में-तटिनी का नारी-रूप में चित्रांकन हुआ है। तरंगों के माध्यम से चंद्रमा का चुम्बन करना चाहती है किन्तु बेसुध होकर तटनी अन्धकार की छाया का आलिंगन करती है। चन्द्रमा का चुम्बन उसके लिए अप्राप्य है।

3. इस उद्धरण में- पल्लवों के बीच कलियाँ हैं और कलियों में सौरभ है। वायु संघात से कलियों सहित पल्लव बार-बार हिलते हैं। पत्तों के बीच से चाँद के किरणों का प्रकाश कलियों पर रह-रह कर पड़ रहा है। महादेवी ने सुमधुर कल्पना की है – सौरभ-रूपी बालक पल्लवों के हिंडोले पर कलियों में सो रहा है। उस सोते हुए बालक की मोहक छवि छिप-छिप कर स्त्रियाँ देख रही हैं।

4. इस उद्धरण में - अस्त होते हुए चन्द्र का बिम्ब है – रात के जागरण के कारण चाँद का मुख पीताभ हो गया और उसने संसार से अपना मुख फेर लिया। उसी समय प्रातः रूपी चित्रकार फिर चित्र बनाने उपस्थित हो गया।

महादेवी ने वसंत रजनी के रमणी रूप का आकर्षक चित्र प्रस्तुत किया है – वसंत रजनी का वेणी-बंधन तारकों से सुसज्जित है, मस्तक के ऊर्ध्व भाग पर शशि ही शीश–फूल की कान्ति प्रदान कर रहा है, रश्मि ही वलय के समान हाथों में सुशोभित हो रही हैं, मुख मण्डल पर श्वेत पारदर्शी मेघों का अवगुण्ठन है, चितवन में अनुरागमयी ज्योति है, जो मन को पुलकाकुल कर देती है –

धीरे धीरे उतर क्षितिज से
आ वसंत रजनी!
तारकमय नव वेणी बन्धन,
शीश – फूल कर शशि का नूतन,
रश्मि – वलय सित घन – अवगुण्ठन
मुक्ताहल अभिराम बिछा दे,
चितवन से अपनी !
पुलकित आ वसन्त रजनी।[25]

यहाँ अंधकार को रात्रि रमणी के कुंतल के रूप में चित्रित किया गया है –

रूपसि तेरा घन केश – पाश
श्यामल –श्यामल ,कोमल- कोमल
लहराता सुरभित केश- पाश !
नभ गंगा की रजत धार में
धो आई क्या इन्हें रात ?

कम्पित है तेरे सजल अंग
सिहरा सा तन हे सद्यस्नात !
भीगी अलकों की छोरों से
चूती बूँदें कर विविध लास
रूपसि ! तेरा घन – केश-पाश ।[26]

रात्रि में ओस की बूँदें गिरती रहती हैं। कवयित्री कल्पना करती है कि रजनी रूपी रमणी ने नभगंगा में स्नान किया है। इसलिए उसका तन सिहरा सा है और भीगी अलकों की छोरों से विविध प्रकार के ; लास करते हुए बूँदें चू रही हैं। इसमें कवयित्री की अद्भुत पर्यवेक्षण शक्ति का परिचय मिलता है

निम्नलिखित पंक्तियों में विभावरी का रूप – सौन्दर्य दर्शनीय है-

ओ विभावरी !
चाँदनी का अंगराग,
माँग में सजा पराग;
रश्मि – तार बाँध मृदुल,
चिकुर भार – री
ओ विभारी ![27]

ऐसा ही एक और चित्र है –

मत अरूण घूँघट खोल री।
तरल सोने से धुली ये ,
पद्म रागों से सजी ये,
उलझ अलकें जायेंगी
मत अनिल पथ में ड़ोल री ।[28]

उषा-सुंदरी का यह चित्र कितना रामणीय है-

ओ अरुण बसना !
तारकित नभ सेज से वे

रश्मि – अप्सरियाँ जगाती,
अगरू – गन्ध बयार ला ला
विकच अलकों को बसाती !
रात के मोती हुए पानी हँसी तू मूकुल – दशना ![29]

अन्धकारमय रात्रि को निद्रा मग्न सुकेशिनी नारी के रूप में प्रस्तुत किया है –

जाग जाग सुकेशिनी री !
अनिल ने आ मृदुल हौले,
शिथिल वेणी – बन्ध खोले,
पर न तेरे पलक डोले,
बिखरती अलकें झरे जाते
सुमन वर वेषिनी री ![30]

सुकेशिनी नारी इस प्रकार बेसुध सोयी है कि अनिल ने हौले से आकर शिथिल वेणी – बंध को मृदुल हाथों से खोला है , किन्तु उसके पलक भी नहीं डोले और वह वैसे ही बेसुध सोती रही। अलकें बिखर जायेंगी और उसमें गूँथे सुमन झर जायेंगे। तुम्हारा अलंकृत सुन्दर रूप अव्यवस्थित हो जाएगा।

रजत किरणों से नयग पखार,
अनोखा ले सौरभ का भार,
छलकता लेकर मधु का कोश,
चले आये एकाकी पार,
कहो क्या आये हो पथ भूल
मंजु छोटे मुस्कुराते फूल ![31]

चाँदनी रात्रि है। वृंत्त पर मंजुल – कोमल फूल खिला हुआ है जिस पर रजत-रश्मियाँ झर रही हैं। मधु एवं सौरभ – भरा फूल का चित्र मानस – पटल पर उभरने लगता है।

मेघाच्छन – आकाश उसमें कौंधनेवाली बिजली और सुरभित समीर – इसका रूपांकन वे इस प्रकार करती है –

महादेवी के काव्य में बिम्ब - विधान

चाँदनी–धुला अंजन–सा, विद्युत मुस्कान बिछाता

सुरभित समीर पंखों से उड़ जो नभ में घिर आता।

वह वारिद तुम आना वन।[32] अपने प्रिय को सजल मेघ के समान इस धरती पर आने का निमंत्रण देती है।

निशि–दिन उन्हें अलौकिक प्रिय के उपहार प्रतीत होते हैं। अतः वे उनको एक अनोखी दृष्टि से देखती हैं –

एक दृग श्यामता–सा

दूसरा स्मित की विभा–सा,

यह नहीं निशि–दिन इन्हें

प्रिय का उपहार रे कह ![33]

कितनी सुन्दर कल्पना है।

महादेवी के काव्य में उनके प्रियतम का स्पष्ट रूपांकन कहीं भी लक्षित नहीं होता। किन्तु प्रकृति के विभिन्न रूपों में उन्हें प्रियतम की छवि का आभास होने लगता है। निम्नांकित पंक्तियों में प्राकृतिक दृश्य के साथ ही उनके असीम प्रियतम की रूप छवि की भी व्यंजना होती है। सामान्य प्राकृतिक दृश्य है- श्यामल मेघ खण्ड उसके बीच –बीच में बार – बार चमकने वाली बिजली, झितिज में इंद्रधनुष, उसके दोनों तरफ विनील स्वच्छ–शुभ्र आकाश ! इस प्राकृतिक रूप में कवयित्री की कल्पना प्रियतम की छवि देखने लगती है कि उसकी चितवन में मनोमुग्धकारी श्यामता है, विशाल भौंहों में आकर्षक भंगिमा है, जिसका अंगराग से युक्त शरीर दमक रहा है तथा उत्तरीय वायु से उड़ रहा है।

चितवन तन रंग श्याम रंग,

इन्द्र धनुष भृकुटि भंग

विद्युत का अंगराग,

दीपित मृदु अंग अंग,

उड़ता नभ में अछोर तेरा नव नील चीर ![34]

महादेवी की रचनाओं में प्रकृति को अलग रूप से नहीं देखा जा सकता। प्रकृति उनके काव्य में अभिन्न रूप से जुड़ी है। महादेवी की रचनाओं का मूल

प्रो. पी. माणिक्याम्बा 'मणि'

सौन्दर्याधार तो प्रकृति ही है–बाह्य प्रकृति ! प्रकृति का चित्रण करते हुए महादेवी वर्ण, ध्वनि, गन्ध, स्पर्श और रस आदि के ऐसे सूक्ष्म ऐन्द्रिय बोध जागृत करती है कि पाठक का संवेदनापूर्ण हृदय कहीं उल्लास शिथिल नहीं होता । ... सब से अधिक उनका मन रमा है रात्रि वर्णन में। रात्रि के प्रति उनका आकर्षण नीहार और रश्मि में पुलक भरा है, नीरजा में आवेशमय और सान्ध्यगीत तथा दीपशिखा में निर्वाणोन्मुख ।[35] महादेवी ने उषा, सन्ध्या, रात्रि, आदि का मानवीकरण के द्वारा अभिराम चित्र प्रस्तुत किये हैं।

महादेवी के प्रकृति–चित्रण की विशेषता है–प्रकृति के साथ तादात्म्य की भावना । प्रकृति और कवयित्री कहीं कहीं अभिन्न हो जाती है। कवयित्री अपने में प्रकृति का प्रतिबिंब देखती है। महादेवी ने अपने जीवन को सान्ध्य गगन के समान मानकर एक चित्र अंकित किया है–

> प्रिय सान्ध्य गगन मेरा जीवन !
> यह झितिज बना धुँधला विराग,
> नव अरूण अरूण मेरा सुहाग,
> छाया–सी काया वीतराग
> सुधि भीने स्वप्न रँगीले घन,
> साधों का आज सुनहला पन
> घिरता विषाद का तिमिर गहन ।[36]

सन्ध्या का धुँधलापन विराग, अरूण सुहाग, सुधि भीने स्वप्न रँगीले घन, साधों का सुनहलापन, विषाद का गहन तिमिर(अन्धकार) आदि के माध्यम से जीवन और सन्ध्या के रूप-साम्य की योजना के आधार पर अंकित, यह चित्र अत्यन्त सजीव एवं सुग्राह्य बन पडा है।

महादेवी के काव्य में प्रकृति-चित्रण संबंधी एक प्रबल प्रवृत्ति है –प्रकृति में प्रायः अपनी सत्ता का दर्शन । बादल के साथ ऐसे ही तादात्म्य का एक चित्र दर्शनीय है-

> मैं नीर भरी दुख की बदली !

****

महादेवी के काव्य में बिम्ब - विधान

नभ के नव रँग बुनते दुकूल
छाया में मलय बयार पली !
****

विस्तृत नभ का कोई कोना
मेरा न कभी अपना होना ,
परिचय इतना इतिहास यही
उमड़ी कल थी मिट आज चली ![37]

महादेवी ने कहीं-कहीं प्रकृति पर भी अपनी भावनाओं और व्यक्तित्व के प्रभाव का चित्रण भी किया है। प्रकृति का उनके व्यक्तित्व पर आरोप और व्यक्तित्व का प्रकृति पर आरोप–दोनों ही प्रवृत्तियाँ लक्षित होती हैं। ये दोनों ही प्रवृत्तियाँ महादेवी की विशिष्टताएँ हैं। इस प्रवृत्ति के कुछ उदाहरण इस प्रकार हैं।

1. ओढ़े मेरी छाँह
   रात देती उजियाला,
   रज कण मृदु पद चूम ,
   हुए मुकुलों की माला ।[38]
2. फैलते हैं सान्ध्य नभ में भाव ही मेरे रँगीले;
   तिमिर की दीपावली ,है रोम मेरे पुलक–गीले ।[39]
3. उमड़ता मेरे दृगों में बरसता घनश्याम में जो
   अधर में मेरे खिला नव इन्द्र धनु अभिराम में जो ।[40]

प्रकृति पर महादेवी के आत्मारोपण के बाद, प्रकृति के कुछ मोहक चित्र भी मिलते हैं। उनमें प्रकृति से ही कवयित्री शृंगार–प्रसाधन करती है। प्रसाधन-सामग्री भी प्रकृति ही से गृहीत है। दो चित्र अवेक्षणीय हैं –

शशि के दर्पण में देख देख,
मैं ने सुलझाये तिमिर केश;
गूँथे चुन तारक–परिजात,
अवगुण्ठन कर किरणें अशेष ।[41]

उपर्युक्त पंक्तियों के अवलोकन के पश्चात् अलंकरण में निमग्न नारी का बिम्ब उभरता है। वह नारी ऐसी है जिसका प्रिय स्वयं परब्रह्म है। असीम प्रिय की प्रेमिका का

शृंगार-प्रसाधन सामग्री भी असाधारण ही होगी। इतना ही नहीं , स्वयं प्रकृति – सुन्दरी भी उस अनंत प्रिय की प्रेमिका का शृंगार करने में व्यस्त हो जाती है -

अरूणा ने यह सीमांत भरी,
सन्ध्या ने दी पद में लाली,
मेरे अंगों का आलेपन
करता राका रच दीवाली।[42]

इन दो चित्रों के निरीक्षण के पश्चात् हमारे मनः पटल पर सुसज्जित रमणी के दो बिम्ब उभरते हैं।

महादेवी के काव्य में प्रकृति चित्रण उदात्त रूप में हुआ है उनका प्रकृति चित्रण उनके काव्य का साध्य नहीं साधन है। उनके विचारों, भावनाओं तथा परब्रह्म से प्रणय–संबंध को अभिव्यक्ति देने का एक सबल माध्यम है। परब्रह्म के रूप के चित्रण के लिए विराट् प्रकृति का फलक प्रस्तुत है। इसी के द्वारा उन्होंने ब्रह्म संबंधी अत्यंत रहस्यवादी विचारों तथा भावों को सुग्राह्य रूप में व्यक्त किया हैं। प्रकृति का स्थूल रूप या बाह्य सौन्दर्य का चित्रण इनके काव्य में कम मिलता है। प्रकृति के आंतरिक क्रियाओं का भावात्मक चित्रण ही अधिक मिलता है। प्रकृति के जड़ रूप की अपेक्षा उन्हें उसका चेतन रूप अत्यन्त प्रिय है। यही कारण है कि उनके काव्य में प्रकृति के गत्यात्मक चित्र ही मिलते हैं। प्रकृति का वर्णन बड़े संयम एवं उदात्त रूप से किया है। छायावादी काव्य में प्रकृति पर यौन भावनाओं के आरोप का चित्रण मिलता है। महादेवी के काव्य में इस प्रकार के चित्रों का सर्वथा अभाव है। अतएव महादेवी के प्रकृति – बिम्ब मधुर, कोमल एवं सुग्राह्य हैं। कहीं - कहीं बिम्ब कुछ दुरूह एवं सूक्ष्म कल्पना – युक्त अवश्य हो गये हैं किन्तु उदात्तता तथा शालीनता का निर्वाह सर्वत्र हुआ है।

संदर्भ संकेत

1. आचार्य हजारी प्रसाद द्विवेदी : कालिदास की लालित्य-योजना , पृष्ठ 125
2. नगेन्द्र : महादेवी वर्मा (सं. शचीरानी गुर्टू) पृष्ठ 236
3. महादेवी : यामा, पृष्ठ 29
4. महादेवी : यामा, पृष्ठ 20
5. महादेवी : यामा, पृष्ठ 62
6. महादेवी : यामा, पृष्ठ 78
7. महादेवी : यामा, पृष्ठ 194
8. महादेवी : यामा, पृष्ठ 6
9. महादेवी : यामा, पृष्ठ 81
10. महादेवी : यामा, पृष्ठ 199
11. महादेवी : दीपशिखा, पृष्ठ 75
12. महादेवी : दीपशिखा, पृष्ठ 80
13. महादेवी : यामा, पृष्ठ 85
14. महादेवी : यामा, पृष्ठ 80
15. महादेवी : यामा, पृष्ठ 88
16. महादेवी : दीपशिखा, पृष्ठ 113
17. महादेवी : दीपशिखा, पृष्ठ 120
18. महादेवी : दीपशिखा, पृष्ठ 120
19. महादेवी : दीपशिखा, पृष्ठ 141
20. महादेवी : यामा, पृष्ठ 1
21. महादेवी : यामा, पृष्ठ 9
22. महादेवी : यामा, पृष्ठ 9
23. महादेवी : यामा, पृष्ठ 9

24. महादेवी : यामा,   पृष्ठ 9
25. महादेवी : यामा,   पृष्ठ 134
26. महादेवी : यामा,   पृष्ठ 144
27. महादेवी : यामा,   पृष्ठ 173
28. महादेवी : यामा,   पृष्ठ 189
29. महादेवी : यामा,   पृष्ठ 244
30. महादेवी : यामा,   पृष्ठ 250
31. महादेवी : यामा,   पृष्ठ 62
32. महादेवी : यामा,   पृष्ठ 120
33. महादेवी : यामा,   पृष्ठ 191
34. महादेवी : दीपशिखा,   पृष्ठ 104
35. डॉ. आनन्द प्रकाश दीक्षित : महादेवी वर्मा की सौंदार्यानुभूति, म. अ. ग्रं. पृष्ठ 114
36. महादेवी : यामा,   पृष्ठ 209
37. महादेवी : यामा,   पृष्ठ 233
38. महादेवी : यामा, पृष्ठ 219
39. महादेवी : यामा,   पृष्ठ 223
40. महादेवी : यामा,   पृष्ठ 228
41. महादेवी : यामा,   पृष्ठ 215
42. महादेवी : यामा,   पृष्ठ 260.

पंचम अध्याय
भाव - बिम्ब

भाव काव्य का मूल स्रोत है। कला और भावों का समुचित सामंजस्य ही काव्य को स्थायित्व प्रदान करता है। भावानुभूतियाँ कवि की संवेदनशील प्रतिभा, मनीषा और कल्पना से संयोजित होकर, जीवन और जगत के विविध – पक्षों के मार्मिक रूप प्रस्तुत करती हैं। राग–तत्व या भाव–तत्व काव्य की मूल प्रेरणा ही नहीं, प्राण तत्व भी है।

भाव की परिभाष :

ऐन्द्रिय-संवेदनों के कारण मन पर होनेवाली विभिन्न प्रतिक्रियाओं को "अनुभूति" कहते हैं। युंग महोदय के अनुसार भाव की परिभाषा इस प्रकार है –"भाव व्यक्ति की अनुभूति चेष्टाओं एवं पेशिक गतियों से संबंधित वह अव्यवस्थित (या उद्दीप्त) अवस्था है जो कि विशेष मनोवैज्ञानिक परिस्थिति में उत्पन्न होती है।"[1] अनुभूति और मानसिक दशाओं का संश्लिष्ट रूप ही भाव है। महादेवी के काव्य में संवेदना ही प्रधान है। उनके विचार में काव्य 'संवेदनों की कथा' है।[2] अस्तु, अनुभूति–संवलित मानसिक दशा ही 'भाव' है।

अनुभूति और महादेवी :

छायावादी काव्य, अनुभूति तथा भावना का काव्य है। छायावादी कवि अतिशय भावुक तथा संवेदनशील हैं। भावानुभूतियों के मार्मिक बिम्ब छायावादी कवियों की विशेष संपदा हैं। इनके काव्य में सूक्ष्म से सूक्ष्म अनुभूति तथा अति सूक्ष्म भावनाएँ भी मूर्त हो गयी हैं। पल-पल में परिवर्तित होने वाली भाव तरंगों को भी पंक्ति–बद्ध कर लिया है। महादेवी ने अपने काव्य में अनुभूति और भावना को अत्यधिक महत्व दिया है। किन्तु बुद्धि ने कल्पना का साथ नहीं छोड़ा। फिर भी महादेवी काव्य में अनुभूति को ही महत्त्वपूर्ण तत्त्व मानती हैं।

1. कला सत्य को ज्ञान के सिक्ता विस्तार में नहीं खोजती, अनुभूति की सरिता के तट से एक विशेष बिन्दु पर ग्रहण करती है।[3]

2. अनुभूति अपनी सीमा में जितनी सबल है, उतनी बुद्धि नहीं। हमारे स्वयं जलने की हल्की अनुभूति भी दूसरों को राख हो जाने के ज्ञान से अधिक स्थायी रहती है।[4]

3. प्रत्येक सच्चे कलाकार की अनुभूति प्रत्यक्ष सत्य ही नहीं , अप्रत्यक्ष सत्य का भी स्पर्श करती है।[5]

छायावादी कवि बाह्य सौन्दर्य की अपेक्षा भाव–सौन्दर्य पर अत्यधिक बल देते हैं। सूक्ष्माति सूक्ष्म भाव इनके काव्य में रूपायित किये गये हैं। सत्य तो यह है कि महादेवी के काव्य में हृदय के सहज उद्गारों की मार्मिक अभिव्यक्ति हुई है।

प्रणयानुभूति :

छायावादी काव्य धारा के अन्य कवियों की तरह महादेवी ने अनुभूति के गहन प्रभाव को स्वीकार किया है। उनके गीत अनुभूतिमयी संवेदना से प्लावित होकर सहृदय पाठक को भाव- विभोर कर देते हैं। उन गीतों में भावना का माधुर्य सर्वत्र विद्यमान है। 'नीहार' से लेकर 'दीपशिखा' तक उनका काव्य भाव सौन्दर्य के औदात्य तथा अनुभूति की महत्ता से अभिशंसनीय है। "महादेवी की अनुभूतियों में चिंतन और भाव–वृत्ति का समन्वय है। रहस्यात्मक उड़ान में ऐन्द्रियता का योग भी हुआ है। उनकी अनुभूति 'नीहार' से 'दीपशिखा' तक आते आते सात्विक एवं तपः पूत बनती चली गयी है।.... उनकी कविता में मुझे तो उनकी आत्मा के आन्तरिक प्रकाश का आभास–सा होता है। उनकी अनुभूति व्यक्तिगत जीवन तक ही सीमित न रहकर विश्वात्मा तक को छूती मालूम होती है।"[6]

महादेवी के काव्य में अलौकिक प्रणयानुभूति से प्रादुर्भूत अनेक भावों एवं भाव-दशाओं की अत्यधिक मार्मिक तथा सौन्दर्य पूर्ण अभिव्यक्ति, बिंबों के माध्यम से हुई है। आंतरिक भावनाओं के उद्घाटन के साथ कई भावों का मूर्तीकरण भी हुआ है। महादेवी ने अपनी उदात्त सौन्दर्य–भावना, भावुक कल्पना-शक्ति एवं संवेदनशील अंतरंग के साथ जिन भावों का चित्रण किया, वे अद्वितीय हैं। उनके काव्य में विरह-मिलन, आशा- निराशा, लज्जा-संकोच, कसक – टीस, सुख दुःख आदि मानवीय भाव व्यापारों के भावात्मक चित्रों की अभिव्यंजना हुई है। अनेक तत्त्वों के योग से भावाभिव्यक्ति सम्पन्न होती है। "काव्य-शास्त्र में उन्हें स्थायी-भाव, विभाव, अनुभाव और संचारी भाव की संज्ञा दी गई है। इन सब के साथ भाव प्रयोग उसकी अर्थ

महादेवी के काव्य में बिम्ब - विधान

व्यापकता का सूचक है। काव्यगत भाव आदि के भावन से ही सामाजिक के मन में वासना-रूप स्थित भाव रस रूप में परिणत होता है। प्रतिभा-सम्पन्न कवि विभाव, अनुभाव आदि में किसी एक के वक्रता पूर्ण वर्णन द्वारा भी सहृदय को आह्लादित कर सकता है।"[7] महादेवी के काव्य में संचारी-भावों के भी सुन्दर गत्यात्मक बिम्ब परिलक्षित होते हैं। इनके काव्य में उपलब्ध इन बिंबों को दो वर्गों में रख सकते हैं- 1. भावात्मक सौन्दर्य के बिम्ब 2. शुद्ध–भाव बिम्ब।

1. भावात्मक सौन्दर्य के बिम्ब :

महादेवी की कविताएँ प्रणयानुभूति के माधुर्य से मण्डित हैं। उनके काव्य में प्रेमिका के हृदय के भाव एवं भाव दशाओं की अभिव्यक्ति अतिशय चारुत्वपूर्ण हो गयी है। प्रणय की विभिन्न दशाओं के चित्र तथा भावात्मक वृत्तियों के चित्र, भाव–सौन्दर्य के बिंबों की श्रेणी में लिये जा सकते हैं।

(अ) प्रेम भावना पर आधारित बिम्ब :

महादेवी के काव्य की मूल भावना प्रेम है। उनका प्रेम पात्र अलौकिक है। इसलिए उनकी अनुभूतियाँ सूक्ष्म और संयोग के अनुभव वायवी हैं। उनका आलंबन अशरीरी है और उसका कोई रूप नहीं है। उसका अनुभव महादेवी कल्पना में करती रहती हैं। वह अदृश्य होते हुए भी सर्व शक्ति सम्पन्न है। उसका भव्य रूप जगत में लक्षित होता है और उसके लोकोत्तर सौन्दर्य पर सारी सृष्टि मोहित है। ऐसे दिव्य-पुरुष परब्रह्म को कवयित्री पूर्णतः आत्म समर्पण कर बैठती है। आत्मा और परमात्मा का ऐसा मधुर प्रणय-संबंध महादेवी ने जोड़ लिया है। सभी संबंधों से प्रणय-संबंध मधुर और कोमल होता है। महादेवी के अनुसार- "हृदय के अनेक रागात्मक संबंधों में माधुर्य-मूलक प्रेम ही उस सामंजस्य तक पहुँच सकता है जो सब रेखाओं में रंग भर सके, सब रूपों को सजीवता दे सके और आत्म निवेदन को इष्ट के साथ समता के धरातल पर खड़ा कर सके।"[8] इस माधुर्य-मूलकप्रेम की धारा में आकण्ठ डूबी महादेवी अनन्त प्रिय की प्रेमिका बनकर 'आत्म निवेदन' करती हैं। मगर वह प्रियतम तो अलौकिक है। अतः उससे मिलन कल्पना में ही संभव है। प्रकृति के अनन्त सौन्दर्य में उसकी परिकल्पना कर हृदय को सन्तुष्ट होना पड़ता है। प्रेमिका की तीव्र इच्छा होती कि एक बार जी भर देख लें। इस उत्कण्ठित 'अभिलाषा' की बड़ी ही मार्मिक अभिव्यक्ति हुई है–

प्रो. पी. माणिक्याम्बा 'मणि'

जो तुम आ जाते एक बार !
कितनी करूणा कितने संदेश,
पथ में बिछ जाते बन पराग,
गाता प्राणों का तार तार,
अनुराग भरा उन्माद राग
आँसू लेते वे पद पखार ।[9]

अगर वह एक बार भी आ जाता तो प्रेमिका कहती है कि कितने करूणा भरे सन्देश होते ! प्राणों का तार तार अनुरागमयी, उन्माद-रागिनी में गा उठेंगे । आँसूओं से चरण पखार लेगी । एक बार प्रिय से मिलने की इच्छा तथा विकलता का मार्मिक वर्णन है

प्रेमी के मिलन के लिए अधीर प्रेमिका पुकार–पुकार कर हार गयी है। मगर निष्ठुर नहीं आया । अतः प्रिय से स्वप्न में भी मिलन होता तो उस छोटे से क्षण में ही अपने जीवन की प्यास बीझा लेती–

तुम्हें बाँध पाती सपने में !
तो चिर जीवन–प्यास बुझा
लेती उस छोटे क्षण अपने में।[10]

इस प्रकार प्रेमी का मिलन स्वप्न में भी दुर्लभ हो गया । एकांगी प्रेम से तृप्ति असंभव है। प्रिया की मिलनेच्छा तभी सफल हो सकती है जब प्रिय भी उससे मिलने को आतुर हो। इसके संभावित चित्र की परिकल्पना करके हृदय की चिर-इच्छा को पूर्ण कर लेती है–

प्रिय मैं जो चित्र बना पाती !
सुधि विद्युत की तूली लेकर
मृदु मोम फलक–सा उर उन्मन,
मैं घोल अश्रु में ज्वाला-कण,
चिर मुक्त तुम्हीं को जीवन के,
बन्धन हित विकल दिखा जाती ।[11]

इन पंक्तियों में चित्र-रचना में लीन चिन्ताकुल नारी का सुन्दर चित्र है।

महादेवी के काव्य में बिम्ब - विधान

विरहिणी मिलन की आशा के साथ प्रियतम की प्रतीक्षा कर रही है। उसका प्रबल विश्वास है कि उसकी साधना अवश्य पूरी होगी। उस चिर प्रतीक्षित घड़ी में जब उसका प्रियतम प्रत्यक्ष होगा, तब उसकी क्या मनोदशा होगी दर्शनीय है–

हँस उठते पल में आर्द्र नयन

घुल जाता ओठों से विषाद,

छा जाता जीवन में वसंत

लुट जाता चिर संचित विराग,

आँखें देखी सर्वस्व वार ![12]

(आ) स्त्रियोचित भावात्मक बिम्ब :

महादेवी के काव्य में अलौकिक प्रणय का काव्यात्मक वर्णन है। इसमें नारी सुलभ भावों का भावपूर्ण चित्रण है। यह भाव दशापूर्ण चित्रण कहीं-कहीं बिंबात्मक हो गया है। अनुभावों और संचारी भावों का भाव सौन्दर्य अपूर्व बन पड़ा है। चपलता, व्रीड़ा, चंचलता, स्वाभिमान, प्रणयानुभूति आदि का सशक्त चित्रण है।

'चपलता' की भावना में राग-द्वेष आदि के कारण चित्त स्थिर नहीं रहता है। महादेवी ने प्रेम में अस्थिर चित्त की इस वृत्ति का सशक्त चित्रीकरण किया है -

पथ में नित स्वर्ण पराग बिछा

तुझे देख जो फूली समाती नहीं,

पलकों से दलों में घुला मकरंद

पिलाती कभी अनखाती नहीं,

किरणों में गुँथी मुक्तावलियाँ,

पहनाती रही, सकुचाती नहीं,

अब भूल गुलाब में पंकज की

अलि कैसे सुधि आती नहीं।[13]

स्वागतार्थ तुम्हारे पथ में स्वर्ण-पराग बिछाकर तुम्हें देख कर वह फूली नहीं समाती थी, पलक रूपी दलों में मकरंद घुलाकर जो सदा पिलाती थी, कभी अघाती-तक नहीं थी, किरणों में मुक्तावलियाँ गूँथकर पहनाते हुए कभी नहीं सकुचाती थी, ऐसे

प्रो. पी. माणिक्याम्बा 'मणि'

पंकज को भूलकर तुम गुलाब में रह गये हो। हे अलि ! क्या तुम्हें उसकी सुधि भी आती नहीं?

इस वर्णन के सहारे नायिका की चपल शृंगारिक-चेष्टाओं का सुंदर चित्रण किया है। इसमें भ्रमर की चपल- बुद्धि का भी संकेत मिल जाता है।

'पथ' में स्वर्ण-पराग बिछा' में चाक्षुष-बिम्ब, 'पलकों से दलों में घुला मकरंद पिलाती' में आस्वाद्य-बिम्ब है।

महादेवी की कविता में मिलन की इच्छा तथा मिलन संकेत के बहुत सुन्दर चित्र अंकित किये गये हैं। शत- शत कल्पनाओं की मधुर-छबि से उनकी कविता मण्डित है। प्रिय-दर्शन की कामना अलौकिक प्रिय के साथ रागात्मक संबंध की विशिष्टता है। प्रेमातिरेक एवं अतिशय अनुराग के कारण प्रिय-दर्शन की लालसा बढ़ती जाती है। विविध संदर्भों में उनकी यही राग-भावना अभिव्यक्त हुई है -

चपल पद धर
आ अचल उर !
वार देते मुक्ति, खो
निर्वाण का सन्देश देते ![14]

****

एक बार आओ इस पथ से
मलय अनिल बन हे चिर चंचल ।[15]

इन पंक्तियों के साथ वह कल्पना उभर आती है कि कोई चंचल पदों से आ रहा है। प्रेमिका यही कामना व्यक्त करती है –

आज सुला दो चिर निद्रा में
सुरभित कर इसके चल कुन्तल ।[16]

मलयानिल के समान उसका प्रिय चंचल वेगपूर्ण आएगा तो अवश्य ही उसके कुन्तल चंचल हो जायेंगे। उसी तरह प्रिय के आगमन से हृदय की चंचल भावनाएँ जाग पड़ेंगी। कवयित्री मनुहार करती है कि उसकी चंचल कुन्तल रूपी इच्छाओं को सुरभित करके चिर निद्रा का वरदान देना।

महादेवी के काव्य में बिम्ब - विधान

प्रायः स्त्रियाँ अपने चंचल बालों का सुगन्धित तैल आदि से सँवारती हैं। मिलन के लिए उत्साहपूर्ण कवयित्री के गीत अपूर्व हैं। कवयित्री की इच्छा है कि करूणामय स्वप्न में भी मिल जाए तो जीवन की प्रबल इच्छा पूरी हो जाए। मगर वह निष्ठुर आता ही नहीं। वे अज्ञात प्रिय से पूछती है–

प्रतीक्षा में मतवाले नयन

उड़ेंगे जब सौरभ के साथ,

हृदय देगा नीरव आह्वान

मिलोगे तब क्या हे अज्ञात ![17]

प्रतीक्षा रत मतवाले नयनों की चंचलता जब सौरभ के साथ उड़ जाएगी, हृदय नीरव आह्वान देगा, क्या तुम तब मिलोगे ? 'नीरव आह्वान' में विशेषण–विपर्यय के द्वारा मृत्यु की दशा को व्यंजित किया गया है। अतिशय प्रेम की स्थिति में रहस्य-द्रष्टा को मिलन-सुख की अनुभूति प्राप्त होने लगती है। प्रत्यक्ष जीवन में उस चिरंतन प्रिय का साक्षात्कार असंभव है। इसलिए वे स्वप्न में प्रिय की छवि का मानसिक साक्षात्कार कर लेती है। उस मिलन के सुखद 'भ्रम' का सजीव चित्र अंकित है –

तिमिर में वे पद चिह्न मिले

अश्रु मेरे माँगने जब

नींद में वह पास आया

स्वप्न–सा हँस पास आया।[18]

प्रिय को तिमिर में उस अनन्त प्रिय के पद –चिह्न मिले। नींद में वह प्रिया के अश्रुओं को माँगने हँसते हुए पास आया।

प्रिय के प्रेम में आकण्ठ डूबी हुई प्रणयिनी के मान के चित्र भी दर्शनीय हैं। प्रिया इतनी मानिनी है कि अपनी निजत्व को खोकर स्वाभिमानिनी, प्रिय से मिलन भी नहीं चाहती –

सजनि मधुर निजत्व दे

कैसे मिलूँ अभिमानिनी मैं।[19]

संकोचशीला अभिमानिनी ने अलौकिक ब्रह्म को अपने प्रणय का आलंबन बनाया है। उस असीम प्रिय की खोज में अतृप्ति है किन्तु उसके विरह में जलने से

चतुर्दिक आलोक विस्तार पाता हैं। उसके प्रति प्रेम – विस्तार से हृदय उदात्त और उदार बन जाता है। किन्तु उसके समक्ष भी वह झुकना नहीं चाहती।

महादेवी की प्रणयानुभूति, मधुर स्वाभाविक एवं आत्मसम्मानपूर्ण प्रतीत होती है। यत्र–तत्र वह मानिनी नारी की भाँति प्रियतम से मान का भाव प्रदर्शित करती हैं। यह सत्य है कि प्रणय में मान के अवसर आते हैं और मान के कारण प्रणय–बन्धन और सुदृढ़ होता है। यह भी है कि इन्हीं मान के अवसरों पर नारी के व्यक्तित्व की प्रखरता या तेजस्विता का परिचय होता है। "प्रणय में मान होता है, उससे एक रसता टूटती है और आवेश को तीव्रता मिलती हैं। मान की दशा सकारण भी होती है और अकारण भी।"[20]

प्रणयिनी मान करती हुई यह कहती है–

चिंता क्या है, निर्मम !

बुझ जाये दीपक मेरा,

हो जाएगा तेरा ही

पीड़ा का राज्य अन्धेरा !![21]

उनसे कैसा छोटा है

मेरा यह भिक्षुक जीवन ?[22]

इन मान के चित्रों में व्यक्तित्व–बोध से सम्पन्न आधुनिक नारी के भावों की झलक मिल जाती है।

महादेवी की प्रेम-भावना उदात्तता तथा आत्म बलिदान से युक्त होकर आध्यात्मिकता की ओर उन्मुख है। इनकी प्रणय–भावना गंगा की धारा की भाँति है जो उनके अनोखे प्रियतम को भी रस सिक्त कर देती है। प्रेमिका के विरह में विकल प्रिय, प्रिया को मनाने सन्ध्या सुन्दरी को भेजता है–

नव इन्द्र धनुष सा चीर

महावर अंजन ले,

अलि–गुंजित मीलित पंकज–

-नूपुर रूनझुन ले,

फिर आयी मनाने साँझ

मैं बेसुध मानी नहीं ।[23]

इन पंक्तियों को पढ़ने के बाद यह बिम्ब आँखों में घूम जाता है कि मानिनी नायिका रूठ कर बैठी है , सखी इन्द्र धनुष–सा चीर, महावर, अंजन, नूपुर, आदि शृंगार–सज्जा को लेकर आयी और प्रिय के पास चलने के लिए मनुहार करने लगी। फिर भी बेसुध नायिका का मान दूर नहीं हुआ।

महादेवी में कहीं-कहीं दिव्य प्रिय से मिलन की तीव्र भावना जाग्रत होती है। प्रिय के सान्निध्य के आकर्षण से विकल होते हुए भी वह किसी प्रकार की याचना करना नहीं चाहती। उसका स्वाभिमान उसे झुकने नहीं देता।

दीप सी युग–युग जलूँ
पर वह सुभग इतना बता दें,
फूँक से उसकी बुझूँ ,
तब क्षार ही मेरा पता दें ।[24]

दीप–सी मैं युग-युग उसके विरह में जलती रहूँगी। और जब मैं उसकी फूँक से बुझ जाऊँगी तो क्षार ही मेरा पता दे सकता है। इन पंक्तियों से जलता हुआ आलोक दायी दीप दृष्टि पथ में घूम जाता है और फिर किसी निष्ठुर की फूँक से उसका बुझ जाना और क्षार के रूप में परिवर्तित होना लक्षित होता है। इस प्रकार विरह वेदना में व्यथित प्रिया के प्रति प्रेमी की निष्ठुरता व्यंजित होती है।

महादेवी की भावनाओं की आवेगमयी अभिव्यक्ति हुई है -

फिर विकल हैं प्राण मेरे !
तोड़ दो वह झितिज मैं भी देख लूँ उस ओर क्या है ?
जा रहे जिस पंथ से युग कल्प उसका छोर क्या है ?
क्यों मुझे प्राचीर बन कर
आज मेरे श्वास घेरे ।[25]

इन पंक्तियों के अवलोकन के पश्चात् उस नारी के मन का आवेग स्पष्ट अनुभूत होता है जो क्षितिज के दीवार को तोड़कर देखना चाहती है कि उस ओर क्या है ? जिस पथ से युग - कल्प जा रहे हैं उसका छोर क्या है ? आवेग की यह पराकाष्ठा है कि वे कहती हैं कि आज मेरे श्वास ही मुझे प्राचीर बनकर घेर रहे हैं।

प्रो. पी. माणिक्याम्बा 'मणि'

'युग कल्प जा रहे हैं' में युग-कल्प जैसे अमूर्त वस्तुओं को मानवीय चेष्टाओं से युक्त कर हृदय ग्राह्य बनाया गया है।

(इ) राति भावना पर आधारित बिम्ब :

महादेवी का काव्य मूलतः प्रेम का काव्य है। उन्होंने अपने हृदय के कोमल भावों की सरस अभिव्यक्ति की है। गीति काव्य में कोमल भावों की विवृत्ति सहज है। उन भावों की अभिव्यंजना में अनेक तत्वों का योग रहता है। महादेवी का प्रिय अलौकिक होने के कारण उनके प्रणय में संयोग पक्ष की मधुरिमा कहीं-कहीं लक्षित होती है परंतु विरह पक्ष की मार्मिक व्यंजना ही अधिक पायी जाती है। उनके प्रिय का प्रत्यक्ष दर्शन नहीं होता। इसलिए उनके संयोग चित्र काल्पनिक अनुभूति-सम्पन्न होते हैं। उस प्रियतम से स्वप्न या कल्पना में ही मिलन संभव है। उसकी स्मृति ही उन्हें रोमांचित करती है। उनका दिव्य प्रेमी अलौकिक तथा निराकार है। इसलिए उसकी छवि प्राकृतिक उपकरणों में पाकर भाव विभोर हो जाती है।

निम्न पंक्तियों में रति-भाव का सुंदर चित्रण हुआ है –

जब उनकी चितवन का निर्झर,

भर देता मधु से मानस-सर,

स्मित से झरतीं किरणें झर-झर

पीते दृग जलजात।[26]

उनकी चितवन रूपी निर्झर से मधु-रस मानस रूपी सर को भर देता है उनकी प्रकाशमयी मुस्कान से किरणें झर रही है और दृग रूपी जलजात उनका पान कर रहे हैं। इस प्रकार सरोवर में खिले जलजात-बिम्ब के माध्यम से आँखों की तन्मयता का हृदय ग्राही वर्णन है- प्रियतम की मादक दृष्टि हृदय में प्रेम रस का संचार करने लगती है। उसकी मधुर मुस्कान का प्रकाश नयन कमलों को विकसित कर देता है। आँखों की तन्मयता का कमनीय बिम्ब आँखों के सामने घूम जाता है।

प्रिय मिलन की भावना ही माधुर्य भरी होती है। इसकी कल्पना मात्र से ही हृदय उल्लसित हो उठता है तथा एक प्रकार की गुदगुदी से मन भर जाता है। इस प्रकार मिलन के लिए अत्यधिक उत्कंठिता नायिका विविध प्रकार के शृंगार सज्जा से अलंकृत होती है –

शशि के दर्पण में देख–देख
मैंने सुलझाये तिमिर–केश,
गूँथे चुन तारक–परिजात,
अवगुण्ठन कर किरणें अशेष ।[27]

परब्रह्म प्रियतम की प्रेमिका की प्रसाधन सामग्री भी विशिष्ट है। शशि के दर्पण में देख कर तिमिर के समान केशों की सज्जा में तारक रूपी परिजात गूँथ लिये हैं। अशेष किरणों के ही उन्होंने अवगुण्ठन बना लिया है। इस प्रकार अपने मण्डन में लीन वासकसज्जा का बिम्ब प्रत्यक्ष होता है।

महादेवी की गीतियाँ सूक्ष्म भावनाओं से बुनी गयी हैं। उनका प्रियतम अलौकिक है इसलिए संयोग शृंगार की आधारभूत शारीरिकता, यौन भावना आदि सामान्य प्रवृत्तियों का नितान्त अभाव है। उनके अशरीरी प्रेम काव्य में शृंगार के वायवी चित्र ही अधिक उपलब्ध होते हैं, स्वानुभूति परक शृंगार भाव के रूप में नहीं । जहाँ कहीं उन्हें इस भावना की अभिव्यक्ति अभिप्रेत रही, वहाँ प्रकृति के मानवीय रूप को प्रस्तुत किया है।

यहाँ प्रिय मिलनोत्सुक , सुसज्जित नारी का चित्र है जिसके हृदय में राग–भावना की मधु मदिरा भी भरी है-

सज केशर-पट तारक बेंदी
दृग अंजन मृदु पद में मेहंदी ,
आती भर मदिरा से गगरी,
सन्ध्या अनुराग सुहाग भरी ।[28]

इन पंक्तियों में सन्ध्या के साथ-साथ सुसज्जित नारी का भी बिम्ब उभरता है। महादेवी की गीतियों में स्मृति के आधार पर संयोग चित्र अंकित हैं। अतीत में कभी उनका प्रिय से मिलन हुआ। उस संयोग कालीन मधुर स्मृति का बड़ा मानोज्ञ चित्रण करती हुई कवयित्री अपनी सखी से मिलनोपरांत प्राप्त उस आनंदानुभूति को व्यक्त करती है –

अधरों से झरता स्मित पराग,
प्राणों में गूँजा नेह -राग ,

सुख का बहता मलयज समीर !
घुल-घुल जाता हिम दुराव ,
गा गा उठते चिर मूक भाव,
अलि सिहर सिहर उठता शरीर ।[29]

प्रिय दर्शन से ओठों से मन्द स्मित के फूल झरने लगते हैं। प्राणों में प्रेम की मधुर रागिनी गूँज उठती है। सर्वत्र सुखमय मलय पवन का संचार होने लगता है। चिरकाल मूक रहने वाले भाव भी मुखर होकर गा उठते हैं। उनकी याद में आज शरीर सिहर सिहर उठता है।

मन्द हास और पुलक आदि अनुभावों, प्रेममयी रागिनी गाने की दशा आदि से उनकी रति–भावना की सुंदर व्यंजना हुई है।

वियोग शृंगार की अवस्था में रति भाव प्रकर्ष को प्राप्त करके भी प्रिय प्राप्त नहीं कर सकता। वियोग शृंगार की अनुभूति दुःखात्मक होती है। वियोग जनित वेदना से मन अधीर हो उठता है, मन के आवेग को रोकने में वह असमर्थ हो जाती है। संयोग कालीन स्मृतियों का दंश, प्रकृति के मादक परिवेश में प्रिय का अभाव, प्रिय के व्यक्तित्व के प्रति प्रबल आकर्षण आदि भाव वियोग शृंगार में अभिव्यक्त होते हैं।

महादेवी के काव्य में तो वियोग शृंगार का ही महत्त्वपूर्ण स्थान है। उनके काव्य का प्राण विरह वेदना है। सर्वत्र मार्मिक अनुभूति का हृदयग्राही चित्रण हुआ है।

इस ललचाई पलकों पर
पहरा जब था व्रीड़ा का
साम्राज्य मुझे दे डाला ,
उस चितवन ने पीड़ा का ।[30]

प्रियतम के साक्षात्कार के समय उनके पलकों पर व्रीड़ा(लज्जा) का पहरा था, किन्तु निर्मोही प्रियतम ने उस अबोध मुग्धा नायिका को अपनी चितवन से पीड़ा का साम्राज्य देकर चला गया । इन पंक्तियों में लज्जाशील मुग्धा नायिका की विरहातिशय अवस्था का चित्रण है।

2. शुद्ध भाव –बिम्ब :

सुख दुःख जैसे सूक्ष्म भावों को भी महादेवी ने सुन्दर बिंबों में व्यक्त किया है –

1. दुःख अतिथि का धो चरण तल
   विश्व रसमय कर रहा जल ।[31]
2. जाग सुख-पिक ने अचानक मदिर पंचम तान ली ।[32]
3. उसका सुख कोष वेदना
   के मैं ने ताले डाले हैं।[33]

प्रथम अवतरण में दुःख को अतिथि के रूप में बिम्बित किया गया है। दुःख रूपी अतिथि के चरण अश्रु जल से धोये जा रहे हैं और उस से विश्व रस–सिक्त हो रहा है।

द्वितीय उद्धरण में सुख रूपी पिक ने जाग कर पंचम तान छेड़ कर मदिर गान शुरू किया। कोयल के पंचम स्वर सुनने से जिस आह्लाद से मन भर जाएगा, उसी तरह सुख की मधुर रागिनी से जीवन में वसंत छा जाएगा। सुख रूपी सूक्ष्म भाव को यहाँ पिक के रूप में रूपायित किया गया है।

तृतीय उद्धरण में सुख को कोष या खजाने के रूप में प्रस्तुत किया है उसके सुख रूपी कोश पर मैंने वेदना के ताले डाले हैं। कोष में मूल्यवान वस्तुएँ रहने के कारण हम प्रायः उस पर ताले डालते हैं। उसका सुख ही अनेक भावनाओं से समृद्ध निधि है जिस पर उस ने वेदना के ताले डाल दिये हैं।

1. स्मित बन कर नाच रहा है
   अपना लघु सुख अधरों पर ।[34]
2. पीड़ा मेरे मानस से
   भीगे पट–सी लिपटी है।[35]
3. आज दे वरदान !
   वेदने ! वह स्नेह अंचल छाँह का वरदान ![36]

प्रो. पी. माणिक्याम्बा 'मणि'

प्रथम उद्धरण में सुख जैसे सूक्ष्म भाव को मानवीय चेष्टा से युक्त कर एक गत्यात्मक-बिम्ब प्रस्तुत किया गया है। सुख को स्मित के रूप में कोमल कल्पना के आधार पर मूर्त किया है। उनका लघु सुख अधरों पर स्मित बन कर नाच रहा है।

द्वितीय उद्धरण में पीड़ा जैसी भावना को 'भीगे पट' की उपमा देकर सशक्त बिम्ब प्रस्तुत किया गया है। जैसे शरीर से भीगा वस्त्र अभिन्न रूप से जुड़ा रहता है उसी तरह मानस से पीड़ा भी जुड़ी हुई है। मन से पीड़ा की अभिन्नता के साथ आर्दता की भी व्यंजना हुई है जिससे बिम्ब प्रभावशील बन पड़ा है।

तृतीय उद्धरण में वेदना को एक स्नेहमयी नारी के रूप में कल्पना कर उससे वरदान माँगती है कि उसे वह स्नेह-सिक्त आँचल की छाया दे। उसी छाया में वह शांति पा सकती है। इसमें किसी स्नेहमयी नारी का बिम्ब उभरता है।

महादेवी के काव्य में चेतना, अभिलाषा, इच्छा आदि सूक्ष्म भावों के भी सुचारु बिम्ब उपलब्ध होते हैं –

1. चेतना का स्वर्ण, जलती
   वेदना में गल चुका है।[37]
2. मानस दोलों में सोती शिशु
   इच्छाएँ अनजान।[38]

प्रथम उद्धरण में चेतना रूपी 'स्वर्ण' जलती वेदना में गलने की व्यंजना है। चेतना को स्वर्ण की उपमा देकर उसकी मूल्यवत्ता तथा प्रभावोत्पादक शक्ति को व्यंजित किया है। जैसे सोना आग से गल जाता है उसी तरह वेदना रूपी स्वर्ण गल चुका है। अतिशय वेदना के कारण उनकी चेतना तिरोहित होती जा रही है। इन पंक्तियों में चेतना को स्वर्ण रूप में, वेदना को 'जलती' कहकर आग के रूप में बिम्बित किया है। यहाँ वेदना का जो बिम्ब उभरता है वह क्रिया-निर्भर बिम्ब है।

द्वितीय उद्धरण में मानस रूपी दोलिका में अनजान शिशु इच्छाओं को सोता हुआ प्रस्तुत किया गया है। जैसे शिशु अबोध रहता है। वैसे ही इच्छाएँ भी अबोध रहती हैं। इच्छा यह भी नहीं जानती कि वह कभी पूरी होगी कि नहीं। फिर भी इच्छा होती है। इच्छाओं के जागृत होने पर मन में स्थिरता नहीं रह जाती। अतः मानस के लिए 'दोलिका' की उपमा अत्यंत सार्थक है। इन पंक्तियों के अवलोकन के पश्चात् मनः पटल पर दोलिका में झूलते हुए शिशु का बिम्ब उभरता है।

महादेवी के काव्य में बिम्ब - विधान

मानस को भावाकुलित करने में अत्यंत समर्थ एक और बिम्ब अवेक्षणीय है–

पुलक और सुधि के पुलिन से

बाँध दुख का आगम सागर ।[39]

दुःख रूपी अगम सागर को पुलक और सुधि रूपी पुलिनों से बाँधा गया । नयन पटल पर सागर का लहराता हुआ विराट बिम्ब उभर जाता है। दुःख का सागर भी ऐसा ही विशाल और अपार है। उसके दो किनारे हैं– पुलक और स्मृति । कितनी भव्य भाव भंगिमा है। इसकी व्यंजना की तीव्रता सहृदय पाठक ही अनुभव कर सकता है। मन अत्यंत भावाकुल होता है और भावनाओं की ऊर्मियों से मानस तरंगायित होने लगता है।

महादेवी भाव सम्पन्न कवयित्री हैं। उन्होंने सूक्ष्म से सूक्ष्मतर भावनाओं के ऐसे सुन्दर, मधुर और हृदयग्राही बिंबों की निबन्धना की है। भाव बिंबों की दृष्टि से महादेवी का काव्य अतुलित कल्पना सौन्दर्य से मण्डित है।

(अ) स्वप्न एवं स्मृति पर आधारित बिम्ब :

महादेवी ने अपने काव्य की सशक्त अभिव्यक्ति के लिए, अपने गीतों को अधिक संप्रेषणीय बनाने के लिए प्रतीक, बिम्ब आदि के साथ स्वप्नों का भी प्रयोग किया है। उनके काव्य में ऐसे बिंबों का भी आयोजन है जहाँ स्वप्न और स्मृति का आधार लिया गया है। स्वप्न सिद्धांत की व्याख्या करने वालों में फ्रायड, युंग तथा एडलर आदि मनोविश्लेषकों के नाम महत्त्वपूर्ण हैं। फ्रायड ने स्वप्न या दिवास्वप्न को ही कला का मूल प्रेरक माना है। इन्होंने कामवासना को कलावृत्तियों का प्रेरक माना है। फ्रायड ने मन को चेतन, अवचेतन और पूर्वचेतन इन तीन भागों में विभाजित किया है। उनके अनुसार चेतन मन जीवन की सक्रिय गतिविधियों एवं अचेतन दमित क्रियाओं का सामूहिक रूप है। "दमित इच्छाएँ अनेक छद्म रूप रखकर अपनी अभिव्यक्ति का मार्ग ढूँढ़ लेती हैं। ये मार्ग है–स्वप्न, स्वप्न–चित्र और कला-साहित्य आदि । एक प्रकार से ये सभी स्वप्न के विभिन्न रूप हैं।"[40] इस प्रकार काव्य और साहित्य का प्रेरणा-स्रोत स्वप्नों को ही मानते हैं।

कलाकार की सृजन प्रक्रिया में चेतन, अवचेतन तथा पूर्व चेतन मन का अपना योगदान रहता है। मनोविश्लेषकों के अनुसार कलाकार की सृजन प्रक्रिया का नियमन तो अचेतन मन ही करता है। "कविता में नहीं प्रत्युत् मनुष्य की प्रत्येक सर्जनात्मक

क्रिया में अचेतन मन की प्रेरणाएँ विद्यमान रहती हैं। इसलिए स्वप्न, दिवास्वप्न तथा अन्य मानसिक व्यापारों से कविता की तुलना की जा सकती है क्योंकि कविता का उदय भी एक मानसिक व्यापार में ही होता है।"[41]

कुछ मनोविश्लेषकों की मान्यता है कि कला और स्वप्न की प्रक्रिया समान है। "कविता उसी प्रकार की एक आंतरिक मानसिक क्रिया की व्यंजना है, जिसे अकवि समाज की लोक प्राचालित भाषा में प्रायः स्वप्न या दिवा स्वप्न कहा जाता है, वह संकल्पित सुनिर्धारित, बुद्धि प्रेरित सृजन नहीं है।"[42]

मनोविश्लेषक युंग और एडलर के मत फ्रायड की धारणा से भिन्न है। युंग का मत है कि मन में स्वप्न के अतिरिक्त अन्य संस्कार भी जड़ पकड़े रहते हैं। युंग की मान्यता के अनुसार कविता उद्देश्य प्रधान होती है और स्वप्न भी निरुद्देश्य नहीं होते। एडलर के अनुसार कामवृत्ति के स्थान पर आत्म प्रकाशन ही मूल वृत्ति है। प्रतीकवादियों के अनुसार "काव्य के लिए स्वप्नानुभूति की महत्ता दो प्रकार की हो सकती है। एक तो स्वप्न में हमें बिंबों का आश्चर्यजनक वैभव प्राप्त होता है और दूसरे बिंबों के नये अजीब और अभूतपूर्व संयोजन मिलते हैं, जो जागरण में कभी संभव नहीं है।"[43] इस प्रकार काव्य कला की वस्तु के स्रोतों में से एक प्रमुख स्रोत स्वप्न भी है। महादेवी के काव्य में बिंबों की योजना में स्वप्नों का योगदान है।

(आ) महादेवी की स्वप्न संबंधी धारणाएँ :

1. प्रत्येक स्वप्न कलाकार की अनुभूति प्रत्यक्ष सत्य ही नहीं, अप्रत्यक्ष सत्य का भी स्पर्श करती है, उसका स्वप्न वर्तमान ही नहीं, अनागत को भी रूपरेखा में बाँधता है।[44]

2. कला के क्षेत्र में जो यह जानता है कि स्वप्न झूठे नहीं होते, सौन्दर्य पुराना नहीं होता, वही चिरंतन सत्य की चिर नवीन प्रतिभाओं का निर्माण कर सकता है।[45]

3. प्रत्येक युग के निर्माता को यथार्थ द्रष्टा ही नहीं स्वप्न स्रष्टा भी होना पड़ता है।[46]

4. जहाँ तक स्वप्न और सत्य का प्रश्न है, हमारे विकास क्रम ने उनमें कोई विशेष अन्तर नहीं रहने दिया, क्योंकि एक युग का स्वप्न दूसरे युग का सत्य बनता ही आया है।[47]

महादेवी के काव्य में बिम्ब - विधान

"जब एक युग अपनी पूर्णता और सामंजस्य के स्वप्न को इतनी स्पष्ट रेखाओं इतने सजीव रंगों में अंकित कर जाता है कि आनेवाला युग उसे अपनी सृजनात्मक प्रेरणा से सत्य बना सके और तब आगत युग उस निर्माण से भी भव्यतम निर्माण का स्वप्न भावी युग के लिए छोड़ जाने की शक्ति रखता है, तब जीवन का विकास निश्चित है।"[48]

"इसी क्रम से स्वप्नों को सत्य बनाते हमारे समाज, संस्कृति, कला, साहित्य आदि का विकास हुआ है।"[49]

"जिन युगों में हमारी यथार्थ दृष्टि को स्वप्न सृष्टि से आकार मिला है और स्वप्न दृष्टि को यथार्थ सृष्टि से सजीवता, उन्हीं युगों में, हमारा सृजनात्मक विकास संभव हो सका है।"[50]

"जीवन को सुंदर बनानेवाले स्वप्नों में एक भी ऐसा नहीं, जिससे युग युगों के स्वप्न दृष्टाओं की दृष्टि का आलोक न हो।"[51]

"एक सुंदर स्वप्न अनेक सुन्दर स्वप्नों में समा कर जीवन को विराट सौन्दर्य देता है।"[52]

स्वप्न विषय में महादेवी की धारणाओं के अनुशीलन के बाद यह ज्ञात होता है कि उनकी स्वप्न संबंधी धारणा भी कितनी उदात्त है। जीवन के विकास क्रम में स्वप्न को भी एक साधन के रूप में स्वीकारती हैं।

महादेवी स्वप्नद्रष्टा कवयित्री हैं, और उनके अनुसार स्वप्न जीवन से जुड़ा रहकर आलोक दान करने वाला है। महादेवी के लिए स्वप्न कल्पना का अंग है, विविध बिंबों के रूप में प्रस्तुत होकर उदात्त भूमि पर प्रतिष्ठित है।

कुछ स्वप्न द्रष्टव्य हैं –

1. कली अलसाई आँखें खोल
   सुनाती हो सपने की बात।[53]

2. जो वे सपना बन आवें
   तुम चिर निद्रा बन जाना।[54]

3. तुम्हें बाँध पाती सपने में
   तो चिर जीवन प्यास बुझा

लेती उस छोटे क्षण अपने में।[55]

4. आज आँसूओं के कोषों पर
स्वप्न बने पहरे वाले हैं।[56]

5. पलक सींचें नींद का जल
स्वप्न मुक्ता रच रहे मिल ।[57]

6. नींद सागर से रजनि,
जो ढूँढ़ लाई स्वप्न मोती ।[58]

7. सपनों की रज आँज गया
नयनों में प्रिय का हास ।[59]

महादेवी की स्वानुभूतिमयी वाणी स्वप्नपरक बिंबों के माध्यम से व्यक्त हुई है, जो काव्य कल्पना प्रधान होता है उसमें स्वप्निलता आ जाती है। जहाँ कल्पना की अतिशयता के कारण महादेवी स्वप्न द्रष्टा कवयित्री के रूप में प्रकट होती हैं, जहाँ भावाकुल कवयित्री सामाजिक अहं द्वारा अनुबंधित है , वहाँ उनका स्वप्न द्रष्टा कवि विशिष्ट है।

काव्य और स्वप्न दोनों कल्पना पर निर्भर हैं। महादेवी स्वप्न में भी एक से एक मर्मस्पर्शी बिंबों की कल्पना करती है। यहाँ स्वप्न में स्पर्श-सुख देनेवाली ऊँगलियों के स्मरण की कल्पना कितनी मधुर है-

कौन आया था न जाने
स्वप्न में मुझ को जगाने ।
याद में उन अँगुलियों के
हैं मुझ पर युग बिताने ।[60]

महादेवी का काव्य गीतिकाव्य है, जहाँ गीतियाँ अनुभूतिमयी होकर फूट निकली हैं। गीतियों की अनुभूति प्रणयानुभूति है। अतः उनके काव्य में स्वप्नों की अधिकता स्वाभाविक है। वे स्वप्न–मिलन का बिम्ब इस प्रकार प्रस्तुत करती हैं –

अश्रु मेरे माँगने जब
नींद में वह पास आया

स्वप्न सा हँस पास आया।[61]

कवयित्री निद्रा मग्न स्थिति में प्रेमी के आगमन की कल्पना करती है। वह इस कल्पना मात्र से ही पुलकित हो जाती है कि उसका अनंत प्रिय मृदु मुस्कुराता हुआ स्वप्न के समान उसके पास आया है। कवयित्री ऐसी अवस्था में मिलने के विश्वास के कारण उसके पथ में पलकें बिछायी प्रतीक्षारत है। मिलन-सुख में तीव्र अवगाहन के लिए स्वप्नों की सेज सजाती है। किन्तु प्रतीक्षा विफल हो जाती है, और –

बरूनियों में उलझ बिखरे
स्वप्न के सूखे सुमन ले,
खोजने फिर शिथिल पग
निश्वास दूत निकल चुका है।[62]

बरूनियों में उलझे स्वप्न मुरझाये फूलों के समान झर जाते हैं। यहाँ स्वप्नों को मुरझाये फूलों के रूप में बिम्बित किया गया है।

विफल सपनों को, पिघले बिखरे हार के रूप में एक बिम्ब प्रस्तुत है।

विफल सपनों के हार पिघल
ढुलकते क्यों रहते प्रतिफल।[63]

अपने प्रियतम से मनुहार करती है कि वे अगर इस पार न आवें तो इतना कर दें –

सपनों से बाँधा डुबाना
मेरा छोटा सा जीवन।[64]

जीवन-नैया पार कराने वह निर्मम नाविका इस पार न आवे तो सपनों की रस्सी से बाँधकर इस जीवन–नैया को डुबो देना, जिसके सहारे जीवन नैया डूब जाय।

कवयित्री स्वप्न को अनेक रूपों में चित्रित कर स्वप्न के प्रति उनके मोह को व्यक्त करती हैं –

क्षीर निधि की थी सुप्त तरंग
सरलता का न्यारा निर्झर,
हमारा वह सोने का स्वप्न
प्रेम की चमकीली आकर।[65]

प्रो. पी. माणिक्याम्बा 'मणि'

कवयित्री का वह असीम, अज्ञात प्रिय सपना बनकर ही आता है और उनके प्राणों को पुलकित कर चला जाता है –

नींद में सपना बन अज्ञात
गुदगुदा जाते हो जब प्राण ![66]

प्रातः वेला में अलसाई कली आँखें खोलते ही सपने की बात सुनाती है, कितनी रमणीय कल्पना है –

किसी जीवन की मीठी याद
लुटाता हो मतवाला प्रात ,
कली अलसाई आँखें खोल
सुनाती हो सपने की बात ![67]

किन्तु अब वे मधुर सपने भी नहीं हैं पता नहीं ये – मीठे सपने लेकर रातें कहाँ अन्तर्हित हो गई –

हो गई कहाँ अंतर्हित
सपने लेकर वे रातें ।[68]

किसी वस्तु के साथ कोई अदृश्य हो जाता है, उसी तरह सपने लेकर रातें अंतर्हित हो गई । बिम्ब के माध्यम से वेदना सिक्त हृदय के हाहाकार की व्यंजना हुई कि सपनों का सहारा भी छिन गया ।

महादेवी के काव्य में 'नीहार' से 'दीपशिखा' तक स्वप्न संयोग के तथा अन्य अनेक स्वप्नाश्रयी बिंबों का विधान हुआ है। प्रत्येक कवि के काव्य में स्वप्नों के संकेत मिलते हैं , यह कोई विशेष नई बात नहीं है। छायावादी काव्य जो विशेष कल्पना युक्त तथा वायवी काव्य है- स्वप्न संकेतों की भरमार स्वाभाविक ही है। महादेवी में नारी स्वाभावोचित व्रीड़ा, संकोच तथा संस्कारजन्य शालीनता के कारण उनमें स्वप्न मिलन के उदाहरण अधिक प्राप्त होते हैं। किन्तु महादेवी के स्वप्न संयोगों में काल्पनिकता की प्रधानता है। फिर भी वे पूर्णतया चेतन मन का ही व्यंजक हैं और न संपूर्णतः अवचेतन मन से प्रेरित ! "महादेवी का काव्य चेतन और अवचेतन मन के बीच की स्थिति का काव्य है जिसमें बुद्धि और स्वप्न दोनों की स्थितियाँ संपृक्त रहती हैं।"[69] डॉ . कुमार विमल का मत है कि "इनका स्वप्न संयोग कहीं मादन मूलक है, कहीं प्रेम वैचित्र्य मूलक और कहीं विप्रलंभ मूलक ! अतः इनकी कविताओं में स्वप्न संयोग का एक

विशेष सौष्ठव है। सचमुच जब काव्य का आलंबन अलौकिक या लोकोत्तर होता है अथवा लौकिक होकर भी एकाधिक कारणों से छद्मवरण में गोप्य रहता है, तब स्वप्न संयोग ही कवि भावक या भक्त को संयोग सुख का आनंद दे पाता है।"[70] महादेवी के स्वप्न बिम्ब केवल स्वप्न पर आधारित नहीं हैं स्वप्न के विस्थापन तथा स्मृति की सहायता से अंकित है।

महादेवी वेदना की कवयित्री हैं। अतः निराशा, पीड़ा, विरह, अतृप्ति और कसक के ही चित्र अधिक मिलते हैं। मिलन, हर्ष , पुलक, आदि के चित्र स्वप्न ही के माध्यम से अंकित किये गये हैं। महादेवी जैसी अंतर्मुखी नारी के लिए स्वप्न ही एक ऐसा माध्यम है जिसके सहारे वे अपने प्रणय की उमंग एवं उत्साह को अभिव्यक्त कर सकती हैं। नारी होने के कारण संकोचवश जो अव्यक्त इच्छाएँ थी वे स्वप्नों में साकार हुई किन्तु दमित इच्छाओं एवं यौवनकुण्ठा का पर्याय मानना महादेवी जैसी महिमामयी उदात्तचित्त नारी के प्रति अन्याय की सीमा हो ही जाएगी। "फ्रायड और अंतश्चेतनावादी कृशकाया से लिपटा हुआ आलोचक यदि धर्म, अध्यात्म, नैतिकता और आत्म संस्कार में यौन – कुण्ठा, पलायन और स्वप्न – तृप्ति ही देखता है तो वह अपने अस्वास्थ्य का ही उद्घोष करता है।.काव्य यदि संस्कृति की साधना है, नहीं वह और भी आगे बढ़कर स्वयं परिपूर्ण संस्कृति है तो हमें महादेवी के प्रति विस्मय, संकोच, समर्पण और पूजा का भाव रखना होगा। . सांस्कृतिक अवमूल्यन के इस युग में भी वे श्रेष्ठ मूल्यों से मण्डित हैं। क्योंकि समर्पण से बड़ा कोई मूल्य मनुष्य के पास नहीं है।"[71]

स्मृति बिम्ब :

मानव स्वभावतया अतीत प्रेमी होता है। वह अतीत की स्मृतियों में रसमग्न हो जाता है। इसलिए काव्य में भी अतीत की स्मृतियों को महत्त्वपूर्ण स्थान मिला है। आचार्य रामचन्द्र शुक्ल ने रूप विधान को तीन भागों में विभक्त किया है – 1. प्रत्यक्ष रूप विधान 2. स्मृत रूप विधान 3. कल्पित रूप विधान । "अतीत कल्पना का रोग है, एक प्रकार का स्वप्न लोक है; इसमें तो संदेह नहीं। स्मृतियाँ हमें केवल सुखपूर्ण दिनों की झाँकियाँ नहीं समझ पड़ती । वे हमें लीन करती हैं, हमारा मर्म स्पर्श करती हैं।"[72]

प्रो. पी. माणिक्याम्बा 'मणि'

महादेवी की गीतियों में उनकी अनुभूति की तीव्रता प्रदान करने में उनके स्मृति-निर्भर बिंबों का बड़ा योग है। महादेवी के कुछ स्मृति-बिम्ब इस प्रकार हैं-

1. सजनि कौन तम में परिचित-सा,
   सुधि-सा छाया-सा आता ?[73]

2. वे स्मृति बनकर मानस में
   खटका करते हैं निशि दिन।[74]

3. मुझे हैं उसकी धुँधली याद,
   बैठ जिस सूनेपन की कूल;
   मुझे तुम ने दी जीवन बीन
   प्रेम शतदल का मैंने फूल।[75]

4. जाने किस जीवन की सुधि ले
   लहराता आती मधु बयार।[76]

5. दीपक की यह शलभ
   प्रात से मिलना सिखलाता है
   पंख मिस स्मृतियाँ बिखराता है।[77]

6. किस सुधि वसंत का सुमन तीर,
   कर गया मुग्ध मानस अधीर।[78]

स्मृति को वसंत के सुमन - तीर रूप में बिंबित किया है, जो उसके मन को अधीर बना देता है।

स्मृति - स्वप्न - बिम्ब :

काव्य की अभिव्यंजना के क्षेत्र में स्मृति निर्भर कल्पना का महत्त्वपूर्ण स्थान है। उनके बिंबों में कहीं-कहीं स्मृति और स्वप्न का विलक्षण संयोग है। मूल स्वप्न और स्मृति-स्वप्न में कुछ भिन्नता है। वैसे तो स्वप्न का आधार ही स्मृति है। मनोविश्लेषण के आधार पर महादेवी के स्मृति-स्वप्न-बिंबों की लौकिक अनुभूति को इसलिए सरलता से नहीं पकड़ा जा सकता है क्योंकि उनकी अधिकांश अभिव्यक्ति स्थानापन्न-बिंबों के माध्यम से हुई है –

महादेवी के काव्य में बिम्ब - विधान

> कौन आया था न जाने
> स्वप्न में मुझको जगाने
> याद है उन अंगुलियों के
> है मुझे पर युग बिताने ।[79]

स्वप्न में प्रेमिका को प्रिय के स्पर्श सुख की मधुर अनुभूति हुई है, उसी की याद को हृदय में संजोये बैठी है।

> जिस किरणांगुलि ने स्वप्न–भरे
> मृदु कर संपुट में गोद लिया ,
> चितवन से ढाला अतल स्नेह,
> विश्वासों का अमोद दिया ,
> कर से छोड़ा,
> उर से जोड़ा ,
> इंगित से दिशि–दिशि में मोड़ा
> क्या याद न आता वह अजान ।[80]

किसी किरणांगुलि ने स्वप्न भरे, मृदु कर संपुट में गोद लिया , अतल स्नेहमयी चितवन से प्रमुदित किया और निश्वासों का आमोद भी दिया फिर कर से छोड़कर उर से जोड़ लिया और अपने से अभिन्न करके इंगितों से दिशि-दिशि अपने इच्छानुसार चलाया । किन्तु इस उस अज्ञात प्रियतम को वह सब स्मरण नहीं रह गया । उपर्युक्त कविता में बिंबों की शृंखला–सी चलती है और एक बिम्ब के बाद दूसरा, सहृदय के मानस पटल अंकित होते रहते हैं।

इस प्रकार महादेवी की बिम्ब योजना में स्मृतियों और स्वप्नों का विशेष प्रदेय रहा है। महादेवी के जितने भी संयोग–बिम्ब आये हैं, वे स्वप्न या स्मृति पर आधारित हैं। इसलिए वे बिम्ब भौतिक धरातल के न होकर सूक्ष्म एवं अतीन्द्रिय हो गये हैं। और यही कारण है कि महादेवी के काव्य में भावात्मक सौन्दर्य निखर गया है। ये बिम्ब सूक्ष्म एवं धुँधले होने के कारण स्पष्ट तथा मूर्त न होते हुए भी सहृदय को भावाकुल करने की क्षमता रखते हैं।

संदर्भ संकेत

1. डॉ. गणपतिचंद्र गुप्त : साहित्य के तत्त्व पृष्ठ 209
2. "काव्य वास्तव में मानव के सुख – दुःखात्मक संवेदनों की ऐसी कथा है, जो उक्त संवेदनों को संपूर्ण परिवेश के साथ दूसरों की अनुभूति का विषय बना देती है।" महादेवी : संधिनी – चिंतन के क्षण, पृष्ठ 7
3. महादेवी : दीपशिखा –चिंतन के क्षण , पृष्ठ 2
4. महादेवी : दीपशिखा –चिंतन के क्षण , पृष्ठ 3
5. महादेवी : साहित्यकार की आस्था तथा अन्य निबन्ध, पृष्ठ 46
6. डॉ.मनोरमा शर्मा : महादेवी के काव्य में लालित्य –विधान , पृष्ठ 160-161
7. मनोरमा सिंह : महादेवी के काव्य में लालित्य-योजना, पृष्ठ 150
8. महादेवी : दीपशिखा –चिंतन के क्षण , पृष्ठ 30
9. महादेवी : यामा, पृष्ठ 65
10. महादेवी : यामा, पृष्ठ 136
11. महादेवी : दीपशिखा, पृष्ठ 137
12. महादेवी : यामा, पृष्ठ 65
13. महादेवी : यामा, पृष्ठ 98
14. महादेवी : यामा, पृष्ठ 221
15. महादेवी : यामा, पृष्ठ 166
16. महादेवी : यामा, पृष्ठ 166
17. महादेवी : यामा, पृष्ठ 28
18. महादेवी : सान्ध्य गीत, पृष्ठ 28
19. महादेवी : यामा, पृष्ठ 243
20. शशिप्रभा शास्त्री : महादेवी की काव्यानुभूति , महादेवी अभिनन्दन ग्रंथ. पृष्ठ 174
21. महादेवी : यामा, पृष्ठ 10

22. महादेवी : यामा, पृष्ठ 17
23. महादेवी : यामा, पृष्ठ 153
24. महादेवी : यामा, पृष्ठ 147
25. महादेवी : यामा, पृष्ठ 238
26. महादेवी : यामा, पृष्ठ 94
27. महादेवी : यामा, पृष्ठ 225
28. महादेवी : यामा, पृष्ठ 161
29. महादेवी : यामा, पृष्ठ 72
30. महादेवी : यामा, पृष्ठ 10
31. महादेवी : यामा, पृष्ठ 191
32. महादेवी : यामा, पृष्ठ 162
33. महादेवी : यामा, पृष्ठ 163
34. महादेवी : यामा, पृष्ठ 88
35. महादेवी : यामा, पृष्ठ 26
36. महादेवी : दीपशिखा , पृष्ठ 118
37. महादेवी : दीपशिखा , पृष्ठ 107
38. महादेवी : यामा, पृष्ठ 105
39. महादेवी : दीपशिखा, पृष्ठ 112
40. डॉ . नगेंद्र : आस्था के चरण ,पृष्ठ 511
41. डॉ . नरेंद्रदेव वर्मा : आधुनिक पाश्चात्य काव्य और समीक्षा के उपादान, पृष्ठ 37
42. डॉ . नरेंद्रदेव वर्मा : आधुनिक पाश्चात्य काव्य और समीक्षा के उपादान, पृष्ठ 38
43. डॉ . प्रभात : अस्वीकृत उपलब्धियां , पृष्ठ 117
44. महादेवी : साहित्यकार की आस्था तथा अन्य निबन्ध , पृष्ठ 46
45. महादेवी : साहित्यकार की आस्था तथा अन्य निबन्ध , पृष्ठ 65

46. महादेवी : साहित्यकार की आस्था तथा अन्य निबन्ध , पृष्ठ 74
47. महादेवी : साहित्यकार की आस्था तथा अन्य निबन्ध , पृष्ठ 146
48. महादेवी : साहित्यकार की आस्था तथा अन्य निबन्ध , पृष्ठ 146
49. महादेवी : साहित्यकार की आस्था तथा अन्य निबन्ध , पृष्ठ 146
50. महादेवी : साहित्यकार की आस्था तथा अन्य निबन्ध , पृष्ठ 147
51. महादेवी : क्षणदा, पृष्ठ 133
52. महादेवी : क्षणदा, पृष्ठ 105
53. महादेवी : यामा, पृष्ठ 10
54. महादेवी : यामा, पृष्ठ 46
55. महादेवी : यामा, पृष्ठ 136
56. महादेवी : यामा, पृष्ठ 183
57. महादेवी : यामा, पृष्ठ 189
58. महादेवी : यामा, पृष्ठ 229
59. महादेवी : यामा, पृष्ठ 256
60. महादेवी : यामा, पृष्ठ 224
61. महादेवी : यामा, पृष्ठ 214
62. महादेवी : दीपशिखा , पृष्ठ 107
63. महादेवी : यामा, पृष्ठ 74
64. महादेवी : यामा, पृष्ठ 26
65. महादेवी : यामा, पृष्ठ 41
66. महादेवी : यामा, पृष्ठ 128
67. महादेवी : यामा, पृष्ठ 20
68. महादेवी : यामा, पृष्ठ 23
69. डॉ. शोभानाथ यादव : कवयित्री महादेवी वर्मा, पृष्ठ 194
70. डॉ. कुमार विमल : महादेवी संस्मरण ग्रंथ, पृष्ठ 167
71. डॉ. रामरतन भटनागर : महादेवी संस्मरण ग्रंथ, पृष्ठ 178

72. आचार्य रामचन्द्र शुक्ल : चिन्तामणि (प्रथम भाग) पृष्ठ 153
73. महादेवी : यामा, पृष्ठ 100
74. महादेवी : यामा, पृष्ठ 112
75. महादेवी : यामा, पृष्ठ 124
76. महादेवी : यामा, पृष्ठ 127
77. महादेवी : यामा, पृष्ठ 147
78. महादेवी : यामा, पृष्ठ 72
79. महादेवी : यामा, पृष्ठ 228
80. महादेवी : दीपशिखा, पृष्ठ 132

षष्ठ अध्याय
दार्शनिक - बिम्ब

महादेवी आधुनिक काल की चिंतन प्रिय कवयित्री हैं। उनके दर्शन संबंधी विचार उनके काव्य में प्रतिबिंबित हुए हैं। इसलिए अनायास उनका काव्य सुन्दर दार्शनिक–बिंबों से युक्त हो गया है। दार्शनिक–बिंबों पर विवेचन करने से पूर्व उसके चिंतन को प्रभावित करनेवाली दार्शनिक–विचार धाराओं पर विचार करना उचित है।

अद्वैत – दर्शन

भारतीय दर्शन मूलतः अध्यात्म पर आधारित है। उसने सम्पूर्ण जगत में एक ही परब्रह्म या विश्व–पुरुष का साक्षात्कार किया। भारतीय दर्शन की यह विशेषता रही है कि वह जगत–संभूत दुखों से निवृत्ति तथा निःश्रेयस की भावना से ब्रह्म की प्राप्ति का मार्ग प्रशस्त करता रहा है।

महादेवी के दर्शन संबंधी विचार अत्यंत प्रौढ़ तथा सुलझे हुए है। उनका कथन है – "कवि में दार्शनिक को खोजना बहुत साधारण हो गया है, जहाँ तक सत्य के मूल रूप का संबंध है, वे दोनों एक दूसरे के अधिक निकट हैं अवश्य , पर साधन और प्रयोग की दृष्टि से उनका एक होना सहज नहीं। . कवि का वेदान्त ज्ञान जब अनुभूतियों के रूप कल्पना से रंग और भाव जगत् से सौन्दर्य पाकर साकार होता है तब उसके सत्य में जीवन का स्पंदन रहेगा बुद्धि की तर्क-शृंखला नहीं। ऐसी स्थिति में, उसका पूर्ण परिचय न अद्वैत दे सकेगा न विशिष्टाद्वैत।"[1] दर्शन संबंधी बौद्धिक नीरस विचार काव्यमयी परिधान में अलंकृत होते हैं तब उनकी प्रेषणीयता असंदिग्ध हैं। गूढ़ से गूढ़तर दार्शनिक विचार जब भी काव्यमयी अभिव्यक्ति पाकर सरस तथा हृदय संवेद्य बना जाता है।

महादेवी की विचार धारा आध्यात्मिक है। वे आध्यात्मिकता या आत्म–परमात्मा की सूक्ष्म सत्ता में भी पूर्ण विश्वास करती हैं। उन्होंने दार्शनिक विचारों को अपनी अनुभूति में ढालकर उन्हें काव्यात्मक सरस अभिव्यक्ति दी है। महादेवी ने दर्शन की शुष्क उक्तियों तथा सूक्ष्म निष्कर्षों को ही काव्यात्मक रूप प्रदान नहीं किया अपितु

उन्होंने उन्हीं विचारों को ग्रहण किया जो उनकी कल्पनाशील भावना को छू सके। उनकी कवि प्रतिभा अतुलनीय है। उनका व्यक्तित्व एक सहृदय कवि, कल्पनाशील चित्रकार तथा एक चिंतनप्रिय दार्शनिक का सफल संयोजन है। इसलिए उनके दार्शनिक विचार मूल रूप से सहज ही स्पष्ट नहीं हो पाते । उन्होंने परंपरागत दार्शनिक विचारों का आधुनिक युग की दृष्टि से समन्वित तथा सुविकसित रूप देने का महत् कार्य भी सम्पन्न किया है।

भारतीय दर्शन और चिंतन वेदों से प्रवर्तित होता है। यह परंपरा उपनिषदों और ब्रह्मसूत्र एवं गीता से होती हुई आधुनिक युग तक पहुँची है। उसकी चरम उपलब्धि अद्वैतवाद है। "वस्तुतः वैदिक विचारधारा का चरम विकास उपनिषदों या वेदान्त में उपलब्ध होता है, तथा वेदान्त का भी सर्वोत्कृष्ट रूप अद्वैतदर्शन है।"[2] 'अद्वैत' का अर्थ है द्वैत नहीं । इसका तात्पर्य है 'दो नहीं। अद्वैतवादी धारणा के अनुसार परमात्मा और आत्मा अभिन्न है। उसकी मान्यता के अनुसार संपूर्ण सृष्टि में , एक ही सत्ता विद्यमान है। इस सत्ता को वे 'ब्रह्म' मानते हैं। वह ब्रह्म की उत्पत्ति, स्थिति तथा लय का कारण है, ब्रह्म के तीन लक्षण माने गए हैं - सत्, चित् , और आनंद । इस का तात्पर्य है वह सदा विद्यमान रहता है , वह चैतन्य या चेतन-शील है, तथा वह सदा आनंदमय रहता है। उनकी मान्यता के अनुसार ब्रह्म की दो अवस्थाएँ रहीं – सगुण तथा निर्गुण। सामान्य रूप से ब्रह्म निर्गुण ही रहता है , किन्तु सृष्टि की रचना के लिए माया से आवृत्त होने पर वह सगुण रूप धारण करता है, किन्तु निर्गुण और सगुण अभिन्न है। 'कनक कुण्डल' न्याय से सगुण ब्रह्म में भी निर्गुण ब्रह्म का अस्तित्व असंदिग्ध है। सगुण तथा निर्गुण का अंतर बाह्य है और तत्वतः दोनों अभिन्न हैं।

ब्रह्म में एक अद्भुत शक्ति रहती है। जिसे 'माया' कहते हैं। ब्रह्म उसी माया के कारण अपने को सगुण रूप में तथा जगत् के विविध जीवों के रूप में प्रस्तुत करता है। इस माया को परमेश्वर की मूल शक्ति माना गया है। यह शक्ति ब्रह्म में सदा विद्यमान रहती है। अद्वैतवादी माया को मिथ्या तथा भ्रामक मानते हैं। शंकराचार्य माया को ब्रह्म की शक्ति मानते हुए भी उसका परमेशवर से अभिन्न तथा नित्य संबंध नहीं स्वीकार करते । किन्तु ब्रह्म के साथ उसकी शक्ति माया को भी 'सत्य' के रूप में स्वीकार करना उचित है। अद्वैतवादी माया को मिथ्या तथा भ्रामक मानते हैं। शंकराचार्य माया को ब्रह्म की शक्ति मानते हुए भी उसका परमेश्वर से अभिन्न तथा नित्य संबंध नहीं स्वीकार

करते। किन्तु ब्रह्म के साथ उसकी शक्ति माया को भी 'सत्य' के रूप में स्वीकार करना उचित है।

अद्वैत दर्शन के अनुसार जगत् नाशवान् एवं परिवर्तनशील है। संपूर्ण सृष्टि के कण-कण में ब्रह्म का रूप अंतर्हित है और रूप-भेद के कारण हम उन्हें भिन्न-भिन्न नामों से अभिहित करते हैं। यह एक भ्रामक स्थिति है। शंकराचार्य ने इन्हीं रूपों की परिवर्तनशीलता की एवं अस्थिरता के ही आधार पर जगत् को 'मिथ्यापूर्ण' माना है। अद्वैतवादी के अनुसार जगत् के समान जीव का अस्तित्व भी मिथ्यापूर्ण है। जीव का भौतिक शरीर नाशवान है तथा उसकी आत्मा अमर है। किन्तु यह महत्त्वपूर्ण बात है कि वे आत्मा को भी ब्रह्म के साथ अभिन्न मानते हैं। विविध आत्माएँ मूलतः ब्रह्म के व्यक्त के रूप की सूचक हैं।

सत्यानुभूति के आधार पर व्यक्ति आत्मा तथा परमात्मा की अभिन्नता का अनुभव करता है और सांसारिक दुःखों और क्लेशों से मुक्त हो जाता है। इस दशा को अद्वैतवादी 'जीवन मुक्त' दशा मानते हैं। आत्मा और परमात्मा, जीव और ब्रह्म की इस एकता की अनुभूति 'मुक्ति या मोक्ष' कहलाती है। यह मोक्ष की स्थिति इस जन्म में भी प्राप्त हो सकती है या मरणोपरांत। अद्वैतवादियों की सारी साधना की उपलब्धि यही मुक्ति या मोक्ष है।

अद्वैतवाद की विचारधारा का सम्पूर्ण आधार 'अहं ब्रह्मास्मि' (मैं ब्रह्म हूँ) या 'तत्त्वमसि' (तुम वही ब्रह्म हो) है। जो साधक इसकी सहज अनुभूति प्राप्त कर लेता है, वह व्यक्ति सफल माना जायेगा। अद्वैत दर्शन की आधार भूत धारणाएँ अत्यंत सूक्ष्म हैं। ये विचार इतने आदर्शपूर्ण और गंभीर हैं कि सामान्य व्यक्ति के लिए समझना दुष्कर। इन धारणाओं और विचारों पर साधना के पथ पर अग्रसर होना असाधारण कार्य है। किन्तु भारतीय दार्शनिक-परंपरा में अनेक कवि और दार्शनिक हुए हैं जिन्होंने यह अनुभूति प्राप्त की है।

महादेवी के काव्य पर अद्वैत दर्शन का विशेष प्रभाव पड़ा। उनकी रहस्यानुभूतियों पर दर्शन का प्रभाव विशेष रूप से दृष्टिगोचर होता है। वे प्राचीन वैदिक साहित्य पर विस्मय विमुग्ध है। "प्रकृति के अस्त-व्यस्त सौन्दर्य में रूप-निष्ठा, बिखरे रूपों में गुण-प्रतिष्ठा, फिर उनकी समष्टि में एक व्यापक चेतन की प्रतिष्ठा और अंत में

रहस्यानुभूति का जैसा क्रमबद्ध इतिहास हमारा प्राचीन काव्य देता अन्यत्र मिलना कठिन होगा।"[3]

बौद्ध - दर्शन :

महादेवी को आरंभ से ही बौद्ध-दर्शन के प्रति विशेष आकर्षण रहा। उन्होंने लिखा है "मेरे सम्पूर्ण मानसिक विकास में उस बुद्ध-प्रसूत चिंतन का भी विशेष महत्त्व है जो जीवन की बाह्य व्यवस्थाओं के अध्ययन में गति पाता रहा है।"[4] गौतम बुद्ध ने अपने विचारशील व्यक्तित्व से जिन बातों का प्रतिपादन किया, वे अद्वितीय हैं। उनके महनीय उपदेश थे – मनुष्य मात्र के प्रति प्रेम, जीवन की उच्चता, उच्च आदर्श, त्याग आदि।

बौद्ध दर्शन का प्रमुख सिद्धांत दुःखवाद है। वस्तुतः भगवान बुद्ध की दार्शनिक जिज्ञासा की मूल प्रेरणा संसार के लोगों की क्लेशपूर्ण दशा थी। संभवतः यही कारण है कि उनके दर्शन के दुःख संबंधी विचारों की प्रचुरता है। गौतम बुद्ध के अनुसार संसार दुःख पूर्ण है। संसार के दुःख नाना प्रकार के हैं। और उसके कारण भी अनेक हैं। उनके अनुसार संसार के दुःखों का निरोध हो सकता है और उनसे छुटकारा भी पाया जा सकता है। संसार की प्रत्येक वस्तु अनित्य है और क्षण भंगुर है। जो क्षणभंगुर है, अस्थायी है वह चाहे दुःख हो सुख उससे उद्वेलित होना नहीं चाहिए। व्यक्ति परिवर्तनशीलता से दुःखी होता है। क्योंकि वह सुख को सदा बाँध रखना चाहता है और दुःख से जल्दी छुटकारा पाना चाहता है। किन्तु अपने निर्धारित समय पर दोनों ही परिवर्तित हो जाते हैं। परंतु दुःख से दुःखी होना व्यक्ति के संस्कारों पर निर्भर है। "व्यक्ति अस्थायी पदार्थों को स्थायी मानने की अज्ञता एवं उन्हें स्थायी रूप में प्राप्त करने की मिथ्या कामना करता है जिससे उसे दुःख की अनुभूति प्राप्त होती है। यदि वह संसार की परिवर्तनशीलता के ज्ञान को सदा ध्यान में रखे तो वह मिथ्या कामनाओं से ग्रस्त ही न होगा"[5] तब दुःख की अनुभूति का प्रश्न ही नहीं उठता।

महात्मा बुद्ध ने सांसारिक दुःखों से मुक्ति पाने के लिए एक साधना – पद्धति का प्रतिपादन किया। यह साधना पद्धती ऐसी है कि वह व्यक्ति के विवेक को जाग्रत कर, उच्चतम ज्ञान तथा शांति प्रदान करती है तथा अंत में निर्वाण के मार्ग की ओर ले जाती है। इस साधना पद्धति के आठ अंग हैं इसलिए इसे अष्टांगी–मार्ग भी कहते हैं।

इसमें आठ क्रियाओं का निर्देश है- "1. सम्यक् दृष्टि 2. सम्यक् संकल्प 3. सम्यक् वाक् 4. सम्यक् कर्मान्त 5. सम्यक् आजीव 6. सम्यक् व्यायाम 7. सम्यक् स्मृति और 8. सम्यक् समाधि। सम्यक् दृष्टि वस्तुतः सम्यक् दृष्टिकोणहै- चिंतन एवं ज्ञान की द्योतक है। यदि हमारा दृष्टि कोण ही भ्रांत होगा तो सच्चे ज्ञान की उपलब्धि नहीं हो सकती। हमारे समस्त क्रिया–कलापों का मूल हमारा यही दृष्टिकोण तथा तज्जन्य बोध है। अतः इसे सर्वप्रथम स्थान देना बुद्ध की मनोवैज्ञानिक दृष्टि का प्रमाण है। सम्यक् बोध ही सम्यक् संकल्पों को तथा सम्यक् संकल्प ही क्रमशः सम्यक् वचन, सम्यक् कार्य एवं सम्यक् – आजीविका का प्रेरक कारण है। सम्यक् व्यायाम से तात्पर्य वासनाओं एवं कुप्रवृत्तियों को संयमित करने के लिए किये गये यत्न या श्रम से है। इसी प्रकार सम्यक् स्मृति में मन और बुद्धि की पवित्रता का समावेश किया गया है तथा सम्यक्–समाधि का अर्थ राग द्वेषादि से उत्पन्न द्वन्द्व से ऊपर उठकर मन को नैसर्गिक एकाग्रता प्रदान करना है।"[6] इस प्रकार बुद्ध की साधना-पद्धति व्यवहारिक एवं सरल है।

बौद्ध–दर्शन के अनुसार निर्वाण जीवन का अंतिम लक्ष्य है। दीपक के बुझ जाने का तात्पर्य दीपक का समाप्त हो जाना नहीं अपितु उसकी 'लौ' मात्र का शान्त हो जाना है। बुद्ध के विचारानुसार 'निर्वाण का अर्थ व्यक्ति की समस्त तृष्णाओं का तिरोभाव और तज्जनित दुःख की शांति और आनंद की भावात्मक अनुभूति है। बौद्ध धर्म का चरम लक्ष्य इस 'निर्वाण' की प्राप्ति है। यह व्यक्ति की साधनागत योग्यता पर आधारित है कि वह निर्वाण की स्थिति इस जीवन में प्राप्त करता है या मरणोपरांत या अगले जन्म में। बुद्ध का संदेश है कि यह 'निर्वाण' साधना के द्वारा सब के लिए सुलभ है।

बौद्ध दर्शन में आत्म और परमात्मा के अस्तित्व को नहीं स्वीकार किया गया। बौद्ध दर्शन के अनुसार सृष्टि का आविर्भाव, विस्तार एवं ह्रास किसी ईश्वरीय सत्ता द्वारा परिचालित नहीं अपितु कर्म-फल के सामान्य नियम द्वारा सम्पन्न होता है। इसे 'नियति' भी कहा जा सकता है। जगत्, सृष्टि एवं संसार निरंतर गतिशील तथा परिवर्तनशील है। अद्वैतवादियों के समान जगत् को बौद्ध दर्शन मिथ्या या अस्तित्व शून्य नहीं कहता और न ही सर्वथा सत्य मानता है। सृजन की प्रेरणा, परिवर्तनशीलता तथा गतिशीलता का सूक्ष्म विधान उसकी अंतर्व्यापी नियमों में व्याप्त है। "आध्यात्मवादियों की भाँति बौद्ध उसे न तो किसी परमात्मा की लीला मानते हैं और न ही भौतिकवादियों की भाँति

प्राकृतिक क्रिया-व्यापारों का आकस्मिक संयोग मानते हैं , अपितु वे इन दोनों के बीच की स्थिति को स्वीकार करते हुए उसे एक ऐसा अविच्छिन्न एवं गतिशील प्रवाह मानते हैं जो कि कार्य–करण शृंखला, परस्पर अन्योन्याश्रित पूर्वोत्तर स्थितियों अथवा बीज और उसके फल की भाँति कर्मों के नियत परिणाम पर आधारित है। इस प्रकार बौद्ध दर्शन के अनुसार समस्त सृष्टि का सार कर्मजन्य क्रिया–प्रतिक्रिया में निहित है। कर्म ही इस सृष्टि का सर्वोच्च विधायक एवं नियामक है जिसे दूसरे शब्दों में नियित भी कह सकते हैं।“[7]

बौद्ध दर्शन की यह विशेषता है कि वह एक सर्वथा बौद्धिक-विचार धारा से अनुप्राणित है। इसकी स्थापनाएँ पूर्वाग्रहों से मुक्त बौद्धिक, तर्कसंगत तथा वैज्ञानिक हैं। बौद्ध दर्शन वैज्ञानिक युग की उपज नहीं है। किन्तु इसमें आधुनिक वैज्ञानिक युगीन व्यक्ति की मनीषा को जागरूक तथा प्रेरित करने की शक्ति है। इसमें धार्मिक विश्वास और भौतिक विज्ञान का परस्पर समन्वय परिलक्षित होता है। यही कारण है कि इस युग की जागरूक सहृदय कवयित्री महादेवी इससे विशेष रूप से प्रभावित एवं आकर्षित हैं।

ब्रह्म :

वेद के सूक्तों और उपनिषदों में संसार के सृजनकर्ता के संबंध में अनेक सुंदर जिज्ञासाएँ प्रकट की गयी हैं। वेद और उपनिषदों में समान रूप से सृष्टि का मूल -परम-तत्त्व को जानने की उत्सुकता थी । वैदिक काल के मनीषी ऋषियों को आरंभ से ही उस परब्रह्म में विशेष आस्था रही है। अद्वैत दर्शन में ब्रह्म के सर्वव्यापी रूप को प्रस्तुत किया गया है।

सभी आध्यात्मवादी विचारक सृष्टि के मूल में सृजनकर्ता के रूप में एक ऐसी सूक्ष्म अगोचर तथा अदृश्य शाश्वत सत्ता की कल्पना करते हैं , जिस परम शक्ति को ईश्वर, परमात्मा ब्रह्म आदि नामों से अभिहित करते हैं। भारतीय उपनिषद वाङमय में इस परम शक्ति को ‘ब्रह्म’ या ईश्वर की संज्ञा दी गयी है। महादेवी को ब्रह्म संबंधी बिंबों में उपनिषदों की धारणा का बहुत कुछ प्रभाव परिलक्षित होता है। “उनके सम्पूर्ण काव्य का मेरुदण्ड वैदिक सौन्दर्य–भावना और अद्वैत परक तत्त्व–चिंतन है जो उनके उपनिषदों के अध्ययन पर आधारित है।“[8]

प्रो. पी. माणिक्याम्बा 'मणि'

उपनिषदों के अनुसार ब्रह्म इंद्रिय संवेद्य नहीं है वे अत्यन्त सूक्ष्म एवं व्यापक हैं और अन्तर्यामी भी हैं। सृष्टि के सभी प्राणियों का उद्भव उसी परम तत्त्व से हुआ है और वे उसी परब्रह्म में लीन हो जाते हैं। ब्रह्म को दो स्थितियों में पाया जा सकता है – अव्यक्त रूप में और व्यक्त रूप में। अव्यक्त परब्रह्म सृष्टि के विभिन्न पदार्थों के रूप में और सृष्टि के विभिन्न पदार्थ ब्रह्म के रूप में अनायास परिणत हो जाते हैं। यह जगत् ब्रह्म का व्यक्त रूप है। व्यक्तियों प्राणियों तथा नाना पदार्थों के रूप में ब्रह्म विभिन्न रुपाकार धारण करने पर भी तत्त्वतः उसकी सत्ता सदा एक ही है उसकी क्षमता अक्षुण्ण रहती है। यही कारण है कि वह संसार का अंतिम सत्य है।

महादेवी उपनिषदों के ब्रह्म के प्रति आस्था रखती है। उस परमेश्वर के अस्तित्व के प्रति विश्वासपूर्ण है। उन्होंने उस असीम परब्रह्म को भावों में बांधने का प्रयत्न किया है। भावाकुल अवस्था में अनेक संबंधों से संबोधित करती है – करूणेश, देव, अथिति, करूणामय, नाविक, उदार, छबिमान आदि संबोधनों से अपनी भावनाएँ व्यक्त करती हैं।

महादेवी ने अपनी एक कविता में अनंत रूप सत्ता–विराट ब्रह्म को अप्सरा के परिवेश में बिम्बित किया है। वहाँ प्रकृति के समस्त उपकरण अप्सरा के अवयव के रूप में चित्रित हुए हैं। आलोक और तिमिर उस विराट के सित-असित चीर हैं, सागर गर्जन, रूनझुन मंजरी, झंझा अलक जाल, मेघ-किंकिणी स्वर, इन्द्रधनुष-स्मित, रवि-शशि लोल-अवतंस आदि बन गए हैं। इस प्रकार विराट् (अप्सरा) का एक अभिनव शृंगार-युक्त नर्तन एक गत्यात्मक बिम्ब दर्शनीय है-

आलोक तिमिर सित-असित चीर

सागर-गर्जन, रुनझुन मँजीर;

   उड़ता झंझा में अलक जाल

   मेघों में मुखरित किंकिणि स्वर !

   अप्सरि तेरा नर्तन सुन्दर !

   रवि शशि तेरे अवतंस-लोल

   सीमन्त जटित तारक-अमोल,

   चपल, विभ्रम, स्मित इन्द्र धनुष

   हिम कण बन झरते स्वेद निकर,

महादेवी के काव्य में बिम्ब - विधान

अप्सरि तेरा नर्तन सुंदर ![9]

महादेवी को यह आभास होने लगता है–कलियों के मौन में, उषा की लालिमा में, नक्षत्रों की बहुरूपता में, मेघों के जल में वही ब्रह्म विद्यमान हैं , और मृदु मन्थर–लोल-लहर भी उसी अज्ञात परब्रह्म का परिचय देती है –

वह मन्थर सी लोल लहर
फैला अपने अंचल छोर
कह जाती उस पार बुलाता
है हमको तेरा चितचोर ।[10]

भारतीय दर्शन में प्रायः परमात्मा के अस्तित्व के संबंध में सर्व प्रथम यह तर्क उपस्थित किया जाता है कि जब सृष्टि है तो अवश्य ही उसका कोई स्रष्टा होगा । महादेवी इस तर्क को दो बिंबों के द्वारा अभिव्यक्त करती है –

छिपा है जननी का अस्तित्व
रूदन में शिशु के अर्थ विहीन;
मिलेगा चित्रकार का ज्ञान,
चित्र की जड़ता में लीन ।[11]

'सान्ध्यगीत' की कविता में हिमालय के स्वरूप वर्णन के माध्यम से अद्वैत ब्रह्म का चित्र विधान किया गया है –

है चिर महान् !
यह स्वर्ण रश्मि छू श्वेत भाल ,
बरसा जाती रंगीन हास,
पर रागहीन तुम हिम–विधान !
नभ में गर्वित झुकता न शीश ,
टूटी है कब तेरी समाधि
झंझा लौटे शत हार–हार ![12]

इन पंक्तियों में प्राकृतिक दृश्य के आधार पर ब्रह्म की रूप–कल्पना की है –

चितवन तम श्याम रंग ,
इन्द्र धनुष भृकुटि–भंग ,

प्रो. पी. माणिक्याम्बा 'मणि'

विद्युत का अंग राग

दीपित मृदु अंग–अंग

उड़ता नभ में अछोर तेरा नव नील-चीर।[13]

प्राकृतिक चित्रों के आधार पर पर ब्रह्म का मानोमुग्धकारी बिम्ब प्रस्तुत करती है जिसकी चितवन मुग्धकारी श्यामता है , इन्द्र धनुष ही उसकी विशाल भौहों की आकर्षक भंगिमा है, विद्युत के अंगराग से युक्त उसका शरीर दमक रहा है तथा दिगन्त नभ ही उसका अछोर उत्तरीय है जो पवन के झोंकों से उड़ रहा है।

उपनिषदों में ब्रह्म के विराट्–रूप का परिज्ञान कराने के लिए उसे आकाश की संज्ञा दी गयी है। ऋषियों ने आकाश के जिन लक्षणों को उल्लेख किया वे ब्रह्म के ही हैं। छान्दोग्य उपनिषद् के अनुसार ये समस्त भूत (पंचतत्व और प्राणी) आकाश से ही उत्पन्न हैं और उसी में विलीन होनेवाले हैं। आकाश ही सबसे श्रेष्ठ और सबका परम आधार है। आगे श्रुति कहती है – निश्चय पूर्वक आकाश ही नाम और रूप का निर्वाह करने वाला अर्थात् उसका आधार है, वे दोनों जिसके भीतर है, वह ब्रह्म है।[14] इसी विचार को महादेवी ने आकाश के बिम्ब के माध्यम से ब्रह्म के बिम्ब की योजना की है –

वक्ष पर जिसके जल उडुगण,

बुझा देते असंख्य जीवन;

कनक औ नीलम यानों पर ,

दौड़ते जिस पर निशि–वासर,

पिघल गिरि से विशाल बादल।

न कर सकते जिसको चंचल ,

तड़ित की ज्वाला घन–गर्जन,

जगा न पाते एक कंपन ;

उसी नभ सा क्या वह अविकार –

और परिवर्तन का आधार ?

पुलक से उठ जिसमें सुकुमार,

लीन होते असंख्य संसार ![15]

उपनिषदों के अनुसार सृष्टि के समस्त पदार्थों की रचना करके ब्रह्म स्वयं उसमें प्रविष्ट हो गया। महादेवी इस विषय को कुछ इस प्रकार व्यक्त करती हैं कि जिस परमात्मा ने विविध रंगों के मुकुरों से जड़ा, यह कारागार निर्मित किया और इन सभी प्रतिबिम्बों का आधार बना , क्या वही ब्रह्म इसमें बंदी हो गया ?

विविध रंगों के मुकुर सँवार ,
जड़ा जिसने यह कारागार ,
बना क्या बंदी वही आपार ,
अखिल प्रतिबिंबों का आधार ?[16]
आगे वे इस प्रकार कहती है –
उसमें मर्म छिपा जीवन का,
एकतार–अगणित कंपन का,
एक सूत्र सब के बंधन का,
संसृति के सूने पृष्ठों में करूण काव्य वह लिख जाता।[17]

समस्त प्राणियों का जीवन का एक मात्र संचालक वह शक्तिमान ब्रह्म है तथा सृष्टि में व्याप्त विविध असीम कंपन मूलतः उसी से सम्बद्ध रहते हैं। परब्रह्म ही संसृति के सूने पृष्ठों पर करूण- काव्य की रचना करता है। तार तथा कंपन, सूत्र तथा बंधन के बिंबों के द्वारा ब्रह्म से संसार की इसी संबद्धता को व्यक्त किया गया है।

प्रकृति के सभी उपकरणों में ब्रह्म व्याप्त है तथा उसकी आभा से सारा विश्व दीप्त है –

तेरी आभा का कण नभ को
देता अगणित दीपक–दान;
दिन को कनक–राशि पहनाता
विधु को चाँदी सा परिधान।[18]

प्रकृति में व्याप्त उस सर्वेश की छवि का दर्शन करती है। महादेवी वर्षा में उसकी महिमा की छाया देखती हैं। नील गगन में उसके अनंत विस्तार को देखकर मुग्ध होती हैं , जिसकी सुषमा का शोभा मण्डित एक कण ,राशि - राशि फूलों के वनों

को पुष्पित कर देता है। प्रलय के झंझावात में उसकी भृकुटि विलास का दर्शन होता है। इस प्रकार प्राकृतिक व्यापारों के आधार पर ब्रह्म के क्रिया – कलापों का गत्यात्मक बिम्ब प्रस्तुत करती हैं –

तेरी महिमा की छाया छवि
छू होता वारीश अपार
नील गगन पा लेता घन सा
तम सा अंतहीन विस्तार ।

सुषमा का कण एक खिलाता
राशि राशि फूलों के वन ,
शत शत झंझावात प्रलय –
बनता पल भ्रू संचालन ।"[19]

इस प्रकार इन पंक्तियों में महादेवी विराट् की भव्य झाँकी प्रस्तुत करती हैं। प्रकृति को अलौकिक विराट् –चेतना से सम्पन्न मानती हुई महादेवी कहती है "प्रकृति के लघु तृण और महान् वृक्ष, कोमल कलियाँ, कठोर शिलाएँ , अस्थिर जल और स्थिर पर्वत , निबिड़ अन्धकार और उज़्ज्वल विद्युत–रेखा ,मानव की लघुता–विशालता , कोमलता–कठोरता , चंचलता-निश्चलता और मोह-ज्ञान का केवल प्रतिबिंबि न होकर एक ही विराट् से उत्पन्न सहोदर है।"[20]

महादेवी के काव्य में ब्रह्म संबंधी सूक्ष्म जिज्ञासाएँ व्यक्त हुई हैं।

ब्रह्म अपार ज्योति स्वरूप स्वयं निराकार है। ब्रह्म आकाश की भाँति विकार शून्य है। वह समस्त परिवर्तनों का आधार है। वह अनेक सृष्टि का आयोजन कर चुका है। महादेवी द्वारा आकाश के बिम्ब के माध्यम से ब्रह्म की अभिव्यक्ति हुई है। आकाश तत्त्व सर्वोपरि है। निम्नांकित पंक्तियों में देखिए -

उसी नभ सा क्या वह अविकार
और परिवर्तन का आधार ?
पुलक से उठ जिसमें सुकुमार
लीन होते असंख्य संसार ![21]

महादेवी के काव्य में बिम्ब - विधान

महादेवी कहीं-कहीं उस निराकार ब्रह्म को साकारता से भी युक्त रूप में प्रस्तुत करती है तथा उस प्रियतम की पद ध्वनि की चर्चा करने लगती हैं -

उस सूने पथ में अपने

पैरों की छाप छिपाये,

मेरे नीरव मानस में

वे धीरे-धीरे आये ।[22]

इन पंक्तियों के अवलोकन के पश्चात् हमारी कल्पना में एक छाया-बिम्ब उभरता है निर्जन पथ पर धीरे-धीरे पग धरते हुए कोई आ रहा है।

अस्तु, महादेवी ने अरूप, अव्यक्त एवं अगोचर परब्रह्म से प्रणय संबंध स्थापित कर उसकी छवि को कल्पना के आधार पर बिंबों में व्यक्त करने का सफल प्रयत्न किया है।

जीवात्मा :

महादेवी की जीवात्मा संबंधी धराणाएँ उपनिषदों से प्रभावित हैं। मानव का शरीर पंच महाभूतों के तत्त्वों के संयोग से निर्मित है। यही चिंतन महादेवी में जिज्ञासा के रूप में व्यक्त हुआ है –

नील नभ का असीम विस्तार

अनल से धूमिल कण दो चार,

सलिल, से निर्भर वीचि-विलास

मन्द मलयानिल से उच्छवास।

धरा से ले परमाणु उधार,

किया किसने मानव साकार ?[23]

पंच महाभूतों (पृथ्वी, जल, अग्नि, वायु, आकाश) के योग से निर्मित मानव शरीर में ब्रह्म का चिदंश सदा विद्यमान रहता है। यह प्राण-तत्त्व ब्रह्म से प्रकट होता है और उसी में विलीन हो जाता है। यह अंश रूपी चेतना, समष्टि चेतना से अभिन्न है जैसे समुद्र से उसकी तरंगे –

सिंधु को क्या परिचय दें देव !

बिगड़ते बनते वीचि विलास ,

क्षुद्र है मेरे बुद् बुद् प्राण

तुम्हीं में सृष्टि, तुम्हीं में नाश ![24]

महादेवी जीवात्मा और ब्रह्म को अभिन्न स्वीकार करती हैं। उनकी कविताओं में यही अभेद भाव व्यक्त हुआ है – यदि ब्रह्म विधु का बिम्ब है तो जीवात्मा उसकी रश्मि है जो पृथ्वी का स्पर्श कर उसी में विलीन हो जाती है।इस शाशवत सत्य का प्रतिपादन करते हुए रश्मि को मुग्धा एवं अबोध कहना -नारी के रुप में मानवीकरणहै -

तुम हो विधु के बिम्ब और मैं

मुग्धा रश्मि अजान,

जिसे खींच लाते अस्थिर कर

कौतूहल के बाण ![25]

इस बिम्ब के आधार पर यह बताया गया है कि जैसे चंद्रमा से ही रश्मि का जन्म होता है और उसी में अंतर्हित हो जाती है ठीक उसी प्रकार ब्रह्म से जीवात्मा का आविर्भाव होता है और अन्त में उसी में लीन हो जाती है।

ब्रह्म और जीवात्मा की अभिन्नता कुछ और सरल बिंबों में व्यक्त करती हैं -

चित्रित तू मैं हूँ रेखा क्रम

मधुर राग तू मैं स्वर संगम,

तू असीम मैं सीमा का भ्रम ,

काया छाया में रहस्यमय !

प्रेयसि–प्रियतम का अभिनय क्या ?[26]

संसार में उस वस्तु का परिचय दिया जाता है जो अपने से दूर हो, अनभिज्ञ हो। जो अपने से अभिन्न है उसका परिचय नहीं दिया जा सकता । ब्रह्म सीमा रहित और असीम है। अतः जीवात्मा की सीमा भ्रम मात्र है। वह भी परमात्मा का अंश होने के कारण असीम है। काया और छाया की भाँति वे दोनों अभिन्न हैं। प्रेयसी और प्रियतम का अभिनय भी विचित्र लगता है इस विचार धारा की सुंदर अभिव्यक्ति खण्डित–बिंबों के माध्यम से हुई है।

महादेवी के काव्य में बिम्ब - विधान

कवयित्री यह धारणा व्यक्त करती है कि उनमें और परमात्मा में अद्वैतता है। उनके प्राणों का निरंतर स्पंदन समय है। उनकी प्रत्येक साँस काल की माप बन गयी है। यह जगत् भी उन्हीं का दर्पण है। उनकी सभी क्रियाओं का प्रतिबिंब इस विश्वरूपी दर्पण में विद्यमान है। विश्व का सारा कार्य व्यापार उनसे अभिन्न। वे अपने ब्रह्म रूपी प्रियतम से इस प्रकार कहती हैं - तुम मेरे सर्वस्व होने के कारण विश्व के सभी पदार्थों तथा व्यक्तियों से मेरा सह –अस्तित्व है। सारे विश्व में तुम समाये हुए हो। अतः मेरा किसी से व्यापार नहीं हो सकता।

यह क्षण क्या ? द्रुत मेरा स्पंदन ,

यह रज क्या ? नव मेरा मृदु तन,

यह जग क्या ? लघु मेरा दर्पण ,

प्रिय तुम क्या ? चिर मेरे जीवन

मेरे सब, सब में प्रिय तुम,

किससे व्यापार करूँगी ?[27]

अद्वैत दर्शन के दार्शनिक विचार उनके काव्य में भावना से आवृत होकर प्रकट हुए हैं। एक कविता में उन्होंने कहा है – कठिन सीमा बंधनों से बँधे नामरूपात्मक जगत् में आयी जीवात्मा परदेशिनी के समान है –

रूप रेखा उलझनों में

कठिन सीमा बंधनों में ,

जग बंधा निष्ठुर क्षणों मे !

अश्रुमय कोमल कहाँ तू

आ गई परदेशिनी री ![28]

इन पंक्तियों में जगत के बन्धनों में बँधी कोमल जीवात्मा को विवश परदेशिनी के रूप में बिम्बित किया गया है। इसकी दार्शनिक पृष्ठभूमि कुछ इस प्रकार है। जीवात्मा न केवल चिन्मय ब्रह्म का अंश है अपितु वह स्वयं चिन्मय एवं शाश्वत है। अज्ञात एवं माया के प्रभाव से जीवात्मा इस जगत् के कठोर बंधनों में आबद्ध है। अपने स्वरूप के वास्तविक ज्ञान के पश्चात् वह इन जड़–बंधनों से विमुक्त होकर पुनः शाश्वत में लीन हो जाएगी। इससे स्पष्ट होता है कि जीवात्मा अल्पकाल के लिए आये हुए परदेशी के

समान है, जिसे अपना देश लौटना अनिवार्य है। इस गंभीर दार्शनिक विचार को भावनापूर्ण शब्दावली में अभिव्यक्त किया गया है।

महादेवी का प्रिय बिम्ब है – 'दीप'। 'दीप' को 'जीवन' का अप्रस्तुत बनाकर, उसके 'जलने' तथा 'बुझने' की दो क्रियाओं के आधार पर उन्होंने क्रिया–निर्भर बिम्ब की योजना की है। सामान्य दीप के समान जीवन – दीप जलने के लिए अनेक वस्तुओं का संयोग अपेक्षित होता है। अंतर यही है कि जीवन–दीप के आधार भूत उपकरणों से हम अनभिज्ञ रहते हैं। इसलिए उसके बुझने में तो आश्चर्य करते हैं परंतु उसके जलने ही से आश्चर्यान्वित होना पड़ता है। बुझना तो स्वाभाविक परिणति है और जलने में ही उसका सौन्दर्य निहित है, उसके अस्तित्व की दीप्ति है –

इन उत्ताल तरंगों पर सह
झंझा के आघात ,
जलना ही रहस्य है,
बुझना है नैसर्गिक बात ।[29]

जीवन के लिए भी यही सत्य है। अनेक संघर्ष करते हुए जीव का अपने अस्तित्व को बनाये रखना आश्चर्य की बात है। अन्यथा मृत्यु तो स्वाभाविक परिणति ही है।

जगत् :

महादेवी की जगत् संबंधी धाराणाएँ वैदिक – दर्शन, उपनिषद आदि से प्रभावित हैं। उन्होंने जगत् के संबंध में चिंतन कई धरातलों पर किया है। कहीं दार्शनिक स्वरूप की चर्चा हुई तो कहीं व्यावहारिक दृष्टि से । उपनिषदों के अनुसार सर्व प्रथम सर्वत्र शून्यता ही थी । इस शून्यता को इस प्रकार अंकित किया है –

न थे जब परिवर्तन दिन-रात
नहीं आलोक तिमिर थे ज्ञात !
व्याप्त था सूने में सब ओर
एक कम्पन थी एक हिलोर ![30]

जब अपनी शून्यता से ऊब गया उसके मन में कामना जाग्रत हुई कि "एकोSहं बहुस्याम प्रजायेयिति" और कामना करते ही त्रिगुणात्मिका सृष्टि विकसित होने लगी।

महादेवी के काव्य में बिम्ब - विधान

परिणामतः ब्रह्म रूपी शिल्पी ने विश्व प्रतिमा का निर्माण किया है। इस भाव को महादेवी ने यूँ व्यक्त किया है -

    हुआ त्यों सूनेपन का भान

    प्रथम किसके उर में अम्लान ?

    और किस शिल्पी ने अनजान ,

    विश्व प्रतिमा कर दी निर्माण ?[31]

ब्रह्म को जगत् के निर्माण के निमित्त किसी बाह्य उपादानों की आवश्यकता नहीं है। ब्रह्म स्वयं जगत् का निमित्त और उपादान कारण है। महादेवी उसकी पुष्टि के लिए मकड़ी का बिम्ब प्रस्तुत करती है।

    स्वर्ण-लूता सी कब सुकुमार

    हुई उसमें इच्छा साकार ?

    उगल जिसने तिनरंगे तार,

    बुन लिया अपना ही संसार ।[32]

स्वर्ण लूता के समान सुकुमार इच्छा जागृत होने पर ब्रह्म ने त्रिगुणात्मिका प्रकृति से युक्त सृष्टि की रचना की है। इस प्रकार मकड़ी के जाले के बिम्ब के आधार पर इस गहनतम दार्शनिक विचार को अभिव्यक्ति प्रदान की गयी है।

जीवन और मृत्यु :

महादेवी के काव्य में जीवन और मृत्यु से महत्त्वपूर्ण विषयों पर भी चिंतन हुआ है। ये दोनों विषय मानव मनीषा के समक्ष एक शाश्वत सत्य को उपस्थित करते हैं , जिसका आद्य-पर्यन्त उस सत्य का सम्यक् और सर्व सम्मत समाधान पाया नहीं जा सका । प्राणी के जन्म के साथ ही मृत्यु भी एक ऐसी शृंखला के रूप में जुड़ी हुई है जिसको कभी तोड़ा नहीं जा सकता । आदि में अंत के छिपे होने का आभास ही मनुष्य को इस दिशा में चिंतन के लिए प्रेरणा प्रदान करता है। उपनिषदों के अनुसार आत्मा अमर है। जड़ शरीर के नष्ट हो जाने पर भी चेतन आत्मा कभी विनष्ट नहीं होती और वह तब तक जड़ शरीरों में पुनः प्रविष्ट होती रहती है जब आत्मा अपने मूल रूप में अवस्थित न हो जाए। इस प्रकार उपनिषद जीवात्मा की शाश्वतता पर विश्वास करती है।

विश्व जीवन के उपसंहार !
तू जीवन में छिपा वेणु में ज्यों ज्वाला का वास,
तुझ में मिल जाना ही है, जीवन का चरम विकास।
पतझड़ बन जग में कर जाता
नव बसन्त संचार ![33]

जैसे वेणु–वन में दावाग्नि छिपी रहती है उसी प्रकार जीवन में मृत्यु का निवास है। मृत्यु के द्वारा ही जीवन का नव विकास संभव है। पतझड़ ही तो नव वसंत में रूपान्तरित होता है।

'दीपशिखा' की एक रचना में महादेवी ने मृत्यु संबंध धारणा को भावात्मक आवरण में प्रस्तुत किया है। जीव को या मनुष्य को चंचल बालक और मृत्यु को स्नेहमयी माँ के रूप बिम्बित किया है जो अत्यंत मर्मस्पर्शी है। जैसे क्रीडा के उपरांत आये हुए धूल भरे बालक को माँ अपनी स्नेहमयी गोद में आश्रय देती है और उस गोद में शिशु सुख पाता है उसी प्रकार मानव जीवन भर संसार क्षेत्र में कष्टों से जूझते हुए जब वह क्लान्त, कलुषपूर्ण और विषण्ण हो उठता है , तो मृत्यु उसे वत्सल माँ की भाँति आश्रय प्रदान करती है-

तू धूल भरा ही आया
ओ चंचल जीवन–बाल !
मृत्यु जननी ने अंक लगाया।[34]

जब जीव संसार के कष्टपूर्ण स्थितियों से गुजर कर थकित उन्मन – सा हो जाता है तब मृत्यु–जननी करूणार्द्र हो जाती है और उसे अपने हिम–स्निग्ध करों से सुलाती है। इस प्रकार इस बिम्ब का भावगत एवं वैचारिक सौन्दर्य दर्शनीय है- –

जिस दिन लौटा तू चकित थकित–सा उन्मन,
करूणा से उसके भर भर आये लोचन ,
चितवन छाया में दृग जल से नहलाया !
पलकों पर धर धर अगणित शीतल चुम्बन,
अपनी साँसों से पोंछ वेदना के क्षण,
हिम स्निग्ध करों से बेसुध प्राण सुलाया।[35]

महादेवी के काव्य में बिम्ब - विधान

उसकी दशा को देखकर माँ की आँखे भर-भर आती हैं। स्नेहातिरेक से उसके पलकों पर अगणित चुंबन धरती है और अपनी स्नेह सिक्त साँसों से वेदना के क्षणों को पोंछ उसके बेसुध संतप्त प्राणों को हिम- स्निग्ध करों से थपकी देकर सुलाती है। इस प्रकार कठोरव्रता मृत्यु को मातृवत्सला रूप में बिंबत किया है। आगे की पंक्तियों में उन्होंने पुनर्जन्म में अपने विश्वास को प्रतिपादित किया है। जैसे माँ थकित, उन्मन बालक को फिर नूतन प्रभात में सजा – सँवार कर खेल के लिए भेजती है उसी प्रकार फिर जीव का नये रूप में प्रादुर्भाव इस विश्व-प्रांगण में अवश्यम्भावी है।

नूतन प्रभात में अक्षय गति का वर दे

तन सजल घटा सा, तड़ित्-छटा सा उर दे,

हँस तुझे खेलने फिर जग में पहुँचाया।[36]

मृत्यु कैसे हो जाती है, इसकी व्याख्या 'मधुपान' के बिम्ब के आयोजन के माध्यम से व्यक्त किया है –

काल के प्याले में अभिनव

ढाल जीवन का मधु-आसव,

नाश के हिम अधरों से मौन

लगा देता है आकर कौन ?[37]

परब्रह्म को अपना प्रिय मानकर आत्मा की सहज मिलन-विरह भावनाओं को अभिव्यक्ति करने के कारण महादेवी का सम्पूर्ण काव्य रहस्यभावना से ओतप्रोत है। उनकी मधुर अनुभूतियों की अभिव्यक्ति सूक्ष्म, गरिमायुक्त एवं औदात्यपूर्ण है। महादेवी में मिलन की तीव्र आकांक्षा भी है और मुक्ति के प्रति उपेक्षा की भावना भी। वह मिलन के लिए प्रयत्नशील है और प्रियतम से दूर रहकर विरहानुभूति के माधुर्य को सदा बनाये रखना भी चाहती है। इस तरह विरोधाभासपूर्ण अनुभूतियों की अभिव्यक्ति के कारण उनका काव्य स्वतः ही रहस्यपूर्ण हो गया। उस असीम परब्रह्म से प्रणयानुभूति की भावनाओं तथा अनुभूतियों को व्यक्त करते हुए भाषा भी मूक हो जाती है तथा महादेवी अपने सीमित शब्दों में असीम भावनाओं को व्यक्त करती हैं। "उनका शब्द-संयोजन सीमित है, लेकिन बिम्ब सदैव नये होंगे। भावों का आदान प्रदान बहुत मिलेगा।"[38]

रहस्य भवना की प्रथम दशा जिज्ञासा की है। महादेवी के काव्य में जिज्ञासा और आस्था का अपूर्व संयोग है। उनके हृदय में जिज्ञासा का अपार स्रोत विद्यमान है। सृष्टि के कण-कण के स्रष्टा के लिए जिज्ञासा का भाव है तथा उस सृजनकर्ता के प्रति प्रबल आस्था भी है।

महादेवी के काव्य में 'दीपक' का बिम्ब आत्मा के लिए बहुधा प्रयुक्त है। इस बिम्ब के माध्यम से वे आत्मा के उद्गम के स्त्रोतों के बारे में जिज्ञासा प्रकट करती हैं-

किन उपकरणों का दीपक,
किसका जलता है तेल ?
किसका वर्ती , कौन करता,
इसका ज्वाला से मेल ?[39]

'दीपक' का बिम्ब यहाँ सामान्य न होकर आध्यात्मिक पुट से युक्त होने के कारण अत्यन्त प्रभावशील बन गया है।

महादेवी को परमात्मा की सत्ता और अस्तित्व में सुदृढ़ विश्वास है इसकी अभिव्यक्ति अत्यन्त गंभीरता के साथ सटीक बिंबों के माध्यम से व्यक्त हुई है-

छिपा है जननी का अस्तित्व
रुदन में शिशु के अर्थ–विहीन ;
मिलेगा चित्रकार का ज्ञान
चित्र की जड़ता में लीन ।[40]

जैसे शिशु के रूदन में जननी का अस्तित्व छिपा है और चित्र का अस्तित्व ही उसके रचयिता के अस्तित्व को प्रमाणित करने के लिए पर्याप्त है , उसी प्रकार बहुरंगी सृष्टि ही स्रष्टा के अस्तित्व को प्रमाणित करने के लिए पर्याप्त है।

महादेवी उस अनंत ब्रह्म की आराधिका हैं। ब्रह्म उनका प्रियतम है। इस दिव्य प्रेम का आरंभ उनके प्रारम्भिक कविताओं में ही पाया जाता है। उनके सम्पूर्ण काव्य में उनकी दिव्य प्रणयानुभूतियों की मधुर व्यंजना है। इन प्रणयानुभूतियों की अभिव्यक्ति में माधुर्य का कारण है–सीमा को सीमातीत से मिलाने के लिए लौकिक प्रेम की संबंध भावना। "लौकिक प्रेम की यह तीव्रता संबंध भावना के बिना व्यक्त नहीं हो सकती,

अतः उस संबंध की कल्पना करनी पड़ती है , जैसे कबीर ने की, मीरा ने की है। जीवन का सबसे मधुर संबंध दांपत्य के अतिरिक्त दूसरा नहीं , यहाँ पर बहस हो सकती है कि दांपत्य ही क्यों, दूसरे क्यों नहीं तब भी यह मानना पड़ता है कि 'दांपत्य सूत्र' ही सब सूत्रों का मूल है। इस 'दांपत्य सूत्र' के बंधन में महादेवी ने बँधकर एक निराले संबंध की सृष्टि की है , जो हृदय तथा मस्तिष्क को एक दूसरे से मिलाता है। महादेवी इसीलिए 'प्रिय' 'प्रियतम' कहकर संबोधित करती हैं तथा उसकी एकान्त 'प्रिय़ा' बनकर अहरह आत्म निवेदन करती हैं।[41]

महादेवी के काव्य में यह प्रणयानुभूति अनेक सुंदर बिंबों के रूप में अभिव्यक्त हुई है। मिलन की तीव्र आकांक्षा को इन पंक्तियों में व्यक्त किया है –

तुम विद्युत बन आना
मेरी पलकों में पग धर–धर ।[42]

यहाँ प्रिया अपने प्रियतम के स्वागत के लिए पलकों के ही पाँवड़ें बिछाकर बैठी है। प्रतीक्षारत किसी विकल नारी का उदात्त छाया बिम्ब आँखों के आगे प्रस्तुत होता है।

महादेवी अलक्षित अव्यक्त प्रियतम की स्वाभिमानी प्रेमिका हैं। मिलन मंदिर में अपने मुख पर से विरह रूपी अवगुण्ठन हटाकर अपने पृथक अस्तित्व को खोना नहीं चाहतीं । उपनिषदें भी स्पष्ट कहती हैं कि परमात्मा के दर्शन के पश्चात जीवात्मा उस परमात्मा में उसी प्रकार विलीन हो जाती है जिस प्रकार नदी अपने अस्तित्व को खोकर समुद्र में समाहित हो जाती है। किन्तु यहाँ महादेवी द्वैत दर्शन के वैष्णव भक्तों के समान परमात्मा की भक्ति या प्रणय को ही अपना चरम ध्येय मानती हैं। इस भावना को व्यक्त करते हुए वे 'तप्त सिक्ता' और 'सलिल कण' का बिम्ब प्रस्तुत करती हैं –

मिलन मंदिर में उठा दूँ जो सुमुख से सजल गुंठन ,
मैं मिटूँ प्रिय मैं मिटा ज्यो तप्त सिकता में सलिल कण ।[43]

प्रणयातिरेक से प्रिय और उनमें कई अंतर नहीं रह गया है। स्वयं प्रिय की प्रतिमा बन जाने पर अपार करूणास्नात दुःख रूपी पुजारी के द्वारा शूल रूपी अर्चना एवं क्षार अश्रु रूपी अर्घ्य से अभिषिक्त होने की कामना व्यक्त करती है। उनका दुःखमय जीवन ही पूजा की सामाग्री एवं पुजारी बन गया है। इस भावना को उन्होंने पूजा के वातावरण के बिम्ब के माध्यम से अभिव्यक्त किया है -

शून्य मंदिर में बनूँगी आज मैं प्रतिमा तुम्हारी !
अर्चना हो शूल भोले ,
क्षार दृग जल अर्घ्य हो ले ,
आज करूणा स्नात उजला
दुःख हो मेरा पुजारी ।[44]

इन पंक्तियों में पूज्य, पूजा एवं पुजारी का समावेश उनके एक ही व्यक्तित्व में प्रतीत होता है। यह अभिन्नता उसके व्यक्तित्व की सर्ववाद की भावना का द्योतक है।

"रहस्यवाद के क्षेत्र में साध्य से चिर मिलन और उसमें साधक की लीनता ही सीमा का अंत है। उपनिषदें साध् –साधक की इसी परिणति का अनेकशः प्रतिपादन करती है। महादेवी जी के गीतों में इस स्थिति के अनेक संकेत मिलते हैं।"[45]

निम्नांकित पंक्तियों में गत्यात्मक प्राकृतिक बिम्ब के माध्यम से इस दशा की ओर संकेत है -

झर चुके तारक कुसुम जब
रश्मियों के रजत–पल्लव
सन्धि में आलोक–तम की क्या नहीं नभ जनता तव ,
पार से , अज्ञात वासन्ती
दिवस–रथ चल चुका है ।[46]

महादेवी के काव्य में रहस्यानुभूति की मधुर व्यंजना हुई है। निम्नांकित पंक्तियों के अवलोकन से किसी विरहाकुल प्रणयिनी का बिम्ब मानस–पटल पर स्वतः स्फुरित होता है –

जो न प्रिय पहचान पाती !
दौड़ती क्यों प्रति शिरा में प्यास विद्युत तरल सी बन,
क्यों अचेतन रोम पाते चिर व्यथामय सजग जीवन !
किसलिए हर साँस तम में
सजल दीपक राग गाती ?

****

क्यों किसी के आगमन के
है शकुन स्पंदन मनाती ![47]

रहस्य भावना संबंधी अनेक मानस स्थितियों का चित्रण उनके काव्य में हुआ है। उनकी अलौकिक प्रियतम से मिलनाकांक्षा है। प्रकृति के माध्यम से उन्हें प्रिय के संकेत मिलते रहते हैं। मुस्कुराते हुए नभ से उन्हें संकेत मिलता है , शायद आज प्रिय का आगमन हो ! इस मात्र संकेत से ही उनके दृष्टिकोण में परिवर्तन उपस्थित हो जाता है। प्रकृति उनकी भावनाओं के अनुरूप उल्लसित प्रतीत होती है। इस भावयुक्त दशा को महादेवी ने खण्ड बिंबों में अभिव्यक्त किया है –

मुस्काता संकेत भरा नभ
अलि ! क्या प्रिय आनेवाले हैं ?
विद्युत के चल स्वर्ण पाश में बँध हँस देता रोता जलधर ;
अपने मृदु मानस की ज्वाला गीतों से नहलाता सागर ;
दिन निशि को , देती निशि दिन को
कनक रजत के मधु प्याले हैं।[48]

परवर्तित मनोदशा के कारण आज जलधर रोता प्रतीत नहीं होता अपितु अपनी प्रेयसी विद्युत के स्वर्ण बाहुपाश में बन्दी बनकर, उसके आलिंगन सुख में हँसते हुए दृष्टिगोचर होता है। आज सागर का गर्जन किसी दग्ध हृदय की चीत्कार के रूप में नहीं सुनायी पड़ता है। अपितु प्रणय गीतों से उच्छवासित जान पड़ता है। आज रात्रि दिवस से बिछुड़ती हुई , दिवस रात्रि से वियुक्त होता हुआ नहीं प्रतीत होता अपितु लगता है मानों वे एक दूसरे को सूर्य और चन्द्रमा रूपी सुनहले–रूपहले प्यालों में मधु आसव डालकर पिला रहे हैं- परस्पर माधुर्य के आदान-प्रदान में निमग्न हैं।

इस प्रकार कवयित्री द्वारा भाव युक्त कल्पना से सुसज्जित ये प्राकृतिक बिम्ब अत्यन्त प्रभावशाली एवं रमणीक हैं।

महादेवी की रहस्य भावना का आधार उस अलौकिक प्रियतम से प्रणायानुभूति है। उन्होंने सूक्ष्म अलक्षित प्रियतम के प्रति रागभावना को अभिव्यक्ति दी है। यही कारण है कि बिंबों में भी सूक्ष्मता एवं, छायात्मकता का आभास स्वाभाविक है। रहस्य भावना जैसी सूक्ष्म कोमल भावना को अपने सशक्त–शब्दावली में कोमल अभिव्यक्ति दी है।

प्रो. पी. माणिक्याम्बा 'मणि'

इस प्रकार महादेवी के दार्शनिक-बिम्ब उनके विचारों के वाहक के रूप में प्रकट हुए हैं। दर्शन जैसे नीरस विषय को सुकोमल अनुभूतियों से समन्वित कर सहृदय संवेद्य बनाया गया है। रहस्य भावना युक्त उनकी कविताएँ माधुर्य एवं अनुभूति युक्त होकर सरस हो गयी हैं। रहस्य भावना की इतनी सुमधुर अभिव्यक्ति का कारण निश्चय ही उनका आस्थामय नारी व्यक्तित्व ही है। महादेवी के दार्शनिक बिम्ब ऐन्द्रिय संस्पर्श से युक्त न होते हुए भी पाठक के मनः पटल पर छायात्मक, सूक्ष्म एवं भाव-संवलित बिम्ब प्रस्तुत करने में समर्थ हैं।

संदर्भ संकेत

1. महादेवी : दीपशिखा पृष्ठ 19-21
2. डॉ. गणपति चंद्र गुप्त : महादेवी नया मूल्यांकन पृष्ठ 59
3. महादेवी : दीपशिखा चिंतन के कुछ क्षण, पृष्ठ 11
4. महादेवी : आधुनिक कवि, पृष्ठ 36
5. डॉ. गणपति चंद्र गुप्त : महादेवी नया मूल्यांकन पृष्ठ 41
6. डॉ. गणपति चंद्र गुप्त : महादेवी नया मूल्यांकन पृष्ठ 20
7. डॉ. गणपति चंद्र गुप्त : महादेवी नया मूल्यांकन पृष्ठ 58
8. डॉ. प्रेम प्रकाश रस्तोगी : छायावाद और वैदिक दर्शन पृष्ठ 306
9. महादेवी : यामा, पृष्ठ 199
10. महादेवी : नीहार, पृष्ठ 72
11. महादेवी : यामा, पृष्ठ
12. महादेवी : सान्ध्य गीत, पृष्ठ 83-84
13. महादेवी : दीपशिखा पृष्ठ 104
14. आकाशौ वै नाम : नाम रूपायो निर्विर्वहिता ते तदन्तरा तद् ब्रह्म— छान्दोग्य उपनिषधद् 8/14/1
15. महादेवी : यामा, पृष्ठ 109
16. महादेवी : यामा, पृष्ठ 109
17. महादेवी : यामा, पृष्ठ 76
18. महादेवी : यामा, पृष्ठ 116
19. महादेवी : यामा, पृष्ठ 70-72
20. महादेवी : यामा की भूमिका, पृष्ठ 6
21. महादेवी : रश्मि, पृष्ठ 62
22. महादेवी : नीहार, पृष्ठ 80
23. महादेवी : यामा, पृष्ठ 28
24. महादेवी : रश्मि, पृष्ठ 43

25. महादेवी : रश्मि , पृष्ठ 72
26. महादेवी : नीरजा , पृष्ठ 30
27. महादेवी : नीरजा , पृष्ठ 69
28. महादेवी : सान्ध्य गीत , पृष्ठ 72
29. महादेवी : यामा , पृष्ठ 28
30. महादेवी : रश्मि , पृष्ठ 15
31. महादेवी : रश्मि , पृष्ठ 15
32. महादेवी : रश्मि , पृष्ठ 60
33. महादेवी : रश्मि , पृष्ठ 38
34. महादेवी : दीपशिखा , पृष्ठ 94
35. महादेवी : दीपशिखा , पृष्ठ 95
36. महादेवी : दीपशिखा , पृष्ठ 95
37. महादेवी : रश्मि , पृष्ठ 29
38. डॉ . कृष्णदत्त पालीवाल : महादेवी की रचना प्रक्रिया , पृष्ठ 75
39. महादेवी : रश्मि , पृष्ठ 33
40. महादेवी : यामा , पृष्ठ 96
41. डॉ . कृष्णदत्त पालीवाल : महादेवी की रचना प्रक्रिया , पृष्ठ 89-90
42. महादेवी : यामा , पृष्ठ 135
43. महादेवी : यामा , पृष्ठ
44. महादेवी : सान्ध्य गीत , पृष्ठ 21
45. डॉ . प्रेम प्रकाश रस्तोगी : छायावाद और वैदिक दर्शन - पृष्ठ 419
46. महादेवी : दीपशिखा , पृष्ठ 112
47. महादेवी : दीपशिखा , पृष्ठ 100
48. महादेवी : दीपशिखा , पृष्ठ 183

सप्तम अध्याय
महादेवी – व्यक्तित्व एवं कृतित्व

व्यक्तित्व :

कृतिकार का व्यक्तित्व उसकी कृति में परिलक्षित होता है। उसका व्यक्तित्व उसकी शारीरिक, मानसिक, चारित्रिक एवं व्यावहारिक विशिष्टताओं का समाहार होता है। सांस्कृतिक परिवेश, संवेदनाएँ, स्वभाव तथा वैयक्तिक अनुभूतियाँ उसके व्यक्तित्व की रेखाओं का निर्माण करते हैं। कलाकार की विशेषता यह रहती है कि कृति में उसका व्यक्तित्व स्पष्ट परिलक्षित होने लगता है। उसका सृजन इस प्रकार रहता है कि उसकी अनुभूतियाँ और संवेदनाएँ व्यक्त होने लगती हैं। "वस्तुतः व्यक्ति के विकास की सबसे बड़ी विशेषता यह होनी चाहिए कि उसके बौद्धिक उत्कर्ष, हृदय की भावात्मक स्फूर्ति और उसकी क्रिया में एक सामंजस्य पूर्ण तारतम्य संगठित होता रहे कि जीवन के मूल राग को विरोधी स्वरों से बचाने के साथ-साथ व्यक्ति स्वयं भी इस प्रकार ढलता चले कि जीवन की व्यापक कसौटी में सिद्ध होकर सारवान् हो उठे। महादेवी जी का व्यक्तित्व ऐसा ही सारगर्भित और सुगठित है।"[1]

समृद्ध, समुन्नत परिवार में जन्म सुसंस्कृत माता पिता का अपार स्नेह, स्वयं की समुचित शिक्षा–दीक्षा के बावजूद श्रीमती महादेवी के हृदय में एक वेदना है, दुःख है। कहा जाता है कि दुःख तो ईश्वर का वरदान है, इससे हृदय कोमल होता, भावों की अभिव्यक्ति में एक तरह का माधुर्य आ जाता है। मनुष्य का स्वभाव ईश्वरोन्मुख होने लगता है। इनका दुःख या वेदना वैयक्तिक परिस्थितियों के साथ-साथ समाज व्यापी मानवीय दुःखमय स्थिति से उद्भूत है। उनकी प्रेम भावना उन्मुक्त न होकर संयत है। उनके काव्य का प्रधान स्वर दुःख होने के कारण उनकी रचनाओं में पलायनवृत्ति अथवा नैराश्य के लिए स्थान नहीं है। उनकी विशेषता यही है कि "उन्होंने दुःख का सर्व व्यापी स्वरूप निरूपित किया, नश्वरता की सराहना की अमरता के प्रति उदासीनता प्रकट की, मृत्यु को उत्सुकता से आमंत्रण दिया, यह सब कुछ किया, पर निराशा वश नहीं, बल्कि एक विशिष्ट तथा अलौकिक आशा से प्रेरित होकर।"[2] वह

आशा थी "अनंत मिलन" की। यहाँ आकर उनके मिलन सिद्धांत का प्रयोजन तथा महत्व स्पष्ट विदित हो जाता है।

महादेवी की कविता में समाज की दुर्व्यवस्था, निस्सहाय नारियों की करुणाजनक स्थिति , व्यक्ति और समाज की परस्पर विषमता, नारी स्वभावोचित भावों का अस्पष्ट वर्णन , इच्छाओं का दमन , समाज में प्रचलित कुसंस्कारों के कारण जिनका जीवन ही अभिशाप हो गया उनका आत्मलीन भावात्मक अभिव्यक्ति है। समाज की कुरीतियों के प्रतिक्रिया स्वरूप एकांत क्रंदन है। इसलिए महादेवी की कविता को आत्म केंद्रित स्वानुभूति–प्रधान कहना ठीक है। संसार की पीड़ा का मूल्य, कवि की पीड़ा की गहनता को और अधिक उद्दीप्त करने वाले साधन के रूप में है।

महादेवी के व्यक्तित्व का दूसरा पक्ष उनके गद्य– साहित्य में स्पष्ट हो जाता है। संसार में पीड़ित जीवन के प्रति एक विद्रोही की आत्मा मुखर हो उठी है। गद्य– साहित्य में व्यक्तिगत दुःख से ज्यादा समाज में प्रचलित अन्यायों और अत्याचारों पर आक्रोश व्यक्त हुआ है। उनके काव्य साहित्य के अनुशीलन के पश्चात् कोई भी यही विचार करेगा कि भौतिक दुःखों का उनके सामने कोई मूल्य नहीं। किन्तु गद्य–साहित्य के अवगाहन के पश्चात् पाठक को उनकी विरोधी प्रवृत्तियाँ विशेष आश्चर्य जनक लगती हैं। उनकी प्रवृत्तियों की भिन्नता के बारे में श्री अमृतराय लिखते हैं , "विरोध केवल विरोधाभास नहीं , समग्र विरोध है। कवि महादेवी की दृष्टि , उनका लक्ष्य , पाठक के मन पर उनका प्रभाव , उनके साहित्यिक उपादान–सब गद्यकार महादेवी से सर्वथा भिन्न है , यहाँ तक कि कभी–कभी ऐसा जान पड़ने लगता है कि कवि महादेवी और गद्यकार महादेवी दो व्यक्ति हैं , एक नहीं।"[3] किन्तु महादेवी के व्यक्तित्व के इन दोनों छोरों को मिलने की कड़ी है– दुःख ,1947वेदना। वेदना और दुःख के संबंध में महादेवी के विचार हैं- "मैं दुःख और करूणा दोनों में अंतर मानती हूँ। दुःख भौतिक अभाव है। मैं दुखी हूँ , अभावग्रस्त हूँ , ऐसी कोई स्थिति नहीं है। और जो करुणा है वह वास्तव में अभाव की स्थिति नहीं है बल्कि दूसरे के अभाव से तादात्म्य करने की स्थिति है। तो करुणा की जो हमारी भावना जैसा कि भावभूमि कहता है – कि रस एक ही है, उसमें आवर्त है, तरंगें हैं पर जल एक ही हैं। भावभूमि भी यही मानस है- करुणा ही एक मात्र रस है। दूसरे से तादात्म्य करने की स्थिति करूणा से ही संभव है , दुःख से संभव नहीं है। करुणा तो जीवन की गहरी अनुभूति है, मुझे ऐसा लगता है कि जो लोग दुःखवाद की बात बार-बार कहते है, वे शायद समझते हैं , मैंने बौद्ध धर्म बहुत

पढ़ा है। भगवान बुद्ध संसार को दुःखमय मानते हैं, पर मैं तो बिलकुल नहीं मानती हूँ , आत्मा को भी मानती हूँ, परमात्मा को भी मानती हूँ ।"[4] इस प्रकार वे अपनी अनुभूति को दुःख से अधिक वेदना की संज्ञा से अभिहित करना अधिक पसंद करती हैं। उनके काव्य में वैयक्तिक अभाव की अनुभूति– 'दुःख' की भी अभिव्यक्ति हुई है। किन्तु "तादात्म्य के लिए करूणा की ही मानसिक स्थिति है और दुःख तो बहुत कुछ परिस्थिति से बँधा है।"[5]

महादेवी के काव्य में वेदना को स्वर मिला है। यह वेदना विरह–जन्य है। कहते हैं विरह की अवस्था मिलन की अवस्था से अधिक आनंदमयी होती है। मिलन क्षणिक है , किन्तु वियोग चिरस्थायी है। माना जाता है कि वेदना का संबंध आनंद से है, दुःख से नहीं। "दुःख - सुख भौतिक वस्तुएँ हैं। वेदना आनन्द में मिलने वाली पयस्विनी है। वेदनात्मक गीतों में आनन्द की प्राप्ति का यही रहस्य है। हमारे साहित्य में इस प्रकार के कवि जिनका काव्य वेदना से प्रस्फुटित और साधना से पोषित है, कम नहीं , और ऐसे काव्य के रचयिता ही यथार्थ में उत्कृष्ट और सच्चे कवि हैं।"[6]

अनुभूति को तीव्रता के साथ अनुभव करना और उसके मनुष्य मात्र की अनुभूति के रूप में अभिव्यक्त करना कविता की सफलता मानी जाती है। "अपने अहं सापेक्ष अनुभव को अहं निरपेक्ष करना ही कला की सफलता है।"[7] सरलता और माधुर्य के साथ इतनी गहराई इनके काव्य में ही लक्षित होती है। "इनकी कला इतनी सूक्ष्म है कि संगीत और चित्रकला इनके काव्य का आधार बन गयी है। कोई भी चित्रकार उनकी कविता में उत्कृष्ट चित्रण सामाग्री पा सकता है और साथ ही एक संगीतज्ञ उसी में सूक्ष्म लय और स्वर । उनकी कविता के चित्र चित्रकला को काव्य बनाने में समर्थ हैं , और उनके गीत संगीत को सचित्र भावना का रूप देते हैं। वे स्वयं काव्यमय बनाने का सामर्थ्य रखती हैं।"[8]

साहित्य में शीर्ष स्थान प्राप्त करने पर भी वे ममतामयी हैं। अन्यों के प्रति सहानुभूतिशील हैं। उनके नारीत्व के अहं उनके व्यक्तित्व का अहं नहीं , नारी मात्र का अहंभाव है। उनकी दृष्टि में यह ऐसा अहं है जो प्रत्येक नारी में होना चाहिए। "महादेवी जी के आँसू भारत की सभी नारियों की आँसू हैं। उनका दुःखों का ही सुख मानने का भाव भारत की परंपरा प्रिय नारियों का भाव है जो जीवित इसलिए रही है कि विपत्तियों से समझौता करना जानती थी उन्हें अपना भाग्य समझकर भोगना जानती थी।"[9] इनकी कविताओं में वैयक्तिकता का कार्य रहस्य रूप से हुआ । भारतीय परंपरा के अनुसार

यह नारी की अपनी वैयक्तिक सीमा है। इसी कारण अस्पष्ट अभिव्यक्ति के लिए उन्हें विवश होना पड़ा। कुछ आलोचकों के अनुसार – "महादेवी की सम्पूर्ण कविता की पृष्ठ भूमि उनकी नारीयोचित महत्त्वाकांक्षा की पराजित भावना का उच्छवास है जो करुणा विगलित स्वरों में 'प्रेम की पीर' की साधना बन गया है।"[10] महादेवी की व्यक्तित्व बहुमुखी प्रतिभा सपन्न है। महादेवी साहित्यकार, चित्रकार और मूर्तिकार ही नहीं वरन् एक व्याख्याता एवं सक्रिय समाज सेविका भी हैं। सत्य तो यह है कि महादेवी की भाव चेतना गम्भीर, मार्मिक एवं संवेदनशील है, यही कारण है उनकी क्षमता का प्रत्येक रूप विशेष रूप से मौलिक एवं प्रभावोत्पादक है। उन्होंने अपने काव्य द्वारा एक विशेष शैली की स्थापना की है। श्रोताओं को अभिभूत करने की अद्भुत क्षमता महादेवी में विद्यमान् है।

महादेवी के व्यक्तित्व के संबंध में विचार करते हुए डॉ. नगेन्द्र का कथन अत्यंत महत्त्वपूर्ण माना जाता है। उनहोंने लिखा – "मुझे लगता था कि मैंने 'अतीत के चल चित्र' की ममतामयी विधात्री के दर्शन तो कर लिये, शृंखला की कड़ियों की लेखिका का तेजस्वी रूप भी देख लिया परंतु छायावाद को जिस विरह विदग्ध को देखने मैं गया था , वह अपने साधना कक्ष से बाहर नहीं आयी। .और महादेवी जी के विषय में आज भी यही सत्य है। उनके व्यक्तित्व के तीन रूप हैं – एक ममतामयी भारतीय महिला का जो बड़ों से छोटी और छोटों से बड़ी बहन की तरह व्यवहार करती है। दूसरा राष्ट्र की जागृत मेधाविनी नारी का जिसके विचारों में दृढ़ता और वाणी में अपूर्व तेज है, और तीसरा रहस्य –कल्पनाओं की भावपूर्ण कवयित्री का जिसने मधुरतम, छायावादी गीतों की सृष्टि है। इसमें पहला इनका पारिवारिक रूप है जो साहित्यिक बंधुओं के सीमित वृत्त में प्रकट होता है , दूसरा सामाजिक रूप है जो सार्वजनिक मंचों पर दीप्त हो उठता है और तीसरा काव्य की मधुर साधना में लीन एकांतिक रूप है जो सामने नहीं आता।"[11]

इस प्रकार उनका व्यक्तित्व आत्म केंद्रित तथा समाज केंद्रित होकर प्रकट हुआ है। श्री गंगा प्रसाद पाण्डेय जी ने महादेवी के व्यक्तित्व की समीक्षा करते हुए उन्हें 'हिमालय' के समान अभिवर्णित किया है - "वास्तव में महादेवी जी से तुलना करने के लिए हिमालय ही सबसे अधिक उपयुक्त है। उनके व्यक्तित्व का वही उन्नत और दिव्य रूप वही विराट तथा विशाल प्रसार, वही 'अमल – धवल' एवं अटल-अचल

धीरता – गंभीरता, वही पर दुःख कातरता, करूणा तथा स्नेह सिक्त तरलता और सबसे बढ़कर वही सर्व सुखद शुभ्र मुक्त –हास –यही तो महादेवी हैं।"[12]

सौन्दर्य - भावना :

महादेवी की सौन्दर्य भावना अत्यंत कोमल एवं मधुर है। उन्होंने अपने काव्य–संग्रहों की भूमिकाओं में कला, काव्य और सौन्दर्य भावना पर विस्तृत विवेचन किया । किसी जन समूह को उसकी विशिष्टता उसके सौन्दर्य संबंधी दृष्टिकोण से प्राप्त होती है। यही वह तत्त्व है जो दो भिन्न जन-मानस को पृथक प्रस्तुत करता है। सौन्दर्य-बोध जीवन की सहज वृत्ति है। इसलिए सब में सहज ही समान तथा परिवेश की विशेषता के कारण विशेष होता है। जीवन के सभी क्षेत्रों में मानव का सौन्दर्य–बोध व्यक्त होता है और प्रभावित करता रहता है। सौन्दर्य इतनी व्यापक और सहज अनुभूति है कि उसको परिभाषा की परिधि में बाँधना कठिन कार्य है। महादेवी के अनुसार "सामान्यतः वह ऐसी सुखद अनुभूति है जो वस्तुओं, रंगों, रेखाओं आदि की विशेष सामंजस्य पूर्ण स्थिति में अनायास ही उत्पन्न हो जाती है।"[13] यह परिभाषा जितनी व्यापक है उतनी ही सूक्ष्म भी । रंग, रेखाओं के सामंजस्य के साथ–साथ हृदय की भावनाओं तथा विचारों के सामंजस्य से भी एक निराले सौन्दर्य की सृष्टि हो जाती है, जो मन को मुग्ध कर देती है। इसलिए उन्होंने आगे लिखा है "मनुष्य के पास बाह्य जगत के समान एक सचेत अंतर्जगत् भी है, अतः उसका सौन्दर्य–बोध दोहरा और अधिक रहस्यमय हो जाता है। यह केवल परिवेश के सामंजस्य पर प्रसन्न नहीं होता, वरन् विचार, भाव और उनसे प्रेरित कर्म की सामंजस्य पूर्ण स्थिति पर प्रसन्न होता है। उसके अन्तर्जगत् का सामंजस्य बाह्य जगत् में अपनी अभिव्यक्ति चाहता है और बाह्य जगत् का सामंजस्य अन्तर्जगत् में अपनी प्रतिच्छवि आँकना चाहता है।"[14]

सौन्दर्य के प्रति महादेवी के ये विचार आध्यात्मिक हैं। उनके अनुसार सौन्दर्यानुभूति सदैव रहस्यात्मक होती है। सौन्दर्यानुभूति सदैव व्यापक सौन्दर्य की अनुभूति होती है। उनके विचार में सौन्दर्य का संबंध भाव जगत् से है। वे सौन्दर्य के बाह्य पक्ष की अपेक्षा आंतरिक पक्ष पर अधिक जोर देती हैं। इसी कारण इनके काव्य में सौन्दर्य का बड़ा सूक्ष्म अंकन हुआ है। सौन्दर्य का अशरीरी वर्णन इनके काव्य की सबसे बड़ी विशेषता है। डॉ. कुमार विमल लिखते हैं – "छायावादी कवियों के बीच

महादेवी के विचारों और रचनाओं में मांसल तथा स्थूल सौन्दर्य के प्रति उपेक्षा का भाव सबसे अधिक मिलता है। स्थूलता और मांसलता के प्रति अविरल विकर्षण के कारण ही महादेवी सूक्ष्म सौन्दर्य की प्रतिष्ठा को छायावाद की सबसे बड़ी उपलब्धि मान सकी हैं। इस प्रकार इन्होंने सौन्दर्य को जिस अमांसल भाव से देखा है उसकी वैचारिक पीठिका स्पष्ट है। तदनंतर सौन्दर्य–विवेचन के प्रसंग में कुछ स्थलों पर इन्होंने अपनी दार्शनिक पैठ का परिचय दिया है।"[15]

छायावादी कवि काव्य में संवेग, भावुकता प्रेम इत्यादि से सम्बद्ध , वैयक्तिक अनुभूतियों को अभिव्यक्त करना चाहता है। अतः उन वैयक्तिक सूक्ष्म अनुभूतियों की अभिव्यक्ति को प्रेषणीय और सहृदय ग्राह्य बनाने के लिए ये कवि अपनी कविताओं में चित्रात्मकता, संवेग के कारण संगीतात्मकता का अनायास ही समावेश करते थे। अंग्रेजी के रोमांटिक काव्य में भी इसी कारण तीन ललित कलाओं (चित्र, संगीत, और काव्य) का समावेश हो गया है। रोमांटिक काव्य में क्लासिक काव्य की उपेक्षा चित्रकला का तात्त्विक समावेश अधिक रहता है। "क्लासिक काव्य की तुलना में रोमांटिक कविता के गुण माने जा सकते हैं- मानव अनुभूतियों को परम मूल्य देना, तर्क बुद्धि की जगह संवेग को अधिक महत्त्व देना, अभिव्यक्ति शैली के स्वीकृत नियमों से अधिक विषय पक्ष की सुरक्षा को महत्त्व देना तथा विधान (फॉर्म) के क्षेत्र में स्वतंत्रता और ललित–व्यंजना के प्रति विशेष साकांक्ष होना। फलस्वरूप काव्येतर ललित कलाओं के प्रति आग्रही होना। स्पष्ट है रोमांटिक काव्य के ये सभी लक्षण छायावादी कविता में कुछ न कुछ अंशों में अवश्य मिलते हैं।"[16]

छायावादी कवियों के बीच में काव्य और चित्र के तात्विक अन्तः संबंध की दृष्टि से महादेवी की काव्य-साधना महत्त्वपूर्ण है। इनके काव्य के विवेचन में इनके काव्य से विशेष सहायता मिलती है। महादेवी के काव्य और चित्र में अन्योन्याश्रित संबंध है। महादेवी का चित्रकला पर विशेष अनुराग भी है। उनके अनुसार "माध्यम की दृष्टि से चित्र सूक्ष्म और स्थूल के मध्य में स्थिति रखता है। देश सीमा के बंधन में रहते हुए भी वह रंगों की विविधता और रेखाओं की अनेकता के सहारे काव्य को रंग रूपात्मक साकारता दे सकता है। अमूर्त भावों का जितना मूर्त वैभव चित्रकला में सुरक्षित रह सकता है उतना अन्य किसी कला में सहज नहीं। इसी से हमारे प्राचीन चित्र जीवन की स्थूलता को जितनी दृढ़ता से सँभाले हैं और जीवन की सूक्ष्मता को भी उतनी ही व्यापकता से बाँधे हुए हैं।"[17]

महादेवी के काव्य में ललित-कलाओं के सम्मिश्रण में तात्विक अन्तः संबंध की दृष्टि से चित्रकला के साथ मूर्तिकला का भी प्रभाव परिलक्षित होता है। उन्होंने स्वयं स्वीकार किया है कि उनकी कविताओं में चित्रकला के साथ मूर्तिकला की छाया भी आ गयी है। यह उनकी मूर्तिकला के प्रति विशेष अनुराग के कारण ही हो गया है। "कुछ अजन्ता के चित्रों पर विशेष अनुराग के कारण और कुछ मूर्तिकला के आकर्षण से चित्रों में यत्र-तत्र मूर्ति की छाया आ गयी है। यह गुण है या दोष, यह तो मैं नहीं बता सकती पर इस चित्र–मूर्ति सम्मिश्रण ने मेरे गीत को भार से नहीं दबा डाला है, ऐसा मेरा विश्वास है।"[18]

छायावादी काव्य में प्रकृति और नारी का विशेष वर्णन मिलता है। छायावादी सौन्दर्य चेतना का मुख्य आधार है– प्रकृति और नारी।

"प्रकृति सौन्दर्य अथवा नारी सौन्दर्य का अंकन छायावादी कवियों को बहुत प्रिय रहा है। सच पूछिए तो प्रकृति छायावादी सौन्दर्य दृष्टि का सहज आलंबन है। प्रसाद और महादेवी के प्रकृति चित्रणों में अंकित गुंफन की सूक्ष्मता तथा पंत की कविताओं में प्राप्त प्राकृतिक उपादानों की प्रचुर नूतनता इसे पूर्णतः प्रमाणित करती है।"[19]

छायावादी कवियों ने प्रकृति का अनेक माध्यमों से वर्णन किया है। शुद्ध प्रकृति–वर्णन, भावारोपित प्रकृति वर्णन, संगीत धर्मी प्रकृति–वर्णन आदि। किन्तु इन कवियों में प्रकृति और नारी सौन्दर्य के तादात्म्य की एक मुग्ध दृष्टि सदा परिलक्षित होती है। इसी कारण इनकी कविता में प्रायः प्रकृति–सौन्दर्य पर नारी सौन्दर्य और कार्य–व्यापार का आरोप दृष्टिगोचर होता है। अतः प्रकृति का मानवीकृत रूप मिलता है और प्रकृति–सौन्दर्य का मूर्त्त चित्रण मिलता है।

इनके काव्य में सौन्दर्य के प्रति शिशु सुलभ जिज्ञासा और विस्मय भाव की अभिव्यक्ति है। "छायावादी कविता की यह एक प्रमुख विशेषता है कि इसमें जहाँ सौन्दर्य विधान के लिए मानवीकरण का मंडान बाँधा गया है, वहाँ प्रकृति –सौन्दर्य पर नारी रूप और नारी सुलभ क्रिया व्यापारों का आरोप कर दिया गया है। किन्तु जहाँ नारी के मांसल सौन्दर्य की स्थूल जड़ता से मुक्त करने का प्रयास किया गया है , वहाँ नारी रूप पर प्रकृति सौन्दर्य का आरोप कर दिया गया है ताकि नारी प्रकृति की रहस्यमयी शक्ति और भास्वर सौन्दर्य से मण्डित हो सके।"[20]

प्रो. पी. माणिक्याम्बा 'मणि'

इस प्रकार छायावादी काव्य में प्रकृति पर नारी सौन्दर्य और क्रिया व्यापारों के आरोप के साथ-साथ नारी पर प्रकृति के सौन्दर्य का आरोप कर, उसको महती शक्ति तथा रहस्यमय सौन्दर्य से युक्त किया गया है।

महादेवी की सौन्दर्य–साधना की आधार भूमि तो प्रकृति ही है। उसी के अनेक चित्रणों में उनके सौन्दर्य बोध की विशेषताएँ परिलक्षित होती है। "महादेवी की रचनाओं का मूल सौन्दर्याधार तो प्रकृति ही है– बाह्य प्रकृति। प्रकृति का चित्रण करते हुए महादेवी वर्ण, ध्वनि, गंध, स्पर्श, और रस के सूक्ष्म ऐन्द्रिय बोध जाग्रत करती है कि पाठक का संवेदनापूर्ण हृदय कहीं उल्लास शिथिल नहीं होता।"[21] महादेवी के काव्य में प्रकृति को दार्शनिक आशय के साथ-साथ प्रतीक और अलंकरण के रूप में भी व्यक्त होने का अवसर मिला। इस प्रकार महादेवी के काव्य में प्रकृति और सौन्दर्य भावना का अभिन्न संबंध है।

काव्य - विकास :

महादेवी की काव्य – प्रतिभा उनके बचपन से ही प्रकट होने लगी थी। सात वर्ष की आयु में ही उहोंने प्रथम कविता की रचना की। "उसी अवस्था में पूजा आरती के समय माँ से सुने हुए मीरा, तुलसी आदि के तथा उनके स्वरचित पदों के संगीत पर मुग्ध होकर इन्होंने पद रचना प्रारंभ कर दी थी।"[22] छात्रावस्था में प्रयाग आने से पहले ही वे सरस्वती पत्रिका से परिचित हो चुकी थीं और मैथिलीशरण गुप्त की कविताओं से भी परिचय प्राप्त हो चुका था। कुछ समय तक वे ब्रजभाषा में कविता लिखती रहीं, किन्तु बाद में खड़ी बोली में काव्य रचना करने लग गयीं। महादेवी की प्रथम पूर्ण रचना 'दिया' है। इसके पूर्व वे ब्रजभाषा में कविताएँ लिखती थीं। मिडिल परीक्षा के लिए अध्ययन के समय इन्होंने एक करूण खण्ड–काव्य लिखा।

महादेवी ने सामाजिक जागृति की प्रेरणा से प्रेरित होकर राष्ट्रीय भावना पूरित कविताओं का प्रणयन किया। 'शृंगारमयी, अनुरागमयी भारत जननी ,भारतमाता तेरी उतारूँ आरती माँ भारती' आदि गीतों की सृष्टि हुई जो विद्यालय के वातावरण में गूँजकर खो गयीं। उन कविताओं के साथ ही उनकी कविता का शैशव भी समाप्त हो गया। उसके बाद उनकी 'अबला', 'विधवा' आदि रचनाएँ – "आर्य महिला जगत्" आदि पत्रिकाओं में प्रकाशित हुई। उसके उपरांत उनकी काव्य–प्रकृति उनकी मूल भाव धारा की ओर उन्मुख हो गयी है।

महादेवी के काव्य में बिम्ब - विधान

महादेवी की कविता में व्यक्तिगत दुःख वेदना सर्वव्यापी वेदना का रूप ग्रहण करने लगा और प्रत्यक्ष का स्थूल रूप एक सूक्ष्म चेतना की झलक देने लगा। इस भाव की प्रथम रचना का प्रकाशन "चाँद" पत्रिका में हुआ। उस समय से उनकी रचना प्रक्रिया आबाध गति से चलती रही। अधिक भाग उनके मैट्रिक पास होने के पहले ही लिखा गया है जो बहुत बाद प्रकाशित 'नीहार' में संगृहीत है।

कवि सम्मेलनों , वाद–विवाद प्रतियोगिताओं में उन्होंने एक मिडिल, दसवीं, ग्यारहवीं कक्षा की विद्यार्थिनी के रूप में भाग लिया और उनके पुरस्कार प्राप्त किये। उस समय की प्रचलित प्रसिद्ध सभी पत्र-पत्रिकाओं में कविताएँ प्रकाशित होने लगीं। उनकी कविताओं की सर्वत्र प्रशंसा की जाने लगी और काव्य मर्मज्ञों का ध्यान अनायास ही इस नवीन प्रतिभा की आश्चर्यजनक कीर्ति आकर्षित करने लगी। किन्तु उस समय वे मिडिल और इंटर की विद्यार्थिनी ही थीं , कहा जाता है , "अपने कालेज जीवन में कालेज के बच्चों के नाटक खेलने के लिए आपने एक काव्य – रूपक की रचना की थी, जिसमें फूल, भ्रमर, तितली और वायु को पात्र बनाया गया है। न जाने क्यों आगे आपने इस विधा को प्रश्रय नहीं दिया।"[23]

इस प्रकार उनकी काव्य प्रतिभा का प्रस्फुटन तो बाल्यावस्था में ही हो चुका था। काव्य विकास की अनेक सीढ़ियाँ पार करती हुई उनकी प्रतिभा समुन्नत एवं समृद्ध होती गयी। विकास के ये सोपान हैं –

1. नीहार
2. रश्मि
3. नीरजा
4. सांध्य गीत
5. दीपशिखा
6. सप्तपर्णा

नीहार :

महादेवी का प्रथम काव्य संग्रह 'नीहार' है जिसमें 1924-1928 तक की कविताएँ संग्रहीत हुई। कल्पना की स्वच्छन्द उड़ान, भावुकता का अप्रतिहत आवेग, प्रेम और विरह की गहन अनुभूति, प्रस्तुत विषय को परोक्ष रूप से गोपनीय बनाकर प्रस्तुत करने की कला, प्रकृति से आत्मीय संबंध, अनुभूति को मार्मिक तथा जीवन रूप में अभिव्यक्त करने की भंगिमा आदि छायावाद की सभी विशेषताएँ इस काव्य–संग्रह की कविताओं में उपलब्ध हो जाती हैं।

प्रो. पी. माणिक्याम्बा 'मणि'

महादेवी जी की प्रमुख काव्यानुभूति वेदना 'नीहार' में स्पष्ट परिलक्षित होती है। उनकी वेदना मधुर भावना से सिक्त है। उसमें प्रणय के मृदुल लहरियों का उठने गिरने का भाव चित्रण है। इनकी कविताओं में वैयक्तिकता का भी प्रबल प्रभाव है। "वस्तुतः इस भावना के पीछे परंपरा की शृंखला में जकड़ी हुई नारी का वह वैयक्तिक सीमा है जो उसे अस्पष्ट अभिव्यक्ति के लिए बाध्य करती है।"24

महादेवी का काव्य मानवीय अनुभूतियों की सहज अभिव्यक्ति है। उनमें ऐन्द्रिय आकर्षणों का चटकीला वर्णन नहीं है किन्तु गहन अनुभूतियों का वर्णन ही दृष्टिगोचर होता है। उनकी रचनाएँ सर्वत्र उदात्त और गरिमा युक्त "वे उच्च मनोदशा की गीतकार हैं। उन्होंने मानवीय अनुभूतियों की गरिमा और सात्विकता को वाणी दी है, पर उसका आधार एकांततः वैयक्तिक है।"25

इस प्रकार 'नीहार' में महादेवी की मनोदशा के मार्मिक गीत हैं। नीहार में महादेवी के काव्य व्यक्तित्व का प्रथम परिचय मिलता है। इसलिए किसी कवि की प्रथम कृति में जो सामान्य कमियाँ होती हैं 'नीहार' में भी वे ही हैं। अभिव्यक्ति का धुँधलापन है। वैयक्तिक अनुभूतियों को, भावनाओं को, रहस्यात्मक और अलौकिक रूप में प्रस्तुत करने की चेष्टा की गयी। किन्तु 'नीहार' में वैयक्तिकता तथा अनुभूतियों की लौकिकता सहज स्फुरित होने लगती है। काव्य का लौकिक होना कोई दोष नहीं है। उसकी सहज अनुभूतियों का मार्मिक वर्णन ही काव्य मर्मज्ञों के आकर्षण का कारण होता है। महादेवी का विरह बाह्यतः रहस्याभास–युक्त प्रतीत होते हुए भी वस्तुतः शुद्ध वैयक्तिक विरह है। अपने विरह में महादेवी घनानन्द, प्रसाद और बच्चन के अधिक निकट हैं। इनके समान महादेवी का विरह वैयक्तिक, अनुभूत है।"26 यह सत्य है कि रहस्यात्मकता या भक्ति–भावनायुक्त होना ही, काव्य नहीं है। विश्व के अनेक महान् कवि भक्त न थे। किन्तु कला के क्षेत्र में वे अद्वितीय हैं। कालिदास और शेक्सपीयर भी भक्त न थे। किन्तु कोई भी भक्त कवि उनके सामने नहीं ठहर सकता।

रश्मि :

रश्मि का रचनाकाल सन् 1928-1931 है। रश्मि के रचनाकाल में उन्हें अनुभूति से चिंतन अधिक प्रिय होने लगा था। महादेवी ने व्यक्तिवादी अहं केंद्रित तथा व्यक्तिगत भावनाओं का उदात्तीकरण या उन्नयन दुःख की भाव प्रसारिणी स्थिति द्वारा ही स्वीकार किया है। सुख व्यक्ति की आत्मा का संकोचन है, दुःख उसका प्रवाह।

दूसरे शब्दों में दुःख ससीम को असीम के धरातल पर प्रतिष्ठित करने का एक मात्र साधन है क्योंकि ससीम भावों की संकीर्णता का द्योतक है और असीम उन्मुक्त स्वच्छन्द गति का प्रतीक है।

एक वेदना ऐसी होती है जो व्यक्ति को कुण्ठित कर देती है, दूसरी ऐसी जो उसे संघर्ष , विद्रोह तथा नवसृजन के लिए प्रेरित करती है। एक वेदना व्यक्ति को ह्रासोन्मुख बना देती है और दूसरी संसार के दुःख का अवलोकन कर उसे सम्पूर्ण शक्ति के साथ हटाने की विवश करती है। महादेवी को अध्यात्म लोक का आकर्षण भी उनको 'रश्मि' में जनजीवन के दुःख से नितांत दूर नहीं कर सका है। संसृति की पीड़ा का स्वर निरंतर उनको विचलित कर रहा था, उपेक्षा करने का सामर्थ्य 'रश्मि' की महादेवी में नहीं है –

तेरा वैभव देखूँ या
जीवन का क्रंदन देखूँ ।

"दुःख मेरे निकट जीवन का ऐसा काव्य है जो संसार को एक सूत्रों में बाँध रखने की क्षमता रखता है। हमारे असंख्य सुख हमें चाहे मानुष्य की पहली सीढ़ी तक भी न पहुँचा सके किन्तु हमारा एक बूँद आँसू भी जीवन को अधिक मधुर, अधिक उर्वर बनाये बिना नहीं गिर सकता । मनुष्य सुख को अकेला भोगना चाहता है, परंतु दुःख सबको बाँटकर –विश्व जीवन में अपने जीवन को, विश्व वेदना में अपनी वेदना को इस प्रकार मिला देना जिस प्रकार जल बिन्दु समुद्र में मिल जाता है, कवि का मोक्ष है।"[27]

इस प्रकार महादेवी ने 'रश्मि' में वेदना और दुःख के प्रति मोह प्रकट किया है। किन्तु वह निराशाजन्य न होकर जीवन के विशाल कर्म क्षेत्र में व्यक्तित्व की समस्त क्षमता और शक्ति के साथ सघर्ष की प्रेरणा देता है। इसमें महादेवी का चिंतन शील व्यक्तित्व का स्पष्ट आभास मिलता है।

नीरजा :

'नीरजा' महादेवी के काव्य–शिखर का तृतीय सोपान है। यह हिन्दी-गीति–काव्य के चरम विकास का स्पर्श पा लेता है। इसमें अनुभूति का उत्कर्ष है , साथ ही कलात्मक मनोज्ञता भी समाहित है। महादेवी के नीरजा के गीत कल्पना की उत्कृष्ट

उड़ान, भावों की मर्मस्पर्शी अगम गहराई एवं गंभीर विचारों से युक्त है। महादेवी के गीत धरती के गीत हैं, उनमें व्याप्त वेदना बाह्य संसार में सर्वत्र लक्षित होनेवाला है। उनके काव्य में प्राप्त होनेवाली उनकी दार्शनिकता का आधार उनका जीवन दर्शन ही है। महादेवी के गीतों में प्रायः एक ही आलंबन के प्रति भावों का अजस्त्र प्रवाह है, जिसमें तरलता और माधुर्य का पूर्ण विकास है। ऐसा लगता है महादेवी के काव्य में प्राप्त होने वाली इस प्रगाढ़ प्रणयानुभूति और विरह जन्य वेदना का आधार लौकिक प्रेम और विरह की अनुभूति होगी। अनुभूति के अभाव में अलौकिक तथा आध्यात्मिक अनुभूति का इतना सुंदर वर्णन असंभव नहीं तो कठिन अवश्य है। प्रणयानुभूति का ऐसा सूक्ष्म एवं हृदयग्राही चित्रण नहीं हो सकता। " 'नीरजा' में 'नीहार' का उपासना भाव और तीव्रता तथा तन्मयता के साथ जागृत हो उठा है। इसमें अपने उपास्य के लिए केवल आत्मा की करूण अधीरता ही नहीं अपितु हृदय की विह्वल प्रसन्नता भी मिश्रित है। 'नीरजा' यदि अश्रुमुखी वेदना के कणों से भीगी हुई है तो साथ ही आत्मानन्द के मधु मधुर भी है। मानों कवि की वेदना, कवि की करूणा अपने उपास्य के चरण स्पर्श से पूत होकर आकाश गंगा की भाँति इस छायामय जग को सींच देने में ही अपनी सार्थकता समझ रही है।"[28]

'नीरजा' के गीतों का प्रभाव आश्चर्यजनक है। इनके गीतों में रागात्मक अनुभूति की तीव्रता का एक ऐसा समाहित प्रभाव रहता है कि कुछ क्षणों के लिए मानसिक आवेग गीत के भाव में केंद्रित हो जाते और कहीं नहीं जाते । इसके प्रभाव या महकता के कारण कला पक्ष की प्रौढ़ता या परिपूर्णता नहीं है और संगीतात्मकता भी यह परिणाम नहीं है। इन गीतों के अंतर में समाविष्ट सूक्ष्म भाव-गरिमा के कारण ही पाठक को अपने में लीन करने की क्षमता आ सकी है।

महादेवी की वेदना करूणा और आत्मदान से तरंगायित है। इनकी वेदना के मूल में निराशा नहीं, किन्तु वह करूणा है, जो दूसरों के शूलों को फूलों में परिवर्तित कर देती है। दूसरों के दुःख को शीतल चंदन का लेप देने के लिए व्याकुल रहती है। उनकी करूणा का आदर्श भगवान बुद्ध हैं। वे आज भी बेसुध मानव को जगाने की प्रेरणा भगवान बुद्ध से पाती हैं।

सान्ध्य गीत :

'सान्ध्य गीत' में कुछ गीतों का संग्रह किया गया है। इसका रचनाकाल है – 1934-1936 । 'नीरजा' और 'सान्ध्य गीत' तक आते-आते महादेवी की मानसिक स्थिति सुख-दुख में अनायास ही सामंजस्य स्थापित करने लगी थी। 'सान्ध्य गीत' में आत्मा की तृप्ति की भावना लक्षित होती है। विरह की तीव्रतम अनुभूतियों को उपासना भाव की चरम सीमा को और सुखद अनुभूतियों को व्यक्त करती है। इन गीतों में अनुभूति पर चिंतन का प्रभाव स्पष्ट मालूम होने लगता है।

महादेवी अपने युग की श्रेष्ठ कवयित्री हैं। उनके चिंतन का उस युग की विचारधारा से समीपी संबंध है। वे उच्च मनोदशा की गीतकार हैं। उनके अनुसार गीत की परिभाषा इस प्रकार है - "सुख दुःख के भावावेशमयी अवस्था विशेष का गिने चुने शब्दों में स्वर साधना के उपयुक्त चित्रण कर देना ही गीत है।"[29] उनके गीतों में भावों का आवेग और आकुलता है। किन्तु वैचारिक–गांभीर्य, उनके नारी व्यक्तित्व का आत्म–संयम तथा वैयक्तित्व भाव–धारा के कारण उनके काव्य का प्रवाह उद्दाम तथा उन्मुक्त हो कर नहीं बहता। अनुभूति की आवेशमयी स्थिति में इनकी भावनाएँ गीत के आरंभिक पंक्तियों में कहीं कहीं आवेशमयी स्वर के साथ गूँजने लगती हैं। किन्तु दर्शन और चिंतन के प्रभाव से इनकी भावनाएँ गंभीर और मंथर गति से आगे बढ़ती हैं। महादेवी के गीतों में मानव संस्कृति का उदात्त रूप सुरक्षित है। साहित्य में उनके उच्च स्थान पाने का रहस्य भी यही है। महादेवी के गीत गंभीर–मनोदशा, सुसंस्कृत–व्यक्तित्व तथा समृद्ध शब्द संकेतों का काव्य है।

'सान्ध्य गीत' के गीतों में सुख दुःख के सामंजस्य पूर्ण स्थिति का वर्णन है। गीत सहज रूप से मानव के सुख दुख के उद्गार हैं। इसलिए लोक गीत और साहित्यिक गीतों में कोई मूलभूत अंतर नहीं है। हृदय की सहज अभिव्यक्ति होने के कारण लोकगीत अधिक मर्मस्पर्शी होते हैं। लोक गीतों के प्रति महादेवी का विशेष आकर्षण है। उनके गीतों में कहीं-कहीं अनुभूति पर चिंतन का प्रभाव है। इस चिंतन के कारण उनकी आस्था और विश्वास को दृढ़ता प्राप्त हुई है। इन गीतों में उपासना भाव चरम सीमा पर है। 'सान्ध्य गीत' के गीतों को महादेवी के साधना के गीत भी कहा सकते हैं। इसको भी 'नीरजा' के समान स्तर की बनाने का प्रयत्न किया गया है। लेकिन 'नीरजा' के गीतों में जो कोमलता , मधुरता और अनुभूति की तीव्रता लक्षित होती है वह इन गीतों में नहीं आ सकी है। रहस्य का सम्मोहन और गीतों की मधुरता इन गीतों को

संस्पर्श करती–सी लगती है। कुछ आलोचक गीतांजलि की भावनाओं की समानता 'सान्ध्य गीत' में पाते हैं। भावानुभूति का जहाँ तक प्रश्न है गीतांजलि और सान्ध्य गीत के भावों में निकटता, भावोच्छवास में वही प्राबल्य भी है। लेकिन यहाँ 'गीतांजलि' की काव्यकला उदात्त है, परिष्कृत है, अनुभूतियों की सहगामिनी है, कल्पना में एकतानता है, प्रसार है, अटूट शृंखला है, वहाँ 'सान्ध्य गीत' में वह सब नहीं है।"[30]

महादेवी ने 'सान्ध्य गीत' में प्रकृति को एक विशेष रूप में चित्रित किया है। सान्ध्य गीत में प्रकृति का चित्रण कुछ इस प्रकार किया है कि प्रकृति में जीवन को एकाकार कर दिया है। 'सान्ध्य गीत' का प्रथम गीत 'प्रिय सान्ध्य गगन मेरा जीवन' - उत्कृष्ट गीत है। सान्ध्य गगन के सौन्दर्य के साथ अपने जीवन का सामंजस्य स्थापित किया है।

दीपशिखा :

छह साथ वर्षों के मौन के पश्चात् महादेवी ने 'दीपशिखा' का प्रकाशन किया। 'दीपशिखा' में 51 गीत हैं। प्रत्येक गीत का अर्थवाही चित्र भी दिया गया है। इस प्रकार गीतों के लिए चित्र, चित्रों के लिए गीतों का प्रकाशन हिन्दी साहित्य के लिए नया है।

प्रकृति के प्रति एक विस्मय की भावना, फिर तादात्म्य की अनुभूति, विश्व में एक व्यापक वेदना और रहस्यानुभूति आदि सोपानों को पार करता हुआ उनका काव्य 'दीपशिखा' में चरमोत्कर्ष तक पहुँच गया है। 'पंथ रहने दो अपरिचित, प्राण रहने दो अकेला' की आस्था और आवेग के साथ 'दीपशिखा' का प्रारंभ होता है और 'पूछता क्यों शेष कितनी रात' 'दीप मेरे जल अकंपित' के साथ उनकी साधना आगे बढ़ती है। इनकी शक्ति का आधार तो आत्म विश्वास है। आत्म दर्शन की दृष्टि से 'दीपशिखा' का महत्त्व अधिक है। 'नीहार' से 'दीपशिखा' तक की यात्रा के बाद उनकी अनुभूति सूक्ष्म हो गयी है। 'दीपशिखा' में कल्पना की ऊँची उड़ान लक्षित होती है। अपना दुःख, अपनी वेदना के साथ व्यापक जीवन और संसार में व्याप्त दुःख को अनुभव करने की शक्ति उसमें है। "सुख दुःख का सामंजस्य , समरस दृष्टिकोण इनके गीतों का मूल आत्म निवेदन है और 'दीपशिखा' उनके मन का प्रतीक हो कर आयी है। यहाँ गीत को सूक्ष्म भावात्मक रूप प्राप्त हुआ है , जो तन्मयता और आकर्षण में अभूत पूर्व है। दीपशिखा में करूणा की आत्म विकीर्ण ज्योति है जो जड़-चेतना के अणु-अणु में प्रकाश भर देना चाहती है। अज्ञात के प्रति महादेवी के संकेतों में स्पष्टतः एक काव्यगत

सार्थकता है।"[31]

'दीपशिखा' में महादेवी के काव्य में आध्यात्मिक भाव-भूमि की सर्वाधिक व्यंजना हुई है। उनके काव्य में पार्थिवता के आधार पर अपार्थिवता की अभिव्यक्ति हुई है। 'दीपशिखा' में अनुभूति की तीव्रता है। उसमें लौकिक प्रेम का आवेग और लोक गीतों के विरह की मार्मिकता का संस्पर्श है।

'दीपशिखा' में उस अनंत विरह वेदना की अभिव्यक्ति हुई है जो आत्मा की चिर पुकार है। "महादेवी 'मैं' द्वारा उस अद्भुत वेदना को अभिव्यक्त करती हैं जो नश्वर को चरितार्थ करती है। चाहती तो किसी सर्वनाम या प्रतीक द्वारा वे यह कार्य कर सकती थीं, नहीं करतीं। इसका कारण अनुभूति के बाह्य यथार्थ का क्षणिक उत्तेजन हो सकता है। परंतु वे जीवन के अतल गांभीर्य में अनुभव करती कि शून्य के बिना सत्ता का, अंधकार के बिना प्रकाश का, अभाव के बिना भाव का, सीमा के बिना असीम का कोई अर्थ नहीं है। परंतु सत्ता के आते ही शून्य भर जाता है, प्रकाश के मिलते ही अंधकार दूर हो जाता है असीम की गाढ़ अनुभूति सीमा का लोप कर देती है। कितनी विषम स्थिति है। मिलन की व्याकुलता की परिणति है – सीमा का लोप। इस अनादि वेदना से सारा विश्व मनोहर हो उठा है।"[32]

'दीपशिखा' में उनको वेदना में आनंद मिलने लगती है। वस्तुतः महादेवी ने अपने भीतर के व्यक्ति को विश्व जीवन और चेतना के प्रवाह में बहने दिया है जहाँ व्यक्तिगत दुःख कोई प्रभाव नहीं डाल सकता। यहाँ व्यक्ति चेतना को सर्वात्म चेतना में तिरोहित करने का प्रयत्न है। प्रणय के सूक्ष्म संकेतों में भी अलौकिकता के दर्शन होते हैं। उनका अलौकिक प्रियतम उसी विश्व–जीवन –चेतना का प्रतीक है जिसके प्रति महादेवी की आत्मा अपना प्रणय – निवेदन करती है। दीपशिखा में भाषा और भाव प्रौढ़ हैं। अनुभूति में व्यापकता और तीव्रता, तथा भावों की अभिव्यंजना परिपक्व एवं मार्मिक है। अलौकिक रहस्यानुभूति को अभिव्यक्ति करने के लिए उन्होंने लौकिक आश्रय ले लिया है।

'दीपशिखा' उनकी अटल, अजस्त्र साधना का प्रतीक है। "यहाँ दीपक समर्पण का प्रतीक है, आत्म दान का द्योतक है। जलते रहकर प्रिय के पथ को उद्भासित करने के उल्लास का सूचक है। वह शापमय वर है। जिसे वेदना कहा गया है वह महान्

के प्रति अहैतुक आत्मदान का उल्लास है, जिसे मिटना कहा गया है, वह सीमा का महिमा का उद्घोष है।"[33]

महादेवी का काव्य प्रबन्ध काव्य भी नहीं और शृंखलाबद्ध भी नहीं है। वह तो गीतियों का समूह है। आज का युग व्यक्ति प्रधान है, गीति काव्य की सबसे बड़ी विशेषता भी यही है। महादेवी के गीतों में गीति काव्य के सभी तत्त्व विद्यमान हैं। उनमें अनुभूति की तीव्रता, रूप की संक्षिप्तता, किसी एक विशिष्ट–भावना का चित्रण, लय, गति, और संगीत का सुंदर संयोजन है।

सप्तपर्णा :

सप्तपर्णा में वैदिक सूक्तों बौद्ध भिक्षुओं के 'पालि' गीतों के साथ वाल्मीकी, अश्वघोष, कालिदास, भवभूति और जयदेव के काव्यों से चुने हुए स्थलों का अनुवाद है। संस्कृत के कवियों की महादेवी के पसंद की कविताएँ अनूदित हैं। अनुवाद, गीत और कविता दो प्रकारों में हुआ। 'सप्तपर्णा' का प्रकाशन सन् 1960 में हुआ।

संस्कृत काव्य को छायावादी काव्य शैली में प्रस्तुत करना कठिन कार्य है। इसे अनुवाद न कहकर, हिन्दी में प्रस्तुतीकरण कहना अधिक संगम होगा। संस्कृति कवियों के काव्य के आधार पर यह काव्य प्रणयन नहीं है अपितु अनुवाद – पद्धति के आधार पर किया गया एक साहसिक साहित्यिक प्रयत्न है।

सप्तपर्णा के आधार पर संस्कृत न जानने वाले संस्कृत के विख्यात कवियों की वाणी से परिचय प्राप्त कर सकेंगे। कला और काव्य का मानदण्ड रखने वाले आचार्य इस कृति पर किसी भी प्रकार की आलोचना करें किन्तु साहित्य के सामान्य जिज्ञासु पाठक के लिए यह अत्यंत उपादेय सिद्ध होगी।

गद्य – साहित्य

अतीत के चल – चित्र और स्मृति की रेखाएँ :

महादेवी वर्मा आधुनिक युग की एक प्रमुख कवयित्री के नाम से विख्यात हैं। परंतु जब कोई साहित्य प्रेमी उनके गद्य साहित्य से थोड़ा भी परिचित होता तो वह उनके गद्य लेखन के प्रति विशेष आकर्षित होगा। उनके कवयित्री रूप से ज्यादा गद्यकार का रूप प्रभावशाली लगता है। कुछ आलोचक उन्हें कवि से अधिक सफल गद्यकार मानते भी हैं।

महादेवी के काव्य में बिम्ब - विधान

महादेवी ने अपने 'अतीत के चल चित्र' में उनके अतीत के जीवन की स्मृतियों के सहारे रेखाचित्र प्रस्तुत किये हैं उनके वैयक्तिक जीवन में जो लोग संपर्क में आये, जिनसे उनके चिंतन की दिशा बदली है, प्रेरणा मिली है , उन पात्रों का रेखांकन किया गया है। इन संस्मरणों के धुँधले आलोक में लेखिका का व्यक्तिगत जीवन झाँकता है। लेखिका ने इन अतीत चित्रों को अपनी भावना की आर्द्रता के साथ अभिव्यक्ति दी है।

महादेवी ने अतीत के चलचित्र में समाज के शोषित , दीन -दुःखी, पीड़ित और दलित वर्ग का यथार्थवादी रूप प्रस्तुत किया है। ये पात्र न कोई पौराणिक या ऐतिहासिक महा-पुरुष हैं , न समाज के समृद्ध प्रतिष्ठित उच्चवर्ग के हैं। वे तो जनजीवन के कुरूप चिह्न हैं , जो अशिक्षा के कारण दीन और सरल हैं और समाज के निर्धारित नियमों को तोड़ने के कारण अत्यंत उपेक्षा के पात्र बने हुए हैं। 'अतीत के चल चित्र' में महादेवी के कोमल करूणा स्मृतियों का चित्रण हुआ है। इसके पात्र हैं – समाज के श्रमजीवी –वर्ग के रामा – भृत्य , नेत्रहीन, अलोपीदीन, बदलू कुम्हार, और लछमा है तो दूसरी ओर बाल विधवा , मारवाडिन, मातृहीना बिन्दा, परित्यक्ता सबिया, बाल विधवा माँ आदि हैं। घीसा जैसे कर्तव्यरत जिज्ञासु दीन शिष्य पर उनका विशेष स्नेह है।

'अतीत के चल चित्र' का प्रत्येक संस्मरण स्मृति – चित्र है। उसमें लेखिका का जीवन भी सन्निविष्ट है। अतीत चित्रों में कल्पना के समावेश के लिए कोई स्थान नहीं है। कहानी कला के आवश्यक अंग कल्पना तत्त्व के अभाव में इन्हें कई आलोचक संस्मरण ही मानते हैं। यह संस्मरण संभवतः पाश्चात्य साहित्य के संपर्क की देन है। यह गद्य- शैली का अभिनव रूप है जो जीवन के सत्य और वास्तविकता की अनुभूतिमय अभिव्यक्ति करता है।

गीति काव्य में व्यक्ति - प्रधान महादेवी की भावना उनके गद्य – साहित्य में समाज प्रधान हो गयी । गद्य साहित्य में उनके मातृत्व की ममता, बहन का स्नेह और नारीत्व की विविध अनुभूतियों की अभिव्यक्ति अत्यंत सहज और स्वाभाविक रूप से हुई है। समाज में व्याप्त दुःख, दैन्य , अशिक्षा , उत्पीड़न आदि के प्रति विराट् सहानुभूति , असीम करूणा और ममता है। कहीं उनका विद्रोहिणी रूप भी प्रबल हो जाता है – किन्तु करुणा और ममता से अभिभूत । इन स्मृति-चित्रों में कई ऐसे रेखा – चित्र हैं जो महादेवी जी के जीवन से सीधा संबंध रखते हैं। पात्रों के चित्रण के साथ कलाकार के

जीवन – कथा के हृदय छूने वाले प्रसंग भी आ गए हैं। "इन स्मृति चित्रों में मेरा जीवन भी आ गया है। यह स्वाभाविक भी था। अंधेरे की वस्तुओं को हम अपने प्रकाश की धुँधली या उजली परिधि में लाकर ही देख पाते हैं, उसके बाहर तो वे अनंत अंधकार के अंश हैं। मेरे जीवन की परिधि के भीतर खड़े होकर चरित्र जैसा परिचय दे पाते हैं, वह बाहर रूपांतरित हो जाएगा।"[34]

समाज के द्वारा उपेक्षित, दलित एवं शोषित वर्ग को महादेवी ने करूणा पूर्ण सहानुभूति से अंतरंग अध्ययन कर उसका रेखा – चित्र प्रस्तुत किया है। उनमें दबा हुआ विद्रोह भी कहीं - कहीं मुखरित हो उठा। महादेवी ने भारतीय नारी की अभिशप्तावस्था और परवशता का चित्र उपस्थित करते हुए विविध रूपों का अध्ययन प्रस्तुत किया है। "महादेवी के रेखा चित्रों में पात्र कम बोलता है। इसलिए संवाद कम हैं। किन्तु जितने संवाद हैं वे चरित्र की सूत्र रूप में व्याख्या करने में समर्थ है।"[35] उन पात्रों के विषय में लेखिका ज्यादा बोलती है। किन्तु उनके बोलने में ही चरित्र बोल उठता है।

महादेवी ने स्मृति चित्रों को प्रभावोत्पादक व हृदयस्पर्शी बनाने के लिए उपमानों की योजना की है। मुहावरेदार भाषा होने के कारण कथन में संक्षिप्तता एवं प्रभविष्णुता आ गयी है। भाषा में प्रवाह है। अनेक स्थलों पर काव्यमय वाक्य – योजना उनके कवि हृदय का परिचय देती है। उनके रेखाचित्रों में समाज के प्रति एक जागरूक दृष्टिकोण लक्षित होता है। कवि के रूप में वे भौतिक समस्याओं से जितनी दूर हैं गद्य साहित्य में वे उतना ही समाज के समीप हैं। इसमें उनकी प्रबल सामाजिक चेतना को वाणी मिली है। उनका घृणा से अधिक, ममता और सहानुभूति में विश्वास है, उनकी विद्रोह की अग्नि की ज्वाला करूणा और सहानुभूति से आच्छादित है। फिर भी वे नारी के प्रति होनेवाले अत्याचारों से व्याकुल होकर समाज की कुरीतियों पर कहीं कहीं प्रहार करने लगती हैं।

महादेवी में रेखाचित्र लिखने की प्रबल शक्ति है। वे एक कुशल चित्रकार हैं और गीति काव्य में भाव चित्र प्रस्तुत करने की क्षमता रखती हैं। यही कारण है कि उनके चित्र काव्यमय हैं और काव्य चित्रमय। इनके शब्द चित्र या रेखा चित्र में तो काव्य और चित्र का अपूर्व सम्मेलन है। साहित्य की इस विधा में उनकी प्रतिभा अप्रतिम है। उनके 'अतीत के चलचित्र' और स्मृति की रेखाएँ हिन्दी साहित्य में अद्वितीय हैं।

महादेवी के काव्य में बिम्ब - विधान

शृंखला की खाड़ियाँ :

शृंखला की खाड़ियों के निबन्धों में भारतीय नारी की सामाजिक, आर्थिक एवं सांस्कृतिक समस्याओं का बहुत गहराई से विश्लेषण – विवेचन किया गया है। ये निबन्ध 'चाँद' के संपादकीय के रूप में लिखित लेखों का संशोधित एवं परिवर्तित रूप हैं।

गद्य में हृदय से अधिक बुद्धि की, भावुकता से ज्यादा वैचारिकता की अपेक्षा होती है। एक साथ भाव और विचार का संपर्क निर्वाह कर लेने की क्षमता महादेवी के पास है। "कवित्व भावुक क्षणों में वह संवेग से प्रेरित होकर हृदय की अतलवर्ती परिधियों का संस्पर्श करती है तो गद्य लेखन के समय वह चिंतन के क्षणों में आत्मलीन होकर वैचारिक समस्याओं के अनेक विकल्प, विश्लेषण और विवेचन प्रस्तुत करती हैं। उनकी इस साधना का निश्चित परिणाम है कि उनका सारा साहित्य (गद्य एवं पद्य) भाव और विचार, बुद्धि और हृदय, संकल्प और विकल्प आदि एक ही प्रक्रिया से परिचालित और आंदोलित है।"[36]

महादेवी के व्यक्तित्व का ओजस्वी, सहानुभूतिशील एवं अन्याय के विरुद्ध आवाज उठाने वाली नारी का पक्ष 'शृंखला की कड़ियों' में प्रबल हो उठा है। कविता में जहाँ वे व्यष्टि मूलक एवं आत्मकेंद्रित हैं वहाँ गद्य में समष्टि मूलक तथा समाज केंद्रित हैं। उनके गद्य की आधार – भूमि वैयक्तिक – वेदना ही नहीं अपितु समाज के पीड़ित, उपेक्षित, प्रताड़ित एवं दलित सामाजिक प्राणियों की दुःखमय स्थिति है। इस दलित वर्ग की प्राणियों को साकारता देने का प्रयत्न किया गया है।

'शृंखला की कड़ियों' के सभी लेखों का विषय भारतीय नारी है। उन्होंने नारी समस्याओं पर विचार करते हुए सदियों से अपमानित, प्रताड़ित, अधिकार हीन तथा व्यक्तित्व हीन नारी की मौन सहनशीलता को वाणी दी है। "नारी पर होने वाले अत्याचार, उसके दुःख, उसके बंधन ही शृंखलाएँ हैं और उन्हीं दुःखों और अत्याचारों की परंपरा कड़ियाँ हैं, तो ये हुई शृंखला की कड़ियाँ।"[37] स्वयं नारी होने के कारण महादेवी ने नारी के कष्टों को सहानुभूतिशील दृष्टि से देखा और आक्रोश व्यक्त किया है। कहीं कहीं स्वर की ओजस्विता पर आश्चर्य चकित होना पड़ता है। नारी की समस्याओं के प्रति उनकी सहानुभूति होने के बावजूद समस्याओं का तटस्थ भाव से अध्ययन प्रस्तुत किया है। नारी की स्थिति के प्रति लेखिका की हार्दिक सहानुभूति है।

इतना होते हुए भी शृंखला की कड़ियों में स्त्री के दुःखों का ही रोना नहीं रोया है। इससे यह भी नहीं लगता कि पुरुषों के विरुद्ध प्रचार करना ही लेखिका का लक्ष्य है। सूक्ष्म अध्ययन के आधार पर लेखिका ने जहाँ कहीं स्त्रियों की गलतियों को अनुभव किया, उसका भी विरोध किया। जहाँ नारी अपनी सहज कोमल भावनाओं को छोड़कर बाहर आ गयी है वहाँ लेखिका ने क्षोभ व्यक्त किया। पश्चिमी सभ्यता के अनुकरण पर नारी का स्वतंत्र किन्तु उत्तरदायित्व शून्य , स्वार्थमय व्यक्तित्व उन्हें प्रिय नहीं हैं। इनका यह विश्वास है कि प्रमाद और अविवेक के आवरण से आच्छादित भारतीय नारी का उद्धार कोई नहीं कर सकता। नारीत्व की सहज गरिमा से युक्त हो कर ही वह अपनी समस्याओं को सुलझा सकती है। "अपने कर्तव्य की गुरुता भलि भाँति हृदयंगम कर यदि हाम अपना लक्ष्य स्थिर कर सकें तो हमारी लौह शृंखलाएँ हमारी गरिमा से गलकर मोम बन सकती हैं, इसमें संदेह नहीं।"[38] शृंखला की कड़ियों में महादेवी के सुव्यवस्थित, तर्कपूर्ण विचारों का परिचय मिलता है।

पथ के साथी :

'पथ के साथी' में कवीन्द्र रवींद्र, मैथिलीशरण गुप्त, सुभद्रा कुमारी चौहान, सूर्यकांत त्रिपाठी 'निराला', जयशंकर प्रसाद, सुमित्रानंदन पंत और सियाराम शरण गुप्त के रेखाचित्रों को अपनी स्मृतियों के आधार पर प्रस्तुत किया है। महादेवी का इन सबके साथ रागात्मक संबंध है। वे इन सब का अंतरंग अध्ययन प्रस्तुत करती हैं। "अपने अग्रजों और सहयोगियों के संबंध में, अपने आपको दूर रखकर कुछ कहना सहज नहीं होता। मैंने साहस तो किया है पर ऐसे स्मरण के लिए आवश्यक निर्लिप्तता या असंगतता मेरे लिए संभव नहीं है। मेरी दृष्टि के सीमित शीशे में वे जैसे दिखायी देते हैं उससे बहुत उज्ज्वल और विशाल हैं, इसे मानकर ही पढ़ने वाले उनकी झलक पा सकेंगे।"[39]

'पथ के साथी' में उनकी दृष्टि कवियों के कर्तृत्व, चित्त-वृत्ति, क्रिया-कलाप के साथ परिवेश और उपलब्धि पर भी पड़ी है। कवियों के व्यक्तित्व की गरिमा के उद्घाटन के साधन हैं – जन साधारण के प्रति किये गये व्यवहार, चिंतन और संवेदना। 'पथ के साथी' में संस्मरण के साथ लेखिका द्वारा पढे गये उन कवियों के जीवन–पृष्ठ भी हैं। महादेवी के साहित्य – जीवन में इन व्यक्तियों से निकट संबंध था अतएव वे उनके जीवन के आयामों को भी प्रकाश में लाती हैं। स्थूल दृष्टि निक्षेप के आधार पर देह – यष्टि के साथ - साथ जीवन – दर्शन के अध्ययन का प्रयत्न है। इन कवियों से

आत्मीय समीपता और प्रभाव का काव्यात्मक प्रस्तुतीकरण रेखाओं के माध्यम से किया है। "उनका निरीक्षण पूर्णत्व को पकड़ता है। उनकी कल्पना व्यक्ति के अंग – प्रत्यंग के लिए उपमान एकत्र कर लेती है, उनकी अनुभूति मन में चलने वाले अंतर्द्वन्द्व के साथ तादात्म्य ग्रहण करती है और उनकी प्रज्ञा व्यक्तित्व के सहज उज्ज्वल पृष्ठों को धारण कर लेती है। अनुवंशिक संस्कार एवं समकालीन प्रभाव, परंपरा आदि के संदर्भ में पथ के साथियों के अध्ययन का प्रयास महादेवी की अप्रतिम उपलब्धि है।"[40]

साहित्यकार की आस्था तथा अन्य निबन्ध :

'साहित्यकार की आस्था तथा अन्य निबन्ध' महादेवी के गद्य – लेखन प्रतिभा का ज्वलंत उदाहरण है। 'गद्यं कवीनां निकषं – वदन्ति के अनुसार गद्य कवियों की प्रतिभा की कसौटी माना जाता है। और यह भी माना जाता है कि निबन्ध गद्य की कसौटी है। इन निबंधों में महादेवी के साहित्य संबंधी सुलझे विचार अभिव्यक्ति – भंगिमा से चारुत्वपूर्ण हो गये हैं। कवि और आलोचक का संयोजन है – छायावादी कवि। इनमें महादेवी का अपना विशिष्ट स्थान है।

इस प्रकार महादेवी की यह पुस्तक कई दृष्टियों से महत्त्वपूर्ण है। यह सत्य है कि समालोचक की दृष्टि रखकर निष्पक्ष समीक्षा करना कवि के लिए एक साधना ही है। यह भी सत्य है कि स्वयं कवि के स्वानुभूत मार्मिक संवेदनाओं से पूर्ण रहने के कारण उनकी विवेचन की प्रभविष्णुता और हृदय ग्राह्यता में कोई संदेह नहीं रहता।

छायावादी कवियों ने अपनी विस्तृत भूमिकाओं में वक्तव्य और विज्ञप्तियों के द्वारा अपने दृष्टिकोण और विचारों को सुस्पष्ट किया है। महादेवी जी की काव्य भूमिकाओं का विशेष महत्त्व है। वस्तुतः वे छायावाद की सबसे अधिक समर्थ आलोचक हैं। उन्होंने निस्संगता के साथ काव्य को विशाल भूमि पर परखने की कोशिश की। उनकी समीक्षा की कसौटी है – अनुभूति, विचार और कल्पना के समन्वय से युक्त जीवन – दर्शन।

इस पुस्तक में संग्रहीत निबन्ध हैं- साहित्यकार की आस्था , काव्यकला , छायावाद , रहस्यवाद, गीतिकाव्य , यथार्थ और आदर्श, सामयिक समस्या, हमारे वैज्ञानिक युग की समस्या आदि। इन निबंधों में छायावाद की भाषा –शैली का प्रभाव स्पष्ट लक्षित होता है। विचारों के स्पष्ट रूप में व्यक्त करने की क्षमता, सूक्ष्म निर्देश तथा निरीक्षण , सिद्धांतों के
प्रतिपादन में सुबोध अभिव्यक्ति और व्यापक जीवन – दर्शन उनके गद्य की विशिष्टताएँ हैं।

प्रो. पी. माणिक्याम्बा 'मणि'

साहित्य में भावात्मक सामंजस्य अनिवार्य है। महादेवी ने अपने साहित्य में सभी आवश्यक तत्त्वों के सामंजस्य को महत्ता दी है। "इन निबंधों में महादेवी जी की व्यापक तथा गहन अनुभूति, समन्वयात्मक चिंतन – मनन और सामंजस्य पूर्ण जीवन – दर्शन का जो उन्मेष उद्घाटित हुआ है, वह जीवन और साहित्य में पारंपरिक संबंधों को स्पष्ट करने की अद्भुत क्षमता के साथ विवेचना के स्तर को ऊपर उठाने में भी सफल है।"41

महादेवी का प्रदेय :

महादेवी का काव्य प्रबंध – काव्य या महाकाव्य नहीं है। युग की आवश्यकता के अनुरूप उनका काव्य गीतिकाव्य है। व्यक्ति-प्रधान युग के लिए वैयक्तिक भावनाओं को अभिव्यक्त करना गीति–काव्य की अपनी विशेषता है। गीति काव्य में संक्षिप्तता, अनुभूति की तीव्रता एवं किसी विशेष भावना का चित्रण रहता है जिसमें एक विशेष प्रकार का संगीत और लय होता है।

प्रगाढ़ अनुभूति के क्षणों में रहस्य भावना से प्रायः अखण्ड सत्य को साकार किया जाता है। इस प्रकार की अभिव्यक्ति प्रायः अलौकिक आलंबन के प्रति भावात्मक संबंध में देखी जाती है। इस प्रकार की अनुभूति के माध्यम से पर –ब्रह्म और जीव और आत्मा और परमात्मा का पारस्परिक भावात्मक संबंध अनेक प्रकार से अभिव्यक्त हो सकता है। महादेवी ने काव्य में ऐसे ही रहस्यात्माक अनुभूतिमय क्षणों को वाणी दी है। "काव्य में वह आध्यात्मिक है और गद्य में मानवतावादी। लोक-मंगल, देशप्रेम, राष्ट्रीयता, सामाजिक प्रगतिशीलता, शिक्षा और संस्कृति को लेकर महादेवी अग्र पंक्ति में रही हैं। अतः उन्हें सामाजिक चेतना से अपरिचित अथवा पलायनवादी नहीं कहा जा सकता। नारी जागरण के भीतर से ही उनका आध्यात्मिक स्वातंत्र्य, मानवतावाद तथा सांस्कृतिक औदार्य अभिव्यक्त हैं।"42

कल्पना की स्वच्छन्द उड़ान, भावुकता का अनाहत आवेग, प्रेम-विरह की गहन अनुभूति, प्रस्तुत विषय को परोक्ष रूप से अप्रस्तुतों के माध्यम से गोपनीय बनाकर व्यक्त करने की कला, प्रकृति के साथ एक आत्मीयतापूर्ण संबंध और अनुभूतियों के अनुकूल उसे जीवन्त रूप में चित्रित करने की प्रतिभा की अनूठी भंगिमा आदि महादेवी के काव्य की अपनी विशेषताएँ हैं। प्रकृति पर नारी - भावना तथा चेष्टाओं का आरोप छायावाद की अपनी प्रमुख विशेषता रही है। महादेवी के काव्य में भी बार - बार प्रकृति नारी – परिधान में प्रस्तुत होती है। आगे चलकर इनकी कविताओं में प्रकृति से तादात्म्य परिलक्षित होता है। 'मैं नीर भरी दुःख की बदली',

'प्रिय ! सान्ध्य गगन मेरा जीवन' आदि गीत इनकी तादात्म्य भावना को स्पष्ट करते हैं। प्रकृति का रूप और क्रियाओं का आरोप स्वयं कवि के व्यक्तित्व पर किया जाने लगा। हिन्दी साहित्य के लिए यह एक विशेष पद्धति है।

महादेवी का आधुनिक काव्य में एक विशेष स्थान है। वे विनय और ममता की मूर्ति हैं। वे सहृदय और सहानुभूति पूर्ण हैं। किन्तु उनमें एक विशिष्ट प्रकार का आत्म-सम्मान और आत्माभिमान है। इसे स्वाभिमान या अहं भावना की संज्ञा दी जा सकती है। यह आधुनिक नारी की एक प्रबल भावना है ; उसका युग बोध है। वह अपनी परिसीमाओं में बद्ध होकर भी एक विशिष्ट व्यक्तित्व को अपनाना चाहती है उसकी रक्षा भी करना चाहती है। उसके व्यक्तित्व को आघात लगे तो वह सहन नहीं कर सकती। आधुनिक नारी के इस भाव-बोध की अभिव्यक्ति महादेवी के काव्य में हुई है। हिन्दी साहित्य में इस प्रकार की भावनाओं एवं अनुभूतियों की अभिव्यक्ति का श्रेय महादेवी को है। आधुनिक युग की नारी होने के कारण महादेवी के काव्य में मान के चित्र बहुत सुंदर और सहज बन पड़े हैं। पर यह मान सदा पीड़ा से युक्त ही नहीं, कहीं अभिमान रूप में भी सामने आया है। यही मान और अस्तित्व – बोध आधुनिक युग की नारी की मनोभावना का मेरू – दण्ड है। अपने अस्तित्व की पुकार ही आधुनिक युग के व्यक्ति का संघर्ष है। "उनके नारीत्व का 'अहम्' उनके व्यक्तित्व का 'अहम्' नहीं है ; नारी-मात्र का 'अहम्' है ऐसा 'अहम्' जो उनकी दृष्टि में प्रत्येक नारी में होना चाहिए।"[43]

महादेवी में आधुनिक युग बोध है। व्यक्ति की अपने सामर्थ्य के प्रति जागरूकता तथा साधना बल पर सीमित स्रोतों में भी उदात्त संभावनाओं की प्रतीति उन्हें आधुनिक कवियों के निकट लाती है। इन भावनाओं के प्रति आधुनिक कवियों का पथ–प्रदर्शन कर अग्रसर करने का श्रेय इन्हीं छायावादी कवियों को है।

आधुनिक काव्य में आत्माभिव्यक्ति का विशेष स्थान है। अपनी अनुभूतियों की सीधी अभिव्यक्ति छायावादी काव्य की विशेषता है। महादेवी का सम्पूर्ण काव्य आत्माभिव्यक्ति का सुंदर उदाहरण है। इन्होंने अनुभूतियों को अभिव्यक्ति दी है। आत्माभिव्यक्ति से युक्त काव्य प्रणेताओं में श्री दिनकर, बच्चन आदि कवियों के नाम प्रमुख हैं। इस प्रकार के आत्मानुभूति प्रधान गीतों के प्रणयन के मार्ग को प्रशस्थ करने का श्रेय छायावादी कवियों को है, जिसमें महादेवी भी प्रमुख हैं। एक गीतकार, गद्यकार एवं निबंधकार के रूप में महादेवी ने हिन्दी साहित्य – भण्डार को समृद्ध ही नहीं किया अपितु गौरव एवं यश भी दिया।

संदर्भ संकेत

1. श्री रामअवध द्विवेदी : आलोचना, अप्रैल 1955 पृष्ठ 55

2. श्री पी. वी. नरसिंहाराव : महादेवी की रहस्य साधना - एक दृष्टि , महादेवी अभिनन्दन ग्रंथ , पृष्ठ 10

3. श्री अमृतराय : (गद्यकार महादेवी और नारी समस्या)-महादेवी वर्मा (सं. शची रानी गुर्टू) पृष्ठ 131

4. डॉ . मनोरमा शर्मा : महादेवी के काव्य में लालित्य विधान – परिचय पृष्ठ 20

5. डॉ . मनोरमा शर्मा : महादेवी के काव्य में लालित्य विधान – परिचय पृष्ठ 20

6. डॉ . भागीरथ मिश्र : महादेवी के काव्य की साधना भूमि - महादेवी संस्मरण ग्रंथ . , पृष्ठ 14

7. विश्वम्भर नाथ उपाध्याय : महादेवी सं. अ. ग्रं. पृष्ठ 52

8. डॉ . भगीरथ मिश्र : महादेवी - सं.अ.ग्रं . , पृष्ठ 20

9. श्री दिनकर : म. सं. ग्रं . , पृष्ठ 85

10. प्रो. कृष्ण नन्दन पीयूष : म. अ. ग्रं . , पृष्ठ 124

11. डॉ . नगेन्द्र : स्मृति चित्र , म. सं. ग्रं. पृष्ठ 52

12. श्री गंगा प्रसाद पाण्डेय : जीवन झाँकी म. सं. ग्रं. पृष्ठ 29

13. महादेवी - सप्तपर्णा , पृष्ठ 19

14. श्रीमती महादेवी वर्मा : सप्तपर्णा पृष्ठ 20

15. डॉ. कुमार विमल : छायावाद का सौन्दर्य शास्त्रीय अध्ययन, पृष्ठ 69

16. डॉ. कुमार विमल : छायावाद का सौन्दर्य शास्त्रीय अध्ययन, पृष्ठ 15

17. महादेवी : दीपशिखा की भूमिका पृष्ठ 60

18. महादेवी : दीपशिखा की भूमिका पृष्ठ 16

19. डॉ. कुमार विमल : छायावाद का सौन्दर्य शास्त्रीय अध्ययन, पृष्ठ 81

20. डॉ. कुमार विमल : छायावाद का सौन्दर्य शास्त्रीय अध्ययन, पृष्ठ 86

21. डॉ. आनंद प्रकाश दीक्षित : महादेवी वर्मा की सौन्दर्यानुभूति म. सं. ग्रं. पृष्ठ

22. श्री गंगा प्रसाद पाण्डेय : जीवन झाँकी म. सं. ग्रं. पृष्ठ 13

23. श्री गंगा प्रसाद पाण्डेय : जीवन झाँकी म. सं. ग्रं. पृष्ठ 16
24. प्रो. कृष्ण नन्दन पीयूष : म. अ. ग्रं. पृष्ठ 124
25. कमलाकान्त पाठक : महादेवी-कवि और काव्य-चिंतक म. अ. ग्रं. पृष्ठ 36
26. डॉ . राम प्रसाद मिश्र : महादेवी का विरह वर्णन (महादेवी काव्य वैभव . पृष्ठ 90
27. श्रीमती महादेवी : अपनी बात , यामा , पृष्ठ 12
28. श्री राय कृष्णदास : वक्तव्य 'नीरजा'
29. महादेवी : अपनी बात , सान्ध्य गीत , पृष्ठ 6
30. डॉ . धनंजय शर्मा : काव्य का स्वरूप -महादेवी वर्मा , सं. इंद्रनाथ मदान, पृष्ठ 96
31. डॉ . धनंजय शर्मा : काव्य का स्वरूप महादेवी वर्मा , सं. इंद्रनाथ मदान, पृष्ठ 96
32. आचार्य हजारी प्रसाद द्विवेदी : दीपशिखा म.स. ग्रं. पृष्ठ 131-132
33. आचार्य हजारी प्रसाद द्विवेदी : दीपशिखा म.स. ग्रं. पृष्ठ 133
34. महादेवी वर्मा : अतीत के चलचित्र – भूमिका पृष्ठ 2
35. श्री गोपाल कृष्ण कौल : महादेवी के रेखा चित्र – महादेवी सं. इंद्रनाथ मदान, पृष्ठ 219
36. डॉ . सूर्य प्रसाद दीक्षित : गद्य गरिमा – महादेवी, सं. इंद्रनाथ मदान , पृष्ठ 195
37. महादेवी : शृंखला की कड़ियाँ – भूमिका ,
38. महादेवी : शृंखला की कड़ियाँ – भूमिका ,
39. महादेवी वर्मा -पथ के साथी – दो शब्द,
40. श्री हरि मोहन मालवीय : महादेवी के पथ के साथी
41. गंगा प्रसाद पाण्डेय : साहित्यकार की आस्था तथा अन्य निबन्ध , विज्ञाप्ति, पृष्ठ 14
42. डॉ . रामरतन भटनागर : महादेवी नव मूल्यांकन म. सं. ग्रं. पृष्ठ 174-175
43. आशारानी वोहरा : महादेवी के नारीतत्व का अहम् म. सं. ग्रं. पृष्ठ 272

उपसंहार

हिन्दी साहित्य में बिम्ब विधान का मनोज्ञ रूप छायावादी काव्य में मिलता है। छायावाद से पूर्व बिम्ब विधान का ऐसा रूप नहीं था। इसका यह अर्थ नहीं कि इसके पूर्व काव्य में बिंबों की योजना ही नहीं थी। प्राचीन काल से ही कवि अर्थ – ग्रहण के साथ-साथ बिम्ब ग्रहण भी कराते रहे हैं। छायावाद के पूर्ववर्ती काव्य में बिम्ब – विधान अप्रस्तुत – विधान के अंतर्गत ही होता था। उनका अप्रस्तुत – विधान भी परंपरा से प्रयुक्त उपमान – योजना का ही एक रूप था तथा मौलिक उद्भावनाएँ विरल रूप में मिलती हैं। बिंबों में कलात्मकता का अभाव, नवीनता एवं ताजगी के प्रति सजगता की कमी परिलक्षित होती है।

हिन्दी साहित्य के इतिहास के अवलोकन के पश्चात् हमारा ध्यान विद्यापति की ओर आकृष्ट होता है। उन्होंने रूप सौन्दर्य , कायिक चेष्टाओं तथा भाव-भंगिमाओं के अंकन में प्रायः ऐसे अप्रस्तुतों का चयन किया जो बिम्ब विधायक हो गये हैं। कबीर ने परमात्मा और जीवात्मा की अद्वैत स्थिति को रूपकों और अप्रस्तुतों के द्वारा अभिव्यक्त किया है जो बिम्ब धर्मी है। जायसी ने रहस्यमयी उस परम सत्ता के दार्शनिक – बिम्ब प्रस्तुत किये हैं। उन्होंने पद्मावती को परमात्मा तथा जगत् को उसका प्रतिरूप माना है और अनेक स्थलों पर इन दोनों का बिम्ब-प्रतिबिंबात्मक वर्णन प्रस्तुत किया है।

सगुण भक्त कवियों ने भगवान के लीलामय स्वरूप को काव्य में प्रस्तुत किया है। कृष्ण भक्त कवियों ने वृंदावन के करील –कुंजों में गोपियों के साथ श्रीकृष्ण की लीलाओं को काव्यमय अभिव्यक्ति है। मर्यादा पुरुषोत्तम तथा धर्म – रक्षक भगवान श्रीराम के मनोमुग्धकारी चरित्र से काव्य को गरिमा युक्त बनाया है। सूर सागर सौन्दर्य का रस – सागर है। सूर ने रूप-सौन्दर्य के अनेक मनोहारी चित्र खींचे हैं। पालने में झूलते हुए श्रीकृष्ण, लोरी गाती हुई माँ यशोदा, माखन –चोरी करते हुए कन्हैया, "मैया मोहिं दाउ बहुत खिजाओ" कहने वाले बालकृष्ण , खेलने निकले श्रीकृष्ण का रूप और वहाँ अचानक मिल गयी राधा की छवि आदि का वर्णन , चित्रात्मक एवं बिम्ब–

महादेवी के काव्य में बिम्ब - विधान

विधायक है। सूर के काव्य की चित्रात्मकता की आधार-भूमि है – उपमान योजना। रूप- साम्य एवं धर्म -साम्य पर आधारित इनकी अप्रस्तुत – योजना प्रायः बिम्ब – विधायिनी है।

तुलसीदास ने भी यत्र – तत्र सुंदर बिंबों का आयोजन किया। भक्त कवियों ने भी अमूर्त्त वस्तुओं एवं भावों को मूर्त्त रूप प्रदान कर अद्भुत कला बोध का परिचय दिया है। प्राचीन कवि 'बिम्ब' जैसे शब्द से अपरिचित होते हुए भी इतने कलात्मक बिंबों की योजना कर सके। इससे यह प्रतीत होता है कि किसी भी समय का काव्य हो, बिंबात्मकता उसका स्वाभाविक गुण है।

रीतिकालीन कवियों का लक्ष्य था – स्थूल – सौन्दर्य के विभिन्न पक्षों का चित्रांकन। अतएव इनके बिम्ब संज्ञात्मक एवं अलंकारिक हो गये। चित्रण कला में बिहारी सबसे आगे हैं। गत्यात्मक सौन्दर्य का अंकन, रंग बोध तथा रंगों के आनुपातिक सम्मिश्रण की क्षमता उनके दोहों में परिलक्षित होती है। बिहारी में रंगों की छायाओं की पकड़ की दृष्टि अचूक है। रीतिमुक्त कवियों में घनानन्द ने सौन्दर्य के चित्रण में अपनी चित्र विधायिनी शक्ति का अद्भुत परिचय दिया। इनकी भाषा सहज तथा निराडंबर होते हुए भी मूर्ती विधायिनी क्षमता से सम्पन्न है।

आधुनिक काल भारतेन्दु युग – में प्रायः कविता की भाषा ब्रज भाषा ही रही। इस कविता ने कलात्मक प्रौढ़ता की ऊँचाइयाँ पा ली थी। किन्तु खड़ी बोली अभी शैशवावस्था थी और नई संभावनाओं से भरी हुई थी। प्रकृति चित्रण में नये भाव बोध का संकेत मिलता है। वैयक्तिक कल्पना तथा नयी संवेदना युक्त चित्र भी मिलते हैं। किन्तु इस प्रकार के बिम्ब विरल ही हैं फिर भी इनका महत्त्व असंदिग्ध है। क्योंकि इसमें परंपरा प्रचलित आवरण से मुक्त होने की छटपटाहट स्पष्ट परिलक्षित होती है।

द्विवेदी युगीन कविता प्रारंभ में इतिवृत्तात्मक थी जो आगे चलकर भाव – प्रधान हो गयी। काव्य प्रतीकात्मक एवं लाक्षणिक भंगिमायुक्त होने लगा। छायावाद काल की बिम्ब योजना में जो विकास दृष्टिगोचर होता है, उसका बीज द्विवेदी युग में ही पड़ गया था। इस युग के बिम्ब प्रायः दृश्यात्मक रहे हैं। इसका यह आशय कदापि नहीं कि द्विवेदी युग में ऐन्द्रिय – बिंबों का अभाव है। प्राकृतिक बिंबों में भी ऐन्द्रियता, मानवीय भावनाओं एवं चेष्टाओं का आरोप इस युग में ही प्रारंभ हो गया था। इस युग के तीन महत्त्वपूर्ण कार्य हैं – सौन्दर्य - दृष्टि का विस्तार, नये अप्रस्तुतों की सृष्टि और

काव्य भाषा का निर्माण। वास्तव में यह उपलब्धि कोई कम महत्त्वपूर्ण नहीं है। छायावादी काव्य- सृजन के लिए जिस पृष्ठभूमि की आवश्यकता थी, वह द्विवेदी युगीन कवियों द्वारा सम्पन्न हो गया था , जिसके आधार पर छायावादी काव्य का विकास सुगम हो गया ।

छायावादी काव्य का बिम्ब विधान :

हिन्दी काव्य में छायावादी काल साहित्य की समृद्धि का काल है। कविता नयी - नयी ऊँचाइयों का स्पर्श करने लगी । काव्य में स्थूल की जगह सूक्ष्म चित्रण को महत्ता मिलने लगी। छायावादी काव्य की सौन्दर्य - चेतना अत्यंत उदात्त एवं परिष्कृत है। प्रकृति और नारी सौन्दर्य वर्णन में इनकी इस परिष्कृत रुचि का परिचय मिलता है। ये कमनीय सौन्दर्य के दर्शनाभिलाषी थे। छायावादी कवियों में नारी के स्थूल वासनात्मक रुप – चित्रण का अभाव है। नारी के अतीन्द्रिय सौन्दर्य एवं भावाकुल अभिव्यक्ति के प्रति इन्हें विशेष आकर्षण रहा। इनकी कविता भाव – सौन्दर्य प्रधान है।

छायावादी - प्रेम कई धरातलों पर व्यक्त हुआ है – प्रकृति प्रेम, लौकिक प्रेम एवं अलौकिक प्रेम। कहीं - कहीं लौकिक प्रेम और अलौकिक प्रेम की सीमा – रेखा स्पष्ट नहीं होती। लौकिक प्रेम ही अपने आदर्शात्मक एवं रहस्यात्मक रूप के काव्य लौकिक प्रतीत होता है। प्रकृति प्रेम के वशीभूत हो ये कवि अत्यंत मनोरम प्रकृति चित्र अंकित करने लगे। प्रकृति के इस अन्तरंगता के कारण उन्हें प्रकृति में एक विराट् सत्ता का धीरे धीरे आभास होने लगा है।

इस प्रकार विश्वात्मा की अनुभूति के कारण उन्हें सृष्टि के रहस्य की जिज्ञासा हुई। अतः रहस्य भावनायुक्त कविताओं की सृष्टि हुई। इन कवियों ने अत्यंत – भावयुक्त भाषा में दार्शनिक दृष्टि से अद्वैतवाद एवं सर्वात्मवाद का दिव्य – संदेश दिया है।

छायावाद एक काव्य – वस्तुगत आंदोलन ही नहीं, अपितु काव्य – शैलीगत आंदोलन भी है। उसमें लाक्षणिकता, प्रतीक – योजना, चित्रात्मकता एवं कोमलकांत – पदावली से काव्य सौन्दर्य की श्रीवृद्धि हुई है। छायावादी कवि किसी वस्तु का बाह्य सौन्दर्य वर्णन मात्र नहीं करते उसका अनुभूतिमय चित्र प्रस्तुत करते हैं। छायावादी कवियों के रूप – विधान में अभूतपूर्व परिवर्तन हुआ। "सौन्दर्य दृष्टि में गहराई आयी प्रकृति और काव्य के बीच नया संबंध स्थापित हुआ। कविता प्रत्यक्ष ऐन्द्रिय अनुभव

से चल कर गहन अनुभूति और विचार के सोपान तक पहुँच गयी। परंतु सबसे महत्त्वपूर्ण बात यह हुई कि संवेदना अर्थात् काव्य की मूलभूत वस्तु और कल्पना अर्थात् उसको रूपायित करने वाली सृजनात्मक शक्ति इन दोनों के बीच की दूरी कम हुई। दूसरे शब्दों में, नयी संवेदना के भीतर से आधुनिक काव्यात्मक बिम्ब का जन्म हुआ है।"[1] छायावादी कवि ने अपनी अनुभूतियों की अभिव्यक्ति की प्रेषणीयता के लिए संमूर्त्तन एवं चित्रात्मकता का सहारा लिया। छायावादी चित्रों को रसमय एवं प्रभावशाली बनाने का श्रेय कल्पना को है। कल्पना का अविरल प्रवाह एवं तीव्र आवेग इस काव्य की विशेषता है। इनकी अनुभूतियाँ व्यक्तिगत हैं। वैयक्तिकता से युक्त होने के कारण इनके बिम्ब विशेष प्रभावशाली बन गये हैं। छायावाद की विशेषता है – प्रेम की सूक्ष्म गहन अनुभूतियों की काव्यात्मक अभिव्यक्ति। "उसने नारी – पुरुष संबंध की परंपरागत धारणा को भी बदल दिया और प्रेम की सूक्ष्म – गहन अनुभूतियों को प्रकृति के असंख्य कोमल मधुर प्रतीकों और बिंबों में रूपांतरित किया है। काव्य का सारा ढाँचा ही बदल गया। इसके पूर्व काव्य में शाब्दिक सौन्दर्य (वर्बल ब्यूटी) की प्रधानता थी, अब शब्द गौण हो गये और काव्यगत चित्र अथवा बिम्ब - प्रधान हो उठा जो अनेक शब्दों के पारस्परिक संबंध से बनता है।"[2] उच्च कल्पना, वैयक्तिक भावनाओं के साथ नव्य अप्रस्तुत योजना, नये प्रतीक, भाव व्यंजक अलंकार-विधान तथा सशक्त भाषा के कारण उनके बिम्ब प्रेषणीय एवं हृदय ग्राह्य बन गये हैं। इनके अप्रस्तुत केवल अलंकार योजना के लिए न होकर संवेदना संयुक्त अधिक थे। इनके अप्रस्तुत वस्तुओं का मूर्त्त रूप ही प्रस्तुत नहीं करते अपितु इंद्रियों को झंकृत करने में भी समर्थ हैं। सूक्ष्म भावनाओं को भी मूर्त्त किया गया है। उनके पास संमूर्त्तन के लिए कल्पना, उपयुक्त शब्द-भंडार के साथ-साथ परिष्कृत राग बोध भी था। उनके बिम्ब विधान के प्रमुख प्रेरणा स्त्रोत हैं – दृश्य प्रकृति तथा मानवीय प्रेम और सौन्दर्य। छायावादी बिम्ब विधान का संक्षिप्त विवेचन आगे किया जाएगा।

ऐन्द्रिय बिम्ब :

छायावादी काव्य में ऐन्द्रिय - बिम्ब अपने ऐन्द्रिय – बोध एवं हृदयग्राह्यता में उल्लेखनीय हैं। छायावादी कवियों ने अपनी कविताओं को ऐन्द्रिय – संवेदना युक्त अभिव्यक्ति दी है। इन कवियों ने चाक्षुष – संवेदना - युक्त बिंबों ने अपने सूक्ष्म वर्ण – परिज्ञान का परिचय दिया। रँग बोध की बारीकी के कारण इनके बिम्ब विशेष

प्रो. पी. माणिक्याम्बा 'मणि'

कलात्मक बन गये हैं। प्रसाद, निराला, पंत, महादेवी तथा राम कुमार वर्मा में से प्रसाद और महादेवी की रंग-संवेदना अधिक सूक्ष्म है। कुछ उदाहरण अवलोकनीय हैं -

कामायनी में श्रद्धा के अभिनव सौन्दर्य का जो चित्र प्रस्तुत किया, वह इस प्रकार है –

> नील परिधान बीच सुकुमार,
> खुल रहा मृदुल अधखुला अंग ;
> खिला हो ज्यों बिजली का फूल
> मेघ बन बीच गुलाबी रंग ।[3]

प्रकृति वर्णन में प्रातः काल का बिम्ब दर्शनीय है – प्रातः कालीन नवीन प्रकाश हिमालय के हिमाच्छादित प्रदेश में ऐसा प्रतीत होने लगता है, मानो शुभ्र कमल पर पीतवर्णीय पराग से संयुक्त भ्रमर क्रीडा कर रहा हो –

> नव कोमल आलोक बिखरता
> हिम संसृति पर भर अनुराग ;
> सित सरोज पर क्रीडा करता
> जैसे मधुमय पिंग पराग ।[4]

अन्य कुछ इस प्रकार हैं-

1. मसृण गांधार देश के, नील
   रोम वाले मेघों के चर्म ।[5]
2. फटा हुआ था नील वसन
   ओ यौवन की मतवाली ।[6]

पंत में सभी रंगों का प्रयोग मिलता है किन्तु 'स्वर्ण' वर्ण उन्हें विशेष प्रिय है।

> स्वप्न द्वार फिर खोल ऊषा ने
> स्वर्ण विभा बरसाई ।[7]

प्रस्तुत उद्धरण में उषाकालीन स्वर्णिम आभा का बिम्ब है। उषा को मानवीकृत रूप में प्रस्तुत किया गया है। यह एक नायिका है जो रात भर स्वप्निल तंद्रा

में थी। प्रातःकाल के होते ही अपने स्वप्न –द्वार खोल दिये और प्राची दिशा में स्वर्णिम आभा व्याप्त हो गयी।

महादेवी ने वर्णों के मिश्रण के आधार पर भी अनेक सुंदर बिंबों की योजना की है –

कनक से दिन, मोती सी रात
सुनहली साँझ , गुलाबी प्रात ,
मिटता रंगता बारम्बार
कौन जग का यह चित्रधार ?[8]

चित्रकार होने के कारण रंगों के संयोजन में महादेवी विशेष कलात्मकता परिलक्षित होती है।

छायावाद के रूप – वर्णन संबंधी कुछ बिम्ब इस प्रकार है –

कामायनी का प्रारंभ देव – संस्कृति के विनाश के लिए सृष्टिकर्ता द्वारा आयोजित जलप्लावन से होता है। प्रलयकालीन वातावरण के विराट् – चित्रों के अंकन में प्रसार की विलक्षण प्रतिभा का आभास मिलता है। उस प्रलयकालीन वातावरण का दृष्टा मनु का रूप कुछ इस प्रकार है-

हिमगिरि के उत्तुंग शिखर पर
बैठ शीला की शीतल छाँह ,
एक पुरुष भीगे नयनों से
देख रहा था प्रलय प्रवाह।[9]

निराला की बिंबात्मक सफलता की चरम सीमा है - 'राम की शक्ति पूजा'। इस में पदे –पदे भावानुकूल बिम्ब उभरते गये। युद्ध के अनिर्णय की स्थिति में विश्राम - शिविर की ओर लौटते हुए राम का उल्लास विहीन, चिंताकुल भावदशा का संकेत करने वाला उनका रूप दर्शनीय है -

रघुनायक आगे अवनी पर नवनीत चरण
श्लथ धनु गुण , कटिबन्ध - स्त्रस्त – तूणीर – धरण,
दृढ़ जटा – मुकुट हो विपर्यस्त प्रतिलट से खुल
फैला पृष्ठ पर, बाहुओं पर , वक्ष पर विपुल।

उतरा दुर्गम पर्वत पर नैशान्धकार,
चमकती दूर ताराएँ ज्यों हो कहीं पार ।[10]

अमावस्या की अंधकार पूर्ण रात्रि विश्राम शिविर के वातावरण को और अधिक नीरवता से भरने में सहायक हुई। पन्त ने हिमालय के अनेक सुंदर दृश्यों का चित्रण किया है। प्रातः कालीन आभामय बेला में जिस अरूण – बिम्ब का उदय होता है , उसकी पहली सुनहली रश्मियाँ हिमालय पर पड़ती हैं और वह स्वर्णागार के रूप में लक्षित होता है –

अरूण अधखुली आँखें मलकर
जब तुम उठते हो छबिमय,
रंग रहित को रंजित करते
बना हिमालय हेमालय ।[11]

छायावादी काव्य में श्रव्य – बिंबों की सुष्ठु योजना मिलती है। इन श्रव्य बिंबों की प्रभुविष्णुता असंदिग्ध है। प्रसाद ने नूपुरों की झनकार के समग्र प्रभाव को मूर्तित करने वाले नूतन बिम्ब की योजना की है –

नूपुरों की झनकार घुली मिली जाती थी
चरण अलक्तक की लाली में।
जैसे अंतरिक्ष की अरुणिमा
पी रही दिगन्त व्यापी सन्ध्या संगीत को ।[12]

नूपुरों की झनकार चरणों की अलक्त लाली में इस प्रकार घुलमिल जा रही है , इस बात को संवेद्य बनाने के लिए "दिगन्त व्यापी संध्या संगीत" के बिम्ब को प्रस्तुत किया है।

पन्त ने वन – वैभव का चित्रांकन इस प्रकार किया है जो श्रुति – संवेदना प्रधान है –

मर्मर करते तरुदल मर्मर
कल कल झरते निर्मल निर्झर ।
कुहू कुहू उठती कोयल ध्वनि ,
गुंजन रह रह भरते मधुकर ।[13]

महादेवी के काव्य में बिम्ब - विधान

'गीतिका' के शृंगारिक चित्रणों में निराला के काव्य का बिम्बात्मक स्वरूप समृद्ध दृष्टिगोचर होता है। नायिका शृंगार सज्जा से युक्त होकर प्रियतम से मिलने जाती है, तो विविध आभूषणों का ध्वनिमय चित्र इस प्रकार प्रस्तुत है-

प्रिय पथ पर चलती, सब कहते शृंगार

कण - कण कर कंकण, प्रिय

किण - किण रव किंकिणी,

रणन – रणन नूपुर, उर लाज

लौट रंकिणी ,

और मुखर पायल स्वर करें बार – बार ।[14]

निराली की ध्वनि – व्यंजना अप्रतिम है।

छायावादी काव्य में गन्ध विषयक अप्रस्तुतों के आश्रय से वर्ण्य – विषय के घ्राण – विषयक अनुभूति को उद्दीप्त कर उसके समग्र प्रभाव को मूर्तिमन्त किया गया है –

शत शतदलों की

मुद्रित मधुर गन्ध भीनी भीनी रोम में

बहाती लावण्य धारा ।[15]

उपरिलिखित पंक्तियों में शत शतदलों की मुद्रित मधुर – गन्ध , भीनी भीनी गन्ध के लिए प्रयुक्त ये विशेषण, न केवल गुर्जर – प्रदेश की महारानी के शरीर की सहजात सुगन्धित को ही संवेद्य बनाते हैं, अपितु उसके सौन्दर्य के संपूर्ण प्रभाव को भी भास्वर करते हैं।

निराला का प्रातःकालीन मादक सुरभित वातावरण का बिम्ब दर्शनीय है-

गन्ध मन्द गति मलय पवन है

खोल रही स्मृतियों के द्वार

ललित – तरंग , नदी – नद – सरसी,

चल शतदल पर भ्रमर विहार ।[16]

प्रसाद जी की गन्ध संवेदना अत्यंत विलक्षण है। अंचल की सुरभित (कामायनी - 8) काया की मृदु – गन्ध (लहर -59) की संवेदना से निराली है। महादेवी ने वेदना की ज्वाला में भी घनसार की सुरभि का अनुभव किया है –

आज ज्वाला से बरसता
क्यों मधुर घनसार सुरभित ।[17]

छायावादी कविता में स्पृश्य एवं आस्वाद्य बिम्ब प्रचुर मात्रा में दृष्टिगोचर होते हैं। प्रसाद ने कामायनी में मृत्यु को हिमानी – सा शीतल बताकर उसको स्पृश्य संवेदना युक्त बनाया है –

मृत्यु ; अरी चिर निद्रे ! तेरा
अंक हिमानी – सा शीतल ।[18]

निराला ने गीतिका के एक गीत में स्पर्श से उद्भूत भावनाओं के इस प्रकार अभिव्यक्ति दी है –

स्पर्श से लाज जागी ,
अलक – पलक में छिपी छलक
उर से नव राग जागी ।
चुंबन – चकित चतुर्दिक चंचल,
हेर, फेर, मुख, कर बहु सुख छल,
कभी हास, फिर त्रास, साँस – बल
उर सरिता उमगी ।[19]

प्रथम साक्षात्कार के पश्चात् जैसे ही प्रथम स्पर्श होता है वह लज़्जायुक्त हो जाती है परंतु प्रियतम के चुंबन जनित आह्लाद से उसकी हृदय सरिता में अनेक भाव लहरियाँ उद्बुद्ध होने लगती हैं।

पन्त के स्पृश्य – बिम्ब स्पर्श संबंधी अनुभूतियों को मूर्त्त रूप प्रदान कर उनके आधार पर वर्ण्य विषय को संवेद्य बनाते हैं -

गंध तुहिन के ग्रथित रेशमी पट – सा मसृण समीरण
रंग रंग के वन फूलों से गुंफित मखमल के शाद्वल

तल्प संजोये थे स्मित, शैशव के हित क्रीडा कोमल ।[20]

छायावादी बिम्ब विधान में गत्यात्मक बिंबों का विशिष्ट स्थान है। इन कवियों ने गत्यात्मक स्थितियों, व्यापारों के चित्रण में अपने सूक्ष्म निरीक्षण शक्ति का परिचय दिया है। प्रकृति के पवित्र क्रोड़ में क्रीड़ारत खरगोश और बारहसिंगे सुकुमार कवि पन्त के आमोद का विषय बनते हैं -

कुदक निकट ही शशक कुतरते नव गुलमों के कोंपल
शाख शृंगोंवाले वन मृग पीते झरनों का जल ।[21]

महादेवी ने लहरों की बिछलन पर मचल पड़ती भोली किरणों का गत्यात्मक बिम्ब इस प्रकार प्रस्तुत करती हैं-

लहरों की बिछलन पर जब
मचल पड़ती किरणों भोली ।[22]

भोली किरणों को सँभलकर चलना नहीं आता किन्तु वे लहरों की बिछलन पर चलती ही रहती हैं। फिसलती राहों पर मचलती जाती हुई भोली बालिकाओं के रूप में किरणें हमारे आँखों के सामने घूमने लगती हैं।

निराला भी गति बिम्ब के विधान में छायावादी कवियों में अग्रगण्य हैं। निराला पौरुष एवं ओज के कवि हैं। 'राम की शक्ति पूजा' में पराजय भाव के कारण राम के नयनों से चू पड़े अश्रु - बिन्दु को देखकर क्रोध में अट्टास करते हुए आकाश की ओर तीव्र गति एवं वेग से लपकते हनुमान का चित्र अत्यंत प्रभावोत्पादक है –

शत घूर्णावर्त , तरंग भंग, उड़ते पहाड़
जल – राशि , राशि जल पर चढ़ता खाता पछाड़,
तोड़ता बन्ध – प्रतिबन्ध धारा हो, स्फीत वक्ष,
दिग्विजय अर्थ, प्रतिफल समर्थ बढ़ता समक्ष,
शत – वायु – वेग बल , डुबा अतल में देश भाव,
जल राशि विपुल मथ अनिल में महा रव
वज्रांग तेज घन बना पवन को, महाकाश
पहुँचा , एकादश रुद्र क्षुब्द कर अट्टहास ।[23]

भीषण वेग को प्रदर्शित करने वाला यह बिम्ब अद्वितीय है।

भाव बिम्ब :

छायावादी काव्य में रूप – सौन्दर्य के चित्रांकन के साथ भाव – सौन्दर्य एवं भावों का मूर्त्त चित्रण भी पर्याप्त है। सूक्ष्म से सूक्ष्म भावनाओं का सशक्त चित्रांकन छायावादी कवियों की विशेषता है।

प्रसाद जी ने अपनी सूक्ष्म तथा गहरी अन्तर्दृष्टि एवं परिष्कृत सौन्दर्य – भावना के द्वारा 'लज्जा' जैसे कोमल भावना का भावात्मक चित्रण प्रस्तुत किया है -

मैं रति की प्रतिकृति लज्जा हूँ मैं शालीनता सिखाती हूँ
मतवाली सुंदरता पग में नूपुर सी लिपट मनाती हूँ।
लाली बन सरस कपोलों में आँखों में अंजन सी लगती
कुंचित अलकों सी घुंघराली मन की मरोर बनकर जगती।
चंचल किशोर सुंदरता की मैं करती रहती रखवाली
मैं वह हल्की – सी मसलन हूँ जो बनती कानों की लाली।[24]

पन्त जी ने लज्जाशील - नारी का बड़ा ही मनोज्ञ बिम्ब प्रस्तुत किया है।

लाज की मादक सुरा सी लालिमा
फैल गालों में नवीन गुलाब से
छलकती सी बाढ़ सी सौन्दर्य की
अधखुले सस्मित गढों से, सीप से।[25]

इन पंक्तियों में नायिका का व्रीडा(लज्जा) युक्त सौन्दर्य का कलात्मक चित्रांकन हुआ है। गालों में गड् ढे स्त्री के सौन्दर्य की विशिष्टता के द्योतक हैं। लज्जा रूपी मादक सुरापान से उसके गालों में लालिमा व्याप्त हो रही है। यह लालिमा सौन्दर्य को अधिक प्रभावकारी बनाती है। परंतु नायिका के सीप से गढों में लज्जा की लालिमा समय नहीं पाने से छलक जाती है। और लाली चेहरे पर सर्वत्र व्याप्त हो जाती है। 'छलकना' सौन्दर्य की बाढ़ को साकार करती है। यह बिम्ब कवि की बिम्ब विधायिनी क्षमता का परिचायक है। यह अत्यन्त कलात्मक भाव बिम्ब है।

कविवर पन्त ने स्मृति के आधार पर नायिका के अनुभावों एवं चेष्टाओं का बहुत ही सजीव एवं सरस बिंबों की योजना की है -

एक पल मेरे प्रिया के दृग पलक

थे उठे ऊपर, सहज नीचे गिरे ,
चपलता ने इस विकंपित पुलक से
दृढ़ किया मानो प्रणय संबंध था ।[26]

इन पंक्तियों के अवलोकन के पश्चात् हमारे मानस – पटल पर चित्र – सा घूम जाता है – ऐसी रमणी मूर्त्ति जो अपने प्रियतम को आँख भर देखना चाहती है मगर व्रीड़ा वश वह देख नहीं पाती। उसके दृग – पलक एक क्षण के लिए ऊपर उठकर तुरंत ही झुक जाते हैं। इस प्रकार व्रीड़ा , चपलता, पुलक आदि अनुभवों का चित्रांकन अभिराम है।

निराला ने भी नारी के अनुभवओं से पूर्ण बिंबों की योजना की है। 'बनवेला' का मानवीकरण करके उसमें स्त्रियोचित अनुभवों का आरोप कर आत्म समर्पण का बिम्ब प्रस्तुत किया है -

झुक – झुक, तन – तन , घिर झूम – झूम, हँस – हँस झकोर,
चिर परिचित चितवन डाल , सहज मुखर मरोर ।[27]

इस कविरता में शृंगार रस संबंधी कायिक अनुभवों के द्वारा नारी के सहज समर्पण का बिम्ब प्रस्तुत किया गया है।

भाव बिंबों के क्षेत्र में महादेवी के बिम्ब महत्त्वपूर्ण हैं। उन्होंने सूक्ष्म से सूक्ष्म भावनाओं को चित्रात्मक अभिव्यक्ति दी है ।

इच्छा जैसी भावना का एक चित्र दर्शनीय है -

मानस दोलो में सोती शिशु
इच्छाएँ अनजान ![28]

मन की इच्छा को "दोलों में शिशु" के बिम्ब के द्वारा संवेद्य बनाया गया है। मानस रूपी दोलिका में शिशु इच्छाएँ झूलती रहती हैं।

डॉ . रामकुमार वर्मा ने भी भाव – बिंबों की सुंदर योजना की है। आशा, निराशा, उच्छवास स्मृति आदि भावों को चित्रात्मक अभिव्यक्ति दी है –

1. प्रेम की इस अग्नि से क्यों धूल सी उठती निराशा ।[29]
2. शतदल मधुर स्मृति के खिले हैं।[30]

3. उच्छवासों के लघु – लघु पथ पर इच्छाएँ चलकर थक जाती ।[31]

दार्शनिक - बिम्ब :

छायावादी कवि आस्तिक है। वे परम सत्ता के एकत्व में आस्था रखते हैं। सौन्दर्य प्रेमी छायावादी कवि उस परमात्मा की अनन्त रमणीयता को देखकर मुग्ध हैं। छायावादी काव्य उनके उस अनन्त, प्रिय की रूप छटा संबंधी विविध काव्यमयी अभिव्यक्तियों से मण्डित हैं। इस काव्य में ब्रह्म, जीव, जगत, माया, नश्वरता और जीवन – मृत्यु आदि से संबंधित चित्र मिलते हैं। प्रसाद जी की आस्था है कि सर्वगुण सम्पन्न ईश्वर अंततः शिवत्व की महिमा से मण्डित होकर ही शिवरूप हो जाता है। यही परम शिव प्रसाद जी के उपास्य हैं – साहित्य में तथा जीवन में भी। कामायनी में प्रसाद के उपास्य शक्ति संवलित परम शिव हैं, जिनके लिए आत्मा, चिति, महाचित आदि नामों का व्यवहार किया गया है। परमसत्ता सम्पूर्ण ब्रह्माण्ड में व्याप्त है और यही सृष्टि का कर्ता, धर्ता, एवं संहार कर्ता है। प्रसाद जी को प्रकृति में भी उस परम शिव की यही मूर्ति लक्षित होती है –

नील गरल से भरा हुआ
यह चंद्र कपाल लिये हो ,
इन्हीं निमीलित ताराओं में
कितनी शांति पिये हो ।[32]

चंद्र रूपी कपाल तथा तारा रूपी नेत्रों से युक्त शिव का नील – कण्ठ व्यक्तित्व अपार शांति का द्योतक है। कवि आश्चर्यान्वित हो उठता है कि विषपान करने के पश्चात् भी यह शीतलता कहाँ से आती है ?

इस प्रकार प्रकृति के विराट् – फलक के आधार पर सुंदर बिम्ब की योजना हुई है।

निराला और महादेवी के काव्यों में प्रकृति में व्याप्त उस परम तत्त्व का नारी रूप में चित्रांकन है। निराला ने परम सत्ता को नीलवासना – शारदा के रूप में चित्रित किया है – जिसकी रसना यह सृष्टि है, जिसके निश्वास वायु ही प्राणियों की प्राण – वायु है। वह वीणावादिनी वरदात्री हैं। उसके वीणावादन का स्वर ही अमृताक्षर रूपी निर्झर है। वह इस विश्व रूपी हंस पर अपने श्री चरण रखी है –

> देखा शारदा, नील – वासना
>
> है सम्मुख स्वयं सृष्टि रशना,
>
> जीवन समीर – शुचि निश्वसना, वरदात्री,
>
> वीणा, वह स्वयं सुवादित स्वर,
>
> फूटी तर अमृताक्षर निर्झर
>
> वह विश्व हंस, है, चरण सुघर जिस पर श्री।[33]

पन्त जी ने मुण्डकोपनिषद् के "द्वा सुपर्णा" के प्रतीक के आधार पर परमात्मा एवं जीवात्मा के भेद को स्पष्ट किया है कि परमात्मा संसार वृक्ष का फल नहीं भोगता, वह द्रष्टा मात्र है, जबकि जीवात्मा कर्म - फल का भोक्ता है-

> दो पक्षी रहते एक वृक्ष पर शाश्वत
>
> चखता पीपल फल एक, स्वाद रस में रस !
>
> दूसरा देखता, भोग मुक्त मन अनशन
>
> जीव की ईश, जो भवहित प्रभु अर्पित मन ![34]

पन्त जी कहते हैं कि जीव अहं के कारण संसार के गर्त में पड़कर जन्म – मरण का दुःख भोगता है। गीता के अनुसार मृत्यु काया - परिवर्तन है, जीर्ण वस्त्र का विसर्जन एवं नूतन वस्त्र का धारण मात्र है।[35]

पन्त जी ने इस विचार को इस प्रकार व्यक्त किया है –

> आत्मा जीर्ण - वसन तज रज का
>
> नव वसनों में होती भूषित।[36]

पन्त जी ने जीवन की क्षण भंगुरता को दिखाने के लिए अत्यंत प्रभावोत्पादक चित्र प्रस्तुत किया है –

> अखिल यौवन के रंग उभार
>
> हड्डियों के हिलते कंकाल
>
> कचों के चिकने, काले व्याल
>
> केंचुली, काँस, सिवार।[37]

आज जो रंगीन यौवन है, उसका अपना रंग एवं उभार स्थायी नहीं है, एक दिन उस भरे पूरे शरीर के स्थान पर हड्डियों का कंकाल मात्र शेष रह जाएगा। यौवन

में चिकने कच, जो काल व्याल बनकर वासना का विष फैलाते हैं , वे ही थोड़े दिनों के उपरांत केंचुली, काँस या सिवार से बढ़कर कुछ नहीं समझे जायेंगे।

महादेवी की मान्यता है कि जीव, दुःख पूर्ण एवं क्षण भंगुर है। इस दार्शनिक सिद्धांत का प्रातिपादन अनेक प्राकृतिक चित्रों के माध्यम से अभिव्यक्त किया है। फूल मुरझाने को ही विकसित होते हैं , चंद्रमा इसलिए उदित होता है कि दूसरे क्षण ही छिप जाए, मेघ स्वयं बरसकर रिक्त और शून्य हो जाता है, और दीप जल – जल कर स्वयं मन्द पड़ जाता है। अन्योक्ति पर आधारित ये चित्र स्पष्ट मार्मिक हैं।

विकसते मुरझाने को फूल

उदय होता है छिपने को चंद,

शून्य होने को भरते मेघ

दीप जलता होने को मन्द। [38]

प्रकृति बिम्ब :

छायावादी कवियों को प्रकृति के सान्निध्य से तन्मयता एवं आत्मीयता सहज ही प्राप्त हो गयी। ये प्रकृति चित्रों के कुशल चितेरे थे। प्रसाद जी के काव्य में अनवरत परिवर्तनशील प्रकृति के प्रत्येक दृश्य का अत्यंत मर्मस्पर्शी अंकन लक्षित होता है। पन्त तो प्रकृति - प्रेम के लिए प्रसिद्ध थे ही। उनके काव्य में प्रकृति के अत्यंत मधुर, मोहक चित्र उपलब्ध होते हैं। निराला के काव्य में प्रमुखतः वस्तुओं और ऋतुओं का चित्रण अधिक है।

प्रसाद जी की 'कामायनी' के 'चिन्ता' सर्ग में प्रकृति के प्रलय काल का जो प्रभावोत्पादक चित्रण है वह अपनी विराटता में उत्कृष्ट है।

उधर गरजती सिन्धु लहरियाँ

कुटिल काल के जालों सी ,

चली आ रही फेन उगलती

फन फैलाये व्यालों सी । [39]

निराला ने 'अमा निशा' का अत्यंत विराट् और उदात्त – बिम्ब की योजना की है। प्रकृति का यह पृष्ठ – भूमि का रूप छायावादी काव्य में लक्षित होता है।

महादेवी के काव्य में बिम्ब - विधान

निम्नलिखित पंक्तियों के अवलोकन के पश्चात् भयावह अंधकारमय अमा निशा का बिम्ब आँखों के समक्ष प्रस्तुत हो जाता है-

है अमा निशा, उगलता गगन घन अंधकार ;
खो रहा दिशा का ज्ञान , स्तब्ध है पवन चार ;
अप्रतिहत गरज रहा पीछे अंबुधि विशाल,
भूधर ज्यों ध्यान मग्न, केवल जलती मशाल ।[40]

निम्नांकित सरस चित्र भी अवलोकनीय है , जिसमें पन्त ने चाँदनी रात का वर्णन किया है –

राजहंस सा तिरता शशि मुक्ताभ नीलिमा जल में
सीपी के पंखों की छहरा रत्न छटा जल थल में।[41]

उपर्युक्त पंक्तियों में नीलाकाश एक अनंत जलाशय है , जिसमें मोती सदृश्य तारे छिटके हुए हैं और उन मुक्ताओं को चुगने के लिए चंद्रमा राजहंस के समान सीपी जैसे श्वेत पंखों को फैलाकर तैर रहा है। निश्चय ही इस प्रकृति दृश्य के अवलोकन के पश्चात् मोतियों से युक्त जलाशय में तैरते हुए राजहंस का चित्र अनायास ही दृष्टि - पथ पर उभर जाता है।

छायावादी काव्य में शुद्ध प्रकृति के चित्र विरल हैं, प्रकृति को मानवीय चेष्टाओं से समन्वित कर ही छायावादी कवियों ने अनेक सुंदर चित्रों की योजना की है। पर्वत और समुद्र को पुरुष रूप में तथा सरिताओं तथा धारणी को स्त्री रूप में बिम्बित कर पर्वतों पर प्रवाहित होने वाली नदियों का चित्रांकन किया है –

भुजलता पड़ी सरिताओं की शैलों के गले सनाथ हुए,
जलनिधि का अंचल व्यजन बना, धारणी का, दो दो साथ हुए ।[42]

इस प्रसंग में नदियाँ अपनी प्रणयिनी चेष्टाओं से युक्त सप्राण लक्षित होती हैं। पर्वतों से प्रवाहित होने वाली नदियाँ अपनी धारा रूपी भुजाओं को प्रियतम शैलों के गले में डालकर उन्हें प्रणय मुग्ध कर दिया और समुद्र अपनी शीतल लहरियों से प्रणयिनी धरा के लिए व्यजन डुलाने लगा।

प्रो. पी. माणिक्याम्बा 'मणि'

आदिकाल से ही उषा की अरुणिमा मानव की कल्पना का प्रेरणा स्रोत बनी है। साहित्य में उसके कोमल और रंगीन – पक्ष के अनेक चित्र मिलते हैं। कामायनी में महा जलप्लावन के बाद की प्रथम उषा का प्रसाद जी ने सुंदर चित्रांकन किया -

उषा सुनहले तीर बरसती
जयलक्ष्मी सी उदित हुई,
उधर पराजित काल रात्रि भी
जल में अंतर्निहित हुई।[43]

पन्त ने 'गुंजन' की 'एक तारा' कविता में प्रशांत सांध्यकालीन सौन्दर्य का अभिराम चित्र प्रस्तुत किया है –

नीरव सन्ध्या में प्रशान्त
डूबा है सारा ग्राम प्रान्त
पात्रों के आनत अधरों पर सो गया निखिल वन का मर्मर,
ज्यों वीणा के तारों में स्वर।[44]

सारा ग्राम प्रान्त नीरव सन्ध्या में डूबा है। सन्ध्या होते ही सम्पूर्ण वातावरण प्रशान्त हो गया। निखिल वन का मर्मर स्वर पात्रों के आनत अधरों पर ऐसा विलीन हो गया है जैसे वीणा के स्वर वीणा से हाथ हटते ही उसी में अंतर्हित हो जाते हैं। सन्ध्या समय वृक्ष एवं लताओं के पत्ते किंचित् झुक जाते हैं और हवा भी मन्द हो जाने के कारण मर्मर स्वर समाप्त हो जाता है। इसके लिए मानवीकरण के आधार पर पात्रों के आनत अधरों पर स्वरों के सो जाने की कल्पना की गयी है।

निराला ने सन्ध्या समय की प्राकृतिक शोभा का अप्सरा के रूप में मानवीकरण के द्वारा मनोहर चित्र अंकित किया है। सन्ध्या समय के प्रशान्त वातावरण का मनोज्ञ चित्र है -

दिवसावसान का समय
मेघमय आसमान से उतर रही थी,
वह सन्ध्या सुंदरी परी सी
धीरे धीरे धीरे।[45]

महादेवी के काव्य में बिम्ब - विधान

क्रांतिकारी कवि निराला का 'परिमल' बिंबात्मक दृष्टि से समृद्ध काव्य रचना है। इस कृति में प्रकृति के उपासक भावुक कवि निराला अत्यंत सुंदर प्राकृतिक दृश्यों का चित्रांकन करते हैं। उनका भावुक मन पावस के कजरारे मेघों को आकाश में घुमड़ते देखकर हर्ष विभोर हो उठता है।

अलि घिर आये घन पावस के।
लख ये काले - काले बादल
नील सिंधु में खुले कमल दल,
हरित ज्योति, चपला अति चंचल,
सौरभ के, रस के।[46]

गुंजन की एक कविता में ज्योत्सना को विविध रूपों में चित्रित किया गया है। प्रकृति प्रेमी पन्त का चाँदनी का एक मानवीकरण पर आधृत बिम्ब अवलोकनीय है –

नीले नभ के शतदल पर
वह बैठी शारद हासिनी,
मृदु करतल पर शशि मुख धर,
नीरव, अनिमेष, एकाकिनि ![47]

नीलाकाश रूपी शतदल पर वह शारद हासिनी रूपी नारी मृदुकरतल पर अपना शशि – मुख धर, अनिमेष, नीरव, एकाकिनी बैठी है। 'मृदुकरतल पर शशि मुख धर' में जो भंगिमा अंकित है वह बिम्ब - विधायक है। अनायास ही आँखों के समक्ष – नीरव कुछ निर्निमेष नयनों से चिंता मग्न, करतल पर मुख टिकाये बैठी नारी का चित्र - घूम आता है।

महादेवी का काव्य प्रकृतिमय है। उनके प्रतीक, बिम्ब तथा उनका अप्रस्तुत – विधान प्रकृति की सुषमा से मण्डित है। प्रकृति उसकी सखी सहचरी है।

महादेवी ने सन्ध्या को रमणी के रूप में चित्रित किया है। इस सन्ध्या दृश्य में भारतीय नारी का सांस्कृतिक बिम्ब लक्षित होता है –

गुलालों से रवि का पथ लीप
जला पश्चिम में पहला दीप
बिहँसती सन्ध्या भरी सुहाग

दृगों से झरता स्वर्ण पराग।[48]

डॉ. रामकुमार वर्मा का प्रकृति के अनंत रूप राशि के साथ पूर्ण तादात्म्य है। उनके काव्य में प्रकृति के सुंदर चित्रों की मन मोहक अभिव्यक्ति है। प्रकृति के अवलोकन से वे भाव विभोर हो जाते हैं और वन में प्रवाहित होने वाले निर्झर से प्रश्न करते हैं –

अरे निर्जन वन के निर्मल निर्झर

इस एकांत प्रान्त प्रांगण में

किसे सुनाते हो सुमधुर स्वर ?[49]

इन पक्तियों को पढ़ने के पश्चात् किसी निर्जन एकांत स्थान में निर्मल निर्झर का बिम्ब उभरता है और उस प्रशांत वातावरण में केवल उस निर्झर के गिरने का मधुर स्वर ही सुनायी दे रहा है।

छायावादी काव्य में प्रकृति – प्रेम उनकी सौन्दर्य भावना एवं उनकी युगीन चेतना के अनुरूप था। वस्तुतः इस काव्य में प्रकृति को विशेष स्थान मिला। छायावाद के पूर्व के काव्य में प्रकृति को विशेष महत्त्व नहीं था। उसका वर्णन केवल उद्दीपन के रूपों में ही होता था। किन्तु आधुनिक काव्य-धारा में भारतेन्दु युग और द्विवेदी युग में भी प्रकृति की ओर ध्यान गया किन्तु छायावादी कविता में प्रकृति को विशेष महत्ता प्राप्त है। "छायावादी कवियों की प्रकृति हर्ष – शोक में तो उनके साथ है ही वह स्वयं आह्लाद की प्रेरणा भी है। प्रकृति के परुष और सुकुमार दोनों रूपों ने छायावादी कवियों को लुभाया है। प्रकृति छायावादी कवियों को सबसे विश्वस्त सहचरी रही है। छायावादी कवि उसके सौन्दर्य पर मुग्ध होता है, उत्तेजित होकर प्रेरणा पाता है और उसे अपनी सुख-दुःखात्मक अनुभूतियों में साझीदार बनाता है।"[50] अस्तु प्रकृति के भव्य-विराट एवं कोमल-मधुर चित्र छायावाद की अमूल्य निधि हैं।

छायावादी काव्य में प्रकृति का तीन रूपों में वर्णन हुआ है। प्रकृति के विविध रूपों व दृश्यों का चित्रण, प्रकृति का बिम्ब-प्रतिबिंब भाव रूप में चित्रण एवं प्रकृति का पृष्ठ भूमि के रूप में चित्रांकन। प्रकृति के इन तीनों ही रूपों का चित्रण बिम्ब-विधायक है। छायावादी कविता में प्रकृति के ये चित्र अत्यधिक मनोज्ञ एवं रंगीन हैं।

छायावादी काव्य की बिम्ब – योजना एवं महादेवी :

छायावादी काव्य बिंबों की दृष्टि से अत्यंत समृद्ध है। छायावादी कवि बिम्ब योजना में अत्यधिक सफल रहे हैं। प्रसाद, पन्त और निराका के काव्य में ऐन्द्रिय बिंबों में मुर्तिमत्ता अधिक है। महादेवी के काव्य बिंबों में ऐन्द्रियताऔर मूर्तिमत्ता अपेक्षाकृत कम है। उनके बिम्ब कुछ सूक्ष्म और छायात्मक हैं। किन्तु इनके बिंबों की प्रभावात्मकता असंदिग्ध है। इनके बिम्ब मन के तारों को छूने वाले हैं।

प्रसाद के काव्य बिंबों का क्षेत्र अधिक विस्तृत है। उनके काव्य में आंतरिक उद्वेलन, अन्तर्द्वन्द्व की गहरी पीड़ा , अमूर्त्त सूक्ष्म भावनाओं को मूर्त्त करने की अपूर्व क्षमता, दर्शन की सूक्ष्म भावनाओं को व्यक्त करने का सामर्थ्य प्रकृति के मानवीय चेष्टाओं का अत्यधिक मार्मिक चित्रण – सभी बिंबों के माध्यम से व्यक्त हुए। "प्रसाद में एक दीर्घ अनुशासित भाव साधना में छन कर कविता निकलती है – उनके बिंबों में व्यवस्था है , अंतर्द्वंद्व की समस्त मार्मिकता है, रूप वर्णन के दुर्लभ शिखर हैं , वाणी के मार्दव व लाक्षणिक दीप्ति से उनके बिम्ब अलौकिक हैं।"[51]

निराला के काव्य बिम्ब अत्यधिक मूर्त्त एवं ऐन्द्रिय है, उनके बिंबों में अनुभूति की गहनता के साथ व्यापक प्रसार एवं विराटता भी है। तीव्र वेग और संप्रेषणीयता की अदभुत क्षमता इनके बिंबों की विशेषता है। निराला के काव्य में विराट एवं कोमल चित्रों का अंकन हुआ है। "छायावाद के सुकुमार कलेवर में आंगिक – स्फूर्ति, आंतरिक शक्ति और निज का अभिज्ञान देकर निराला ने उसमें अपने निराले व्यक्तित्व की छाप लगा दी। 'अनामिका' में कविताओं की धारा मानवीयता और आध्यात्मिकता के कगारों के बीच बही, 'परिमल' में छोटे चित्रों द्वारा अंतर का आकुल व्यंजन है 'शेफालिका', 'जुहू की कली', में मूर्तिमत्ता से ऊपर उठकर चित्रों में संवेदनात्मक के साथ चेतना का आरोप कर कवि ने इन्हें सजीव बनाया है। 'गीतिका' के गीतों में कलात्मकता और अनुभूति की प्रधानता लक्षित होती है। 'अर्चना ' के गीत विविध का प्रतिनिधित्व करते हैं। नाद-प्रधान बिंबों के सहारे उदात्त की सृष्टि मिलती है।"[52]

निराला के काव्य-बिंबों का एक विशिष्ट स्थान है। इनके बिंबों में प्रकृति और लोक-जीवन दोनों का महत्त्व है। निराला के बिम्ब अत्यंत भास्वर स्वं स्पष्ट हैं। इन्होंने

अपने काव्य में जो चित्रांकन किया , वह अत्यन्त स्पष्ट एवं मूर्त रूप में प्रस्तुत हुआ। बिम्ब योजना में स्पष्टता , मूर्तता एवं ऐन्द्रिय निराला की विशिष्टताएँ हैं।

प्रकृति प्रेमी पन्त काव्य का काव्य सुंदर बिंबों से समृद्ध है। प्रकृति के मनोहर एवं चित्ताकर्षक बिम्ब पन्त जी के काव्य की अनुपम देन हैं। प्रकृति इनके काव्य में अपनी स्वतंत्र एवं निरपेक्ष सत्ता में अपूर्व शोभा के साथ परिलक्षित होती है। उनकी अपूर्व काव्य प्रतिभा प्रकृति के रम्य प्रांगण में अपनी कल्पना – विधायिनी शक्ति का परिचय देती है। "सुंदरम् के उपासक कवि ने प्रकृति के विराट् रंगमंच पर अपनी सौन्दर्यमयी दृष्टि एवं दिव्य अनुभूति के द्वारा मृदुल हृदय के सूक्ष्म से सूक्ष्म स्पंदनों को यथातथ्य रूप में चित्रित किया है जो अपनी बिम्ब विधायिनी क्षमता का साक्षात् प्रमाण है।"[53] प्रकृति के रम्य चित्र – चाहे प्रकृति की स्वतंत्र सत्ता का चित्रण हो, प्रतीकात्मक चित्रण हो, और मानवीकृत रूप हो- उनकी बिम्ब योजना में अप्रतिम है। "पन्त के बिंबों का वैशिष्ट्य , प्रकृति से अभिन्न तादात्म्य की भावना में मुखरित है। नाना, भावभूमियों, नाना अनुभूति प्रसंगों और नाना युग कालों को पार करती प्रकृति अनेक रूपों में है।"[54] प्रसाद जी का काव्य भाव – बिंबों की दृष्टि से अत्यंत समृद्ध है। "प्रसाद के बिंबों में सागर की गहराई है, आंतरिक उद्वेलन है, अंतर्द्वंद्व की गहन व्यथा है , अमूर्त्त भावनाओं को मूर्त्त करने का आदम्य पुरुषार्थ है, करूणा की विकलता है, अपार सौन्दर्य की शोभा है , उदात्त मांगलिक स्वर है। ये भाव बिम्ब रागात्मक तीव्रता से अधिक सान्द्र हैं , उनमें बाह्य व्यापार व जीवन वैविध्य कम है। उनमें चक्षु – गोचरता से अधिक मानस गोचरता है।"[55] निराला के बिम्ब ऐन्द्रियता , मूर्तता एवं सुस्पष्टता आदि विशेषताओं से मण्डित हैं। निराला के बिम्ब आवेग एवं संप्रेषणीयता से युक्त हैं। गत्वर बिंबों की योजना में वे अनुपम हैं। प्रकृति के सुकुमार चित्रों के साथ विराट् बिंबों का आयोजयन भी इनके काव्य में लक्षित होता है।

पन्त जी के चित्र सुकोमलता, मनोहरता, चारुता, एवं शोभा से मण्डित हैं। इनके चित्रों की योजना में काल्पनिक उड़ान एवं कलात्मक निखार अद्वितीय है। इनके काव्य में ऐन्द्रियता व संवेग से अधिक कलात्मक कौशल का परिचय मिलता है।

महादेवी ने अपने भावात्मक बिंबों में संयमित पीड़ा व वेदना के चित्रों , के अंतर्गत विरहिणी की अंतर के अनेक सूक्ष्म भावनाओं का जो अंकन किया है , सहृदय काव्य मर्मज्ञ की अनुभूति का विषय है। उनके बिम्ब जीवन वैविध्य से युक्त नहीं हैं, किन्तु हृदय की व्यापक मानवीय संवेदना को झँकृत करने में समर्थ हैं। उनकी बिम्ब

चाक्षुष गोचरता ऐन्द्रियता से अधिक अनुभूतिक गहनता एवं मानस – गोचरता के अधिक हैं। महादेवी के बिंबों में निरीक्षण की व्यापकता , विचारात्मक अनुभूति , शब्द – सौष्टव , काल्पनिक – चित्र विधान तथा आत्म विस्मृति एवं आत्म – निवेदन के भावों का सामंजस्य है। मानस शुभ्रता में अनुपम महादेवी के रागात्मक बिंबों में भी कहीं मादकता नहीं,विह्वलता एवं वासना का अंश नहीं है- सर्वत्र एक पावन शीतलता है, दृढ़ आस्था है। मर्यादित शृंगार वर्णन के क्षेत्र में वह अकेली है, वही उनका अपना क्षेत्र है। उनका प्रिय – मिलन के शृंगार में भावात्मक सज्जा ही परिलक्षित होती है। नायिका का छायात्मक चित्र ही प्रत्यक्ष होता है। परंतु उसकी प्रभावोत्पादकता एवं संप्रेषणीयता असंदिग्ध है।

"महादेवी की भावभूमि का आधार मुख्यतः आध्यात्मिक रहस्यवाद का मिलन विरह परक संबंध है जिसमें विरह, करुणा, वेदना, पीड़ा दुःख आदि के राशि – राशि बिंबों का समाहार है। विषय की इस सीमा एवं नितांत ऐकांतिकता के कारण यद्यपि बिंबों में अनुभूति व वैचारिक गहराई आयी है, पर उनमें एकस्वरता व एकतानता भी आ गयी है।"[56] कारण यह है कि महादेवी में काव्य वस्तु की विविधता का अभाव है। उनके काव्य में विरहिणी आत्मा की व्याकुल पुकार है। आत्मा की इस विरह की भावना में जो अनुभूतिक गहराई एवं आवेग है वह किसी अन्य छायावादी कवि में कम ही मिलती है। इसमें भावना एवं अनुभूति की सूक्ष्म और गहनतम अभिव्यक्ति है। एक ही भाव में अनेक मानोज्ञ बिम्ब हैं। एक ही वस्तु के विविध रूपों का इतना वैविध्य पूर्ण चित्रण है कि पाठक को पौनः पुन्य की शिकायत नहीं होनी चाहिए। दीपक, कमल आदि के चित्र , कितनी भाव भंगिमाओं में सजाये गये, संचारी भावों तक का बिंबयात्मक चित्रण है। उनकी काव्यवस्तु सीमित होकर असीम को समेटकर चलती है। नारी की राग - भावना का जितना सुंदर चित्रण महादेवी के काव्य में मिलता है , वह अन्यत्र दुर्लभ है। एकतानता एवं एक स्वरता का कारण उनके बिंबों में जीवन वैविध्य का अभाव माना जाता है उस पर प्रकाश डालते हुए डॉ. नगेन्द्र ने लिखा है - "महादेवी के गीतों में प्रयुक्त चित्र सामग्री अत्यंत परिमित है, इसलिए 'नीरजा' के बाद से ही महादेवी के आलोचक को उनसे पुनरावृत्ति की शिकायत है और यह शिकायत जितनी उचित है, उतनी सकारण भी।"[57]

हमारे विचार में महादेवी के काव्य की अपनी सीमाएँ हैं। अनुभूति में वेदना का तीखापन, विकल विदग्धता , अनवरत साधना, सान्द्र व्यक्तित्व की गहनता के

प्रो. पी. माणिक्याम्बा 'मणि'

भावमयी चित्रों ने महादेवी के अंतर्मुखी व्यक्तित्व को साकार किया है। "महादेवी ने रागतत्व की विश्व जनीन प्रभविष्णुता के साथ जिस गीति काव्य की सृष्टि की है उसके बिंबों में वैविध्य – वैचित्र्य भले ही न हो पर गिने चुने शब्दों में संयम के साथ भावों का सहज स्फूर्त प्रवाह है। मूलतः प्रेम के पक्षों पर अनवरत लिखने वाली इस नारी में उच्छृंखलता का नितान्त अभाव, अनुभूति की सघनता व तरलता , प्रेम की व्याकुलता, संयम व मर्यादा का शुद्ध स्वरूप आश्चर्यजनक है।"[58]

महादेवी का काव्य भाव – जगत् की सूक्ष्मता एवं रहस्यात्मकता से ओत-प्रोत है। बिंबों में घुमड़नेवाली वेदना है, विरहणी आत्मा की मर्यादित एवं संयमित पुकार है , पावन – उज्ज्वलता है , स्वप्न मिलनोत्कण्ठा है, दुःख से चिर संगता है, गहन पीड़ा की व्यथा है, असीम से सीमा का अभिन्न संबंध है। पन्त जी के अनुसार महादेवी "छायावाद के वसंत वन की सबसे मधुर , भाव मुखर पिकी है।"[59] उनकी अभिव्यक्ति का क्षेत्र सीमित एवं भाव- संस्कार जनित सूक्ष्मता का द्योतक है। इस कारण उसमें अन्तः सलिला की धारा का-सा प्रच्छन्न प्रवेग तथा भावना की निगूढ़ गहराइयाँ मिलती हैं। "उनका भाव जगत प्रसाद का - सा हिम – विद्ध समस्त शृंग या निराला का – सा महाप्राणता से उद्वेलित सागर नहीं है। वह अंतर्मुखी भाव – साधना से पवित्र, अश्रुओं से धौत तपः पूत स्फटिक शुभ्र चेतना का रश्मि - कलश मन्दिर है जो स्वयं उनके हृदय के भीतर का उनका सूक्ष्म रस – हृदय है।"[60]

महादेवी कवयित्री होने के साथ एक कुशलता चित्रकार भी हैं। उनके काव्य में उनके कवि चित्रकार ने अनेक शब्द – चित्रों का अंकन किया है। कविता का शाश्वत गुण – बिम्ब – विधान है। इस बिम्ब के योजना का महादेवी के काव्य में अन्यतम निर्वाह है। डॉ. सुरेन्द्र माथुर के अनुसार "इनके काव्य बिम्ब विच्छित्ति बोधक भी हैं केवल भारवाही मात्र नहीं। प्रस्तुति के वैविध्य , नूतनता , अलंकारिकता , गतिशीलता, समृद्ध आदि तत्त्वों को ग्रहण कर महादेवी जी ने अपने काव्य – बिंबों को वैशिष्ट्य प्रदान किया है, इन्हीं कारणों से उनका व्यक्तित्व भी बिंबों में उसी प्रकार निखार उठाया है।"[61] उनके काव्य की बिम्ब – योजना में गृहीत विषयों का आयाम बहुत व्यापक नहीं है। इनके काव्य में जीवन के कुछ पक्षों का ही वर्णन हुआ है। ये वर्णन इतने मर्मस्पर्शी , भाव संवेदना से युक्त हैं कि सहृदय आह्लादित हो जाता है। इनके बिंबों की भाषानुकूलता, संक्षिप्तता, सार्थक एवं सटीक अप्रस्तुतों की उपयुक्त य़ोजना से काव्य – शोभा की वृद्धि हुई है। छायावादी शैली की लाक्षणिकता, ध्वन्यात्मकता, मूर्तिमत्ता

एवं मार्मिक स्वानुभूति के संयोजन से इनका बिम्ब - विधान अत्यंत कलात्मक बन पड़ा है।

संदर्भ संकेत

1. डॉ. केदारनाथ सिंह : आधुनिक हिन्दी कविता में बिम्ब विधान , पृष्ठ 155

2. डॉ. केदारनाथ सिंह : आधुनिक हिन्दी कविता में बिम्ब विधान, पृष्ठ 159

3. जयशंकर प्रसाद : कामायनी , पृष्ठ 47

4. जय़शंकर प्रसाद : कामायनी , पृष्ठ 23

5. जय़शंकर प्रसाद : कामायनी , पृष्ठ 46

6. जय़शंकरप्रसाद : कामायनी , पृष्ठ 40

7. श्री सुमित्रानंदन पन्त : उत्तरा , पृष्ठ 40

8. श्रीमती महादेवी वर्मा : रश्मि , पृष्ठ 27

9. प्रसाद : कामायनी , पृष्ठ 3

10. सुर्य़कान्त त्रिपाठी निराला : अनामिका – राम की शक्ति पूजा : पृष्ठ 148

11. पन्त : वीणा , पृष्ठ 26

12. प्रसाद : लहर , पृष्ठ 60

13. पन्त : उत्तरा , पृष्ठ 142

14. निराला : गीतिका , पृष्ठ 6-8 (गीत -6)

15. प्रसाद : लहर , प्रलय की छाया , पृष्ठ 62

16. निराला : अनामिका , पृष्ठ 104

17. महादेवी वर्मा : आधुनिक कवि -1 पृष्ठ 52

18. प्रसाद : कामायनी पृष्ठ 18

19. निराला : गीतिका , पृष्ठ 8

20. पन्त : अतिमा , पृष्ठ 18

21. पन्त : अतिमा , कूर्मचल के प्रति , पृष्ठ 140

22. महादेवी : यामा , पृष्ठ

23. सूर्यकांत त्रिपाठी निराला : अप्सरा , पृष्ठ 47

24. प्रसाद : कामायनी , पृष्ठ 103

25. पन्त : वीणा , ग्रन्थि पृष्ठ 100
26. पन्त : वीणा , ग्रन्थि , पृष्ठ 100
27. निराला : अनामिका , पृष्ठ 88
28. महादेवी : यामा ,
29. डॉ. रामकुमार वर्मा : आधुनिक कवि - 3, पृष्ठ 4
30. डॉ. रामकुमार वर्मा : आधुनिक कवि - 3, पृष्ठ 20
31. डॉ. रामकुमार वर्मा : आधुनिक कवि - 3 , पृष्ठ 46
32. प्रसाद : कामायनी कर्म –सर्ग पृष्ठ 122
33. निराला : अप्सरा , पृष्ठ 174
34. पन्त : लोकायतन , पृष्ठ 241
35. वासांसि जीर्णानि यथा विह्वाय नवानि गृहणाति नरोपराणि तथा शरीराणि विहाय़ जीर्णान्यिन्यानि संय़ाति नवानि देही : गीता , पृष्ठ 2-22
36. पन्त : स्वर्ण किरण , पृष्ठ 133
37. पन्त : पल्लव , पृष्ठ 148
38. महादेवी : यामा , पृष्ठ
39. प्रसाद : कामायनी पृष्ठ 14
40. निराला : अनामिका – राम की शक्ति पूजा , पृष्ठ 150
41. पन्त : अतिमा पृष्ठ 138
42. प्रसाद : कामायनी , पृष्ठ 73
43. प्रसाद : कामायनी , पृष्ठ 23
44. पन्त : गुंजन , पृष्ठ 84
45. निराला : परिमल , पृष्ठ 135
46. निराला : परिमल , पृष्ठ 102
47. पन्त : गुंजन , पृष्ठ 34
48. महादेवी वर्मा : आधुनिक कवि -1 पृष्ठ 26
49. डॉ. रामकुमार वर्मा : अंजलि , पृष्ठ 8

50. जनार्दन द्विवेदी : निराला काव्य का अभिव्यंजयना शिल्प , पृष्ठ 32-33

51. डॉ. धर्मशीला भुवालका : काव्य बिम्ब और कामायनी की बिम्ब – योजना, पृष्ठ 137

52. डॉ. सुरेंद्रर माथुर : काव्य बिम्ब और छायावाद, पृष्ठ 99-100

53. कृष्णकांत शर्मा : छायावादी काव्य में बिम्ब विधान , पृष्ठ 69

54. डॉ. धर्मशीला भुवालका : काव्य बिम्ब और कामायनी की बिम्ब – योजना, पृष्ठ 144

55. डॉ. धर्मशीला भुवालका : काव्य बिम्ब और कामायनी की बिम्ब – योजना, पृष्ठ 136

56. डॉ. धर्मशीला भुवालका : काव्य बिम्ब और कामायनी की बिम्ब – योजना, पृष्ठ 152

57. डॉ. नगेन्द्र : विचार और अनुभूति , पृष्ठ 128

58. डॉ. धर्मशीला भुवालका : काव्य बिम्ब और कामायनी की बिम्ब – योजना, पृष्ठ 152

59. सुमित्रानंदन पन्त : छायावाद का पुनर्मूल्यांकन , पृष्ठ 83

60. सुमित्रानंदन पन्त : छायावाद का पुनर्मूल्यांकन , पृष्ठ 83

61. डॉ. सुरेंद्रर माथुर : काव्य बिम्ब और छायावाद, पृष्ठ 178

संदर्भ एवं सहायक ग्रंथों की सूची

कुमार विमल डॉ : छायावाद का सौन्दर्य शास्त्रीय अध्ययन, राजकमल प्रकाशन, दिल्ली

कुमार विमल डॉ : सौन्दर्य शास्त्र के तत्व , राजकमल प्रकाशन ,दिल्ली

कुट्टन पिल्लै डॉ : पन्त काव्य में बिम्ब योजना, दक्षिण प्रकाशन , हैदराबाद

केदारनाथ सिंह डॉ : आधुनिक हिन्दी काव्य में बिम्ब योजना, भारतीय ज्ञानपीठ प्रकाशन , दिल्ली

गणपतिचंद्र गुप्त डॉ.: महादेवी का मूल्यांकन, भारतेन्दु भवन , शिमला

गणपतिचंद्र गुप्त डॉ. : साहित्य के तत्व, भारतेन्दु भवन , शिमला

गुप्त रमेशचंद्र: महादेवी का काव्य –वैभव , प्रेम प्रकाशन मंदिर

गुर्टू ,शचीरानी (सं): महादेवी वर्मा , आत्माराम एण्ड संस , दिल्ली

तुलसीदास : कवितावली , गीता प्रेस ,गोरखपुर

तुलसीदास : रामचारित मानस , गीता प्रेस ,गोरखपुर

सुरेन्द्रचंद्र त्यागी डॉ.: छायावादी काव्य में सौन्दर्य–दर्शन, अनुराधा प्रकाशन , मेरठ

त्रिपाठी , जगदीश नारायण डॉ.: आधुनिक हिन्दी कविता में अलंकार विधान, अनुसंधान प्रकाशन, कानपुर

दिनकर , रामधारीसिंह: काव्य की भूमिका , उदयांचल , पटना

दिनकर , रामधारीसिंह : चक्रवाल , उदयांचल , पटना

द्विवेदी, जनार्दन : निराला काव्य का अभिव्यंजना-शिल्प , लिपि प्रकाशन, दिल्ली

द्विवेदी हजारी प्रसाद डॉ. : कालिदास की लालित्य-योजना, राजकमल प्रकाशन , दिल्ली

नगेन्द्र डॉ. : काव्य बिम्ब , नेशनल पब्लिशिंग हाउस , दिल्ली

नगेन्द्र डॉ.: आलोचना की आस्था , नेशनल पब्लिशिंग हाउस , दिल्ली

नगेन्द्र डॉ.: देव और उनकी कविता , नेशनल पब्लिशिंग हाउस , दिल्ली

प्रो. पी. माणिक्याम्बा 'मणि'

नगेन्द्र डॉ. : हिन्दी साहित्य का इतिहास (संपादित)

निराला , सूर्यकांत त्रिपाठी : अनामिका , भारती भण्डार , इलाहाबाद

पन्त , सुमित्रानंदन: पल्लव , इण्डियन प्रेस, इलाहाबाद

पन्त , सुमित्रानंदन: वीणा – ग्रंथि , भारती भण्डार, इलाहाबाद

पन्त , सुमित्रानंदन : गुंजन, भारती भण्डार, इलाहाबाद

पन्त , सुमित्रानंदन : लोकायतन , राजकमल प्रकाशन , दिल्ली

पन्त , सुमित्रानंदन : प्रतिमा , राजकमल प्रकाशन , दिल्ली

पन्त , सुमित्रानंदन : छायावाद का पुनर्मूल्यांकन , लोक भारती प्रकाशन , इलाहाबाद

पाण्डेय , गंगाप्रसाद: महीयसी महादेवी , लोक भारती प्रकाशन , इलाहाबाद

पाण्डेय , गंगाप्रसाद : महादेवी वर्मा (सं) राज्यपाल एण्ड संस दिल्ली

पालीवाल , कृष्णदत्त : महादेवी रचना प्रक्रिया, पूर्वोदय प्रकाशन, दिल्ली

प्रभात , डॉ. : अस्वीकृत उपलब्धियाँ , हिन्दी ग्रंथ रत्नाकर , बम्बई

प्रतिमा कृष्णबल डॉ .: छायावाद का काव्य शिल्प, राधा कृष्ण प्रकाशन , दिल्ली

प्रसद, जयशंकर : कामायनी , भारती भण्डार , इलाहाबाद

बच्चन सिंह डॉ .: बिहारी का नया मूल्यांकन, हिन्दी प्रचारक संस्थान, वाराणासी

बारलिंगे, सुरेन्द्र डॉ .: सौन्दर्य तत्व और काव्य सिद्धांत, नेशनल पब्लिशिंग हाउस , दिल्ली

भुवालका , धर्मशीला डॉ .: काव्य-बिम्ब और कामायनी की बिम्ब –योजना , नेशनल पब्लिशिंग हाउस, दिल्ली

भ्रमर , रामायतन सिंह डॉ . : आधुनिक कविता में चित्र –विधान, नेशनल पब्लिशिंग हाउस, दिल्ली

मदान , इन्द्रनाथ डॉ . (सं.) : महादेवी , चिंतन व कला, राधाकृष्ण प्रकाशन , दिल्ली

माथुर , सुरेन्द्र डॉ .: काव्य बिम्ब और छायावाद , ज्ञान भारती प्रकाशन , दिल्ली

मानव , विश्वम्भर: महादेवी की रहस्य साधना, लोकभारती प्रकाशन, इलाहाबाद

मिश्र , राजेन्द्र , डॉ .: महादेवी की काव्य चेतना , तक्षशिला प्रकाशन , नयी दिल्ली

महादेवी के काव्य में बिम्ब - विधान

मिश्र, राम दहिन पं.: काव्य में अप्रस्तुत योजना, ग्रंथमाला प्रकाशन, पटना

राधिका सिंह डॉ.: महादेवी के काव्य में लालित्य –योजना, नेशनल पब्लिशिंग हाउस, दिल्ली

रत्न, बलवीर सिंह : हिन्दी की छायावादी कविता का कला-विधान, नेशनल पब्लिशिंग हाउस, दिल्ली

रत्नाकर, जगन्नाथ दास (सं) : बिहारी रत्नाकर, ग्रंथकार शिबाला, काशी

रस्तोगी, प्रेम प्रकाश डॉ.: छायावाद और वैदिक दर्शन, आदर्श साहित्य प्रकाशन, दिल्ली

वर्मा, नरेंद्र डॉ.: आधुनिक पाश्चात्य काव्य और समीक्षा के उपादान, हिन्दी ग्रंथ अकादमी, भोपाल

वर्मा, महादेवी : नीहार, साहित्य भवन, इलाहाबाद

वर्मा, महादेवी : रश्मि, साहित्य भवन, इलाहाबाद

वर्मा, महादेवी : नीरजा, साहित्य भवन, इलाहाबाद

वर्मा, महादेवी: सांध्यागीत, साहित्य भवन, इलाहाबाद

वर्मा, महादेवी: यामा, भारती भण्डार, इलाहाबाद

वर्मा, महादेवी : दीपशिखा, भारती भण्डार, इलाहाबाद

वर्मा, महादेवी : सप्त – पर्णा, राजकमल प्रकाशन दिल्ली

वर्मा, महादेवी : गीत –पर्व, प्रकाशन केंद्र, लखनऊ

वर्मा, महादेवी : संधिनी, लोकभरती प्रकाशन, इलाहाबाद

वर्मा, महादेवी : आधुनिक कवि (भाग-1), हिन्दी साहित्य सम्मेलन, प्रयाग

वर्मा, महादेवी: अतीत के चलचित्र, भारती भण्डार, इलाहाबाद

वर्मा, महादेवी : पथ के साथी, भारती भण्डार, इलाहाबाद

वर्मा, महादेवी : शृंखला की कड़ियाँ, भारती भण्डार, इलाहाबाद

वर्मा, महादेवी : स्मृति में रेखाएँ, भारती भण्डार, इलाहाबाद

वर्मा, महादेवी : क्षणदा, भारती भण्डार, इलाहाबाद

वर्मा, महादेवी : स्मृति चित्र, राजकमल प्रकाशन, दिल्ली

वर्मा, महादेवी : साहित्यकार की आस्था तथा अन्य निबन्ध, लोकभरती प्रकाशन, इलाहाबाद

वर्मा , रामकुमार डॉ .: आधुनिक कवि आग-3 हिन्दी साहित्य सम्मेलन , प्रयाग

वाजपेयी , कैलाश डॉ . : आधुनिक हिन्दी कविता में शिल्प, आत्माराम, एण्ड संस , दिल्ली

वाजपेयी , नन्ददुलारे (आचार्य) : नया , साहित्य , नये प्रकाशन, विद्यामंदिर , वाराणासी

बोहरा, कमलेश : छायावादी काव्य में उदात्त तत्व, नेशनल पब्लिशिंग हाउस , दिल्ली

शरण, दीनानाथ : हिन्दी काव्य में छायावाद, गया प्रसाद एण्ड संस,आगरा

शर्मा , कृष्ण कान्त डॉ .: छायावादी काव्य में बिम्ब विधान , लोकवाणी प्रकाशन, दिल्ली

शर्मा , मनोरमा डॉ . : महादेवी के काव्य में लालित्य – विधान, साहित्य संस्थान, कानपुर

शर्मा , विनय मोहन डॉ .: साहित्य नया और पुराना , नेशनल पब्लिशिंग हाउस , दिल्ली

शर्मा, सुशीला डॉ .: तुलसी साहित्य में बिम्ब – योजना , कोणार्क प्रकाशन, दिल्ली

शर्मा, हरिद्वारि लाल डॉ .: काव्य और कला, भारत प्रकाशन मंदिर , अलीगढ़

शुक्ल, आचार्य रामचन्द्र : चिन्तामणि (भाग -1), इंडियन प्रेस , इलाहाबाद

शुक्ल, आचार्य रामचन्द्र : चिन्तामणि (भाग -2), इंडियन प्रेस , इलाहाबाद

शुक्ल, आचार्य रामचन्द्र : रस मीमांसा, नागरी प्रचारिणी सभा, काशी

शुक्ल, आचार्य रामचन्द्र : हिन्दी साहित्य का इतिहास, नागरी प्रचारिणी सभा, काशी

शुक्ल , आचार्य रामचन्द्र : जायसी ग्रंथावली , नागरी प्रचारिणी सभा, काशी

शुक्ल , आचार्य रामचन्द्र : जायसी - अशोक प्रकाशन, दिल्ली

सुधांशु , लक्ष्मीनारायण डॉ . : काव्य में अभिव्यंजनवाद, ज्ञानपीठ प्रा. लि. पटना

सूरदास : सूर सागर – सार (सं. डॉ . धीरेन्द्र वर्मा), साहित्य भवन ,प्रा. लि.

महादेवी के काव्य में बिम्ब - विधान

इलाहाबाद

श्री कृष्णलाल : आधुनिक हिन्दी साहित्य का विकास, हिन्दी परिषद, इलाहाबाद

श्रीवास्तव, परमानन्द डॉ .(सं) : महादेवी का काव्य सौन्दर्य, जयपुर, पुस्तक सदन, जयपुर

श्रीधर शास्त्री   महादेवी अभिनंदन ग्रंथ :

जयदेव : चंद्रा लोक, चौखम्बा, संस्कृत सिरीज, बनारस

दण्डी, आचार्य : काव्यादर्श, ओरियंटल बुक सप्लाइंग एजेंसी, पूना

भरत, आचार्य : नाट्य शास्त्र, काशी, संस्कृत सिरीज

भामाह, आचार्य : काव्यालंकार, चौखम्बा, संस्कृत सिरीज, बनारस

वामन : काव्यालंकार सूत्र, सं. डॉ. नगेन्द्र, आत्माराम एण्ड संस, दिल्ली

वेद व्यास : अग्नि पुराण, आनंद आश्रम, पूना

हेमचंद्र : काव्यानुशासन, निर्णय सागर प्रेस बंबई

पत्र पत्रिकाएँ :

आलोचना : अप्रैल 1952

समीक्षा लोक (सौन्दर्य शास्त्र विशेषांक) : वर्ष 1, अंक 1, फरवरी 1958, आगरा

समीक्षा लोक (सौन्दर्य शास्त्र विशेषांक) : वर्ष 1, अंक 1, फरवरी 1958, आगरा

अँग्रेजी :

आक्सफोर्ड डिक्शनरी : आक्सफोर्ड यूनिवर्सिटी प्रेस, लन्दन

चेम्बर्स इंग्लिश डिक्शनरी: डब्लू. आर. चेम्बर्स लिमिटेड, लन्दन

ब्राउन स्टीफेन : दि वर्ल्ड आफ इमेजरी सन् 1927

सी. डे. लुईस: दि पोयेटिक इमेज, लन्दन, दसवां संस्करण सन् 1961

फ़्रांक कार्मोंड: रोमांटिक इमेज , लंदन , सन् 1957

टिनडल विलियम बाइ : दि लिटररी सिंबल , न्यूयार्क , सन् 1955

जीवन वृत्त

नाम	:	डॉ.(श्रीमती) पी.माणिक्यांबा 'मणि'
पद	:	प्रोफेसर एवं विभागाध्यक्ष (सेवा निवृत्त) हिंदी विभाग, उस्मानिया विश्वविद्यालय हैदराबाद–500 007
जन्म तिथि	:	27 जुलाई, 1947
मातृभाषा	:	तेलुगु
अकादमिक रिकार्ड	:	1. एम.ए. (हिंदी) 1974, प्रथम **दो स्वर्ण पदक प्राप्त** उस्मानिया विश्वविद्यालय अ) प्रथम आ) प्रथम (हिंदीतर भाषियों में प्रथम) 2. एम.ए. (संस्कृत), 1986, उस्मानिया वि.वि. 3. पीएच.डी. (हिंदी) 1980, उस्मानिया विश्वविद्यालय विषय : महादेवी के कार्व्य में बिंब–विधान प्रकाशित : प्रथम संस्करण–1986 सौरभ प्रकाशन, हैदराबाद निर्देशक : डॉ.राजकिशोर पांडेय विभागाध्यक्ष एवं प्रोफेसर (सेवा निवृत्त) उस्मानिया विश्वविद्यालय, हैदराबाद द्वितीय संस्करण–2008 अन्नपूर्णा प्रकाशन, कानपुर
विशेषज्ञता	:	1. आधुनिक काव्य 2. तुलनात्मक भाषाविज्ञान
पढ़ाए गए विषय	:	1. आधुनिक काव्य 2. आधुनिक गद्य 3. काव्य शास्त्र 4. आधुनिक हिंदी नाटक

5. तुलनात्मक साहित्य

6. मध्यकालीन काव्य

अध्यापन : एम.ए. छात्रों को पढ़ाने का 35 वर्षों का अनुभव

शोध निर्देशन : एम.फिल. एवं पीएच.डी. छात्रों का मार्गदर्शन

शोध परियोजना : यू.जी.सी. की दो बृहद परियोजनाएँ

पुरस्कार :

1. सौहार्द पुरस्कार (तेलुगु भाषी हिंदी विद्वान) 2017, उत्तर प्रदेश हिंदी संस्थान, लखनऊ, उत्तर प्रदेश
2. 'साहित्य सेतु' सम्मान, विश्वभारती विश्वविद्यालय, शांति निकेतन, पश्चिम बंगाल, 2017
3. गंगा शरण सिंह पुरस्कार (तेलंगाना), 2016, केंद्रीय हिंदी संस्थान, आगरा, उत्तर प्रदेश
4. प्रतिभा पुरस्कार–2013, एस.डी.प्रचार समिति, भीमिली, आंध्र प्रदेश
5. भीमसेन निर्मल स्मृति पुरस्कार–2012, बी.एन.एस.बी., हैदराबाद
6. 'जलगीत' (पद्य) के लिए मानव संसाधन विकास मंत्रालय, केंद्रीय हिंदी निदेशालय, नई दिल्ली द्वारा हिंदीतर भाषी हिंदी लेखक पुरस्कार
7. विश्व हिंदी सम्मान–2007, आठवीं विश्व हिंदी सम्मेलन, न्यूयार्क, यू.एस.ए 2007, भारत सरकार
8. 'जलगीत' 2010 के लिए श्रेष्ठ अनुवादक पुरस्कार
9. विशिष्ट हिंदी सेवा सम्मान, राष्ट्रीय हिंदी अकादमी, कोलकता, पश्चिम बंगाल

एसोसिएशन : मेंबर, सेंट्रल एडवाइज़री बोर्ड, अफिशियल लैंग्वेज, मिनिस्ट्री ऑफ टूरिज़म, भारत सरकार, 1999

अंतर्राष्ट्रीय संगोष्ठी में/प्रतिष्ठित पत्रिकाओं में प्रकाशित आलेख–50

संगोष्ठी/कार्यशाला में प्रस्तुत आलेख–65

विशेष व्याख्यान–20

1. हिंदी विभाग, विश्वभारती विश्वविद्यालय, शांतिनिकेतन, प.बंगाल
2. बंग्ला भाषा विभाग, बनारस हिंदू विश्वविद्यालय, बनारस, उत्तर प्रदेश
3. इलाहाबाद विश्वविद्यालय, इलाहाबाद, उत्तर प्रदेश
4. बैंगलूर विश्वविद्यालय, बैंगलूर, कर्नाटक
5. बाबा साहेब अंबेडकर मराठवाडा विश्वविद्यालय, औरंगाबाद, महाराष्ट्र

6. मौलाना आज़ाद नेशनल उर्दू विश्वविद्यालय, हैदराबाद
7. हैदराबाद विश्वविद्यालय, हैदराबाद
8. केंद्रीय हिंदी संस्थान, हैदराबाद
9. उच्च शिक्षा और शोध संस्थान, दक्षिण भारत हिंदी प्रचार सभा, हैदराबाद
10. प्रसंग तरंगिनी, राजमंड्री, पूर्व गोदावरी
11. विभिन्न विश्वविद्यालयों में विस्तृत व्याख्यानमाला

संगोष्ठी / कार्यशाला :

अ) 1. स्वतंत्रता पूर्व भारत में महिला लेखन और महादेवी वर्मा का साहित्य– 8–9 फरवरी, 2007

2. प्रेमचंद का कथा साहित्य वर्तमान संदर्भ, दो दिवसीय राष्ट्रीय संगोष्ठी– 27–28, जनवरी, 2006, निदेशक एवं विभागाध्यक्ष, हिंदी विभाग, उस्मानिया विश्वविद्यालय, हैदराबाद

3. राष्ट्रीय काव्यधारा : सुभद्रा कुमारी चौहान का काव्य– 2005, 5 जनवरी, संयोजक, हिंदी विभाग, उस्मानिया विश्वविद्यालय, हैदराबाद

4. राष्ट्रीय संगोष्ठी, तुलनात्मक अध्ययन–प्रासंगिकता– मार्च 1999, सदस्य, कार्यकारिणी समिति, हिंदी विभाग, उस्मानिया विश्वविद्यालय,

10. राष्ट्रीय संगोष्ठी, समकालीन साहित्य– नवंबर, 1997, सदस्य, आर्गेनाइज़िंग कमिटी, हिंदी विभाग, उस्मानिया विश्वविद्यालय

आ) 1. नवीकरण पाठ्यक्रम हिंदी विभाग– सितंबर 2005, निदेशक एवं अध्यक्ष, अकादमिक स्टॉफ कॉलेज, उस्मानिया विश्वविद्यालय, हैदराबाद

2. विषय विशेषज्ञ : विभिन्न विश्वविद्यालयों के लिए।

पीएच.डी. निर्देशक के रूप में

अ) 1. 12 छात्रों को पीएच.डी. अवार्ड

2. 5 छात्रों को एम.फिल. अवार्ड

आ) विभिन्न विश्वविद्यालयों में पीएच.डी. मूल्यांकक के रूप में कार्यरत

शोध परियोजनाओं का प्रकाशन

1. 'बीसवीं शती के हिंदी और तेलुगु नाटक : विविध आयाम (1901–1950)' यू.जी.सी. बृहद परियोजना, नई दिल्ली, 1997–2000 – प्रकाशित

2. स्त्री विमर्श–भारतीय नवजागरण (हिंदी और तेलुगु साहित्य के संदर्भ में) बृहद परियोजना, यू.जी.सी.–2008–2011 – प्रकाशित

पुस्तकें/आलेख/केस स्टडी/कॉमेंट्स

1. 'युग निर्माता साहित्यकार–चिलकमर्ति लक्ष्मी नरसिंहम' साहित्य अकादमी, नई दिल्ली द्वारा प्रकाशित
2. 1986 एवं 2008 में पीएच.डी. शोध प्रबंध प्रकाशित, विषय : 'महादेवी के काव्य में बिंब विधान'

कार्य क्षेत्र

1. विभागाध्यक्ष, हिंदी विभाग, उस्मानिया विश्वविद्यालय, हैदराबाद
2. चेयरपर्सन, बोर्ड ऑफ स्टडीज़, उस्मानिया विश्वविद्यालय, हैदराबाद
3. चेयरपर्सन, बोर्ड ऑफ स्टडीज़, ओरियंटल लैंग्वेज़ेस, उस्मानिया विश्वविद्यालय, हैदराबाद
4. सचिव, तुलसी भवन, भक्ति–साहित्य एवं शोध संस्थान, उस्मानिया विश्वविद्यालय, हैदराबाद
5. वाइस प्रेसिडेंट, तुलसी भवन, भक्ति–साहित्य एवं शोध संस्थान, उस्मानिया विश्वविद्यालय, हैदराबाद
6. सदस्य, चयन समिति (पुरस्कार), साहित्य अकादमी, बेंगलूर
7. सदस्य, चयन समिति (पुरस्कार), केंद्रीय हिंदी संस्थान, आगरा
8. विभिन्न विश्वविद्यालयों में चयन समिति के सदस्य के रूप में

डॉ.माणिक्यांबा 'मणि' प्रोफेसर एवं विभागाध्यक्ष, उस्मानिया विश्वविद्यालय, हैदराबाद

प्रकाशित पुस्तकें

1. महादेवी के काव्य में बिंब विधान, प्रथम संस्करण–1985, द्वितीय संस्करण–2008, अन्नपूर्णा प्रकाशन, कानपुर, उत्तर प्रदेश
2. कन्या शुल्कम (तेलुगु नाटक) की प्रासंगिकता, सौरभ प्रकाशन, हैदराबाद
3. युग निर्माता साहित्यकार, चिलकमर्ति लक्ष्मी नरसिंहम, साहित्य अकादमी, नई दिल्ली
4. आधुनिक हिंदी और तेलुगु नाटक–विविध आयाम, सौरभ प्रकाशन, हैदराबाद, 2008

5. प्रेमचंद (संगोष्ठी प्रपत्र) संपादक, हिंदी विभाग, उस्मानिया विश्वविद्यालय, हैदराबाद, 2007
6. स्त्री विमर्श – भारतीय नवजागरण (हिंदी–तेलुगु) 2013, लोक–संस्कृति प्रकाशन, दरियागंज, नई दिल्ली
7. स्त्रीवाद और वोल्गा का साहित्य–2014, द्वितीय संस्करण 2017, अन्नपूर्णा प्रकाशन, कानपुर

तेलुगु से हिंदी में अनुवाद

8. जलगीत (लंबी कविता–116 पृष्ठ), 2005 एवं द्वितीय संस्करण 2008, प्रकाशन संस्थान, नई दिल्ली
9. कठोपनिषद (गद्य), (कठोपनिषद मे योग का तात्विक निरूपण), 2005, सनातन धर्म प्रचार समिति, हैदराबाद
10. यशोदा नंदगेहिनी (ललित गद्य), 2008, सौरभ प्रकाशन, हैदराबाद
11. भूमिका, 2008, मूल लेखक–सी.नारायण रेड्डी, अनुवाद, सौरभ प्रकाशन, हैदराबाद

हिंदी से तेलुगु में अनुवाद

12. नीले घोड़े पर सवार, (नरेंद्र मोहन की लंबी कविताएँ), अनुवाद, 2010, सौरभ प्रकाशन, हैदराबाद
13. विभिन्न पत्रिकाओं में कविताएँ एवं कहानियाँ, भारतीय ज्ञानपीठ, भाषा, संकल्य, साहित्य–सेतु, आलोचना आदि ग्रंथों में प्रकाशित।

सह–अनुवादक

14. कविता मेरी सांस, ज्ञानपीठ पुरस्कार विजेता सी.नारायण रेड्डी की कविताओं का अनुवाद, ज्ञानपीठ प्रकाशन, नई दिल्ली
15. उन आंखों की कथा (कहानियों का संकलन), ज्ञनपीठ प्रकाशन, नई दिल्ली
16. सामाजिक क्रांति के दस्तावेज, वाणी प्रकाशन, नई दिल्ली
17. तेलुगु काव्य में दलित दस्तक, संपादक–रमणिका गुप्ता, नव–लेखन प्रकाशन, हजारीबाग
18. गरजते आँसू, सी.नारायण रेड्डी की कविताओं का अनुवाद, संपादक–भीमसेन निर्मल, मिलिंद प्रकाशन, हैदराबाद
19. गोपि की कविता (कविताओं का संकलन), महती प्रकाशन, हैदराबाद

20. समकालीन कथा–बदलते परिवेश, गोलकोंडा दर्पण प्रकाशन, हैदराबाद
21. अनुशीलन–महादेवी विशेषांक, हिंदी विभाग–सी.एस.टी विश्वविद्यालय, कोचिन
22. आधुनिक हिंदी काव्य में नारी परिकल्पना, प्रकाशक–सेंट पॉयस पी.जी.कालेज फॉर वुमेन, हैदराबाद
23. वैश्वीकरण और अनुवाद, मिलिंद प्रकाशन, हैदराबाद

महत्वपूर्ण प्रकाशन

1. जीव की इच्छा, ज्ञानपीठ पुरस्कार विजेता विश्वनाथ सत्यनारायण की कहानी (अनुवाद), प्रकाशित–182, नवंबर–दिसंबर 2015, समकालीन भारतीय साहित्य, साहित्य अकादमी, नई दिल्ली
2. रावूरि भरद्वाज (ज्ञानपीठ पुरस्कार विजेता) व्यक्तित्व और रचनाधर्मिता पृ.सं. 28–33, साहित्य सेतु, आंध्र प्रदेश हिंदी अकादमी, हैदराबाद
3. स्वतंत्रता पूर्व महिला–पत्रकारिता (हिंदी–तेलुगु साहित्य) पृ.सं. 74–84 समन्वय दक्षिण, अक्तूबर–दिसंबर, 2016, केंद्रीय हिंदी संस्थान, हैदराबाद
4. तेलुगु का पुराण–साहित्य, पृ.सं. 59–66, समन्वय दक्षिण, अप्रैल–सितंबर, 2017
5. कन्याशुल्कम एवं गुरजाडा अप्पा राव, पृ.सं. 39–51, समन्वय दक्षिण, जनवरी–मार्च, 2018, केंद्रीय हिंदी संस्थान, हैदराबाद
6. पद–साहित्य और तेलुगु के भक्त कवि, पृ.सं. 77–82, साहित्य–सेतु, अप्रैल–जून 2018, आंध्र प्रदेश हिंदी अकादमी, हैदराबाद
7. काशी यात्रा चरित्र, आलेख प्रकाशित, पृ.सं. 36–43 , समन्वय दक्षिण, जनवरी–मार्च, 2019, केंद्रीय हिंदी संस्थान, हैदराबाद

पता :

डॉ.पी.माणिक्यांबा 'मणि', एच–608, अपर्णा साइबर कम्यून, नल्लगंड्ला, शेरिलिंगमपल्ली,

हैदराबाद–500 019, तेलंगाना, मोबाइल–09866139120, 040–67768333,

ई–मेल–manikyamba@gmail.com

* * *

KASTURI VIJAYAM
📞 00-91 95150 54998
KASTURIVIJAYAM@GMAIL.COM

SUPPORTS

- PUBLISH YOUR BOOK AS YOUR OWN PUBLISHER.

- PAPERBACK & E-BOOK SELF-PUBLISHING

- SUPPORT PRINT ON-DEMAND.

- YOUR PRINTED BOOKS AVAILABLE AROUND THE WORLD.

- EASY TO MANAGE YOUR BOOK'S LOGISTICS AND TRACK YOUR REPORTING.

प्रो. पी. माणिक्याम्बा 'मणि'

www.ingramcontent.com/pod-product-compliance
Lightning Source LLC
LaVergne TN
LVHW032008070526
838202LV00059B/6353